머리말

한자능력검정시험 2급
기출·예상문제집

문자는 언어를 체계화하여 인간의 내면세계를 구체화하고 서술하는 데에 필요한 도구이다. 따라서 한 나라의 문자 정책은 그 나라의 이상과 추구를 구체화하며 아울러 세계 인류의 의식세계를 교류하는 데에 가교架橋 역할을 한다.

지금 우리나라는 문자 정책의 혼선으로 말미암아 어문 교육 정책은 실마리를 찾지 못하고 있으며, 사회 각처에서의 언어적 무가치와 무분별한 외래어 남용을 해소할 수 없어 내 나라 내 글인 한국어의 우수성을 저버리고 있다.

새삼 한국어의 구성을 강조하지 않더라도 한국어는 한자와 한글로 구성되었음은 누구나 아는 사실이다. 특히 그 구성에 있어서 한자 어휘가 약 70% 이상을 차지하고 있으므로 한자와 한글을 따로 떼어서 교육하려는 것은 굴대에서 바퀴가 빠진 수레를 몰고자하는 것과 같다. 그럼에도 불구하고 학자들 간의 이권利權으로 말미암아 어문 정책이 양분되어 논쟁을 벌이는 것은 불필요한 지식 소모에 지나지 않는다.

이로 인하여 **(사)한국어문회**에서는 우리글인 한국어를 올바로 인식시키고, 고급 지식의 경제 생산을 이룩하기 위하여 초등학생부터 일반인에 이르기까지 '한자능력검정시험'을 시행하고 있다. 매년 수험생이 증가하고 있어 다행한 일이라 여겨지기는 하나 전국민이 학교의 의무 교육으로부터 올바른 한국어 교육을 받을 수 있도록 정책을 세우는 것보다는 못할 것이다.

한편 사회 각처에서 국한國漢혼용의 필요성이 대두되면서 한자교육학회의 난립과 한자검정시험이 난무하고 있어, 오랜 세월 학자들이 주장해온 국한 혼용의 본래 취지와 한국어 교육의 참뜻을 저해할까 두려운 마음이 앞선다.

다행히 무분별한 외래문화의 수용 속에서 우리 것을 바로 알고 지켜나가는 **(사)한국어문회**가 어문 정책의 일환으로 추진하는 '한자능력검정시험'이 꾸준히 뿌리를 내리고 있어 한결 마음 뿌듯하며, 한국어 학습자와 수험생에게 조금이나마 보탬이 되고자 이 책을 펴낸다.

원 기 춘

차 례

시작하기 전에

01 본 문제집은 급수별 시험에 대비하는 학생이나 사회인이 한자어의 이해와 활용 능력을 기르는 데에 도움이 되도록 엮은 것이다.

02 본 문제집은 (사)한국어문회에서 주관하고 한국한자검정회에서 시행하는 한자능력검정시험의 출제유형에 따라 예상문제와 기출·예상문제를 구성한 것이다.

03 본 문제집은 한자능력검정시험과 같이 문제지와 답안지를 별도로 수록하여, 본 시험에 대비해 보다 실전에 가까운 체험을 할 수 있도록 꾸며졌다.

04 본 문제집은 먼저 답안지에 1차 답안을 작성하여 채점한 후에 틀린 부분을 문제지에서 다시 풀어 볼 수 있도록 구성하였다.

05 본 문제집의 예상문제는 출제기준에 따라 각 급수에 배정된 한자의 범위 안에서 엮은 것으로, 본 시험에 가깝게 난이도를 조정하였으며 별도로 정답과 해설을 수록하여 문제의 이해를 높이려고 하였다.

06 (사)한국어문회에서 주관하고 한국한자검정회에서 시행하는 한자능력검정시험은, 급수별로 8급(50자) / 7급Ⅱ(100자) / 7급(150자) / 6급Ⅱ(225자) / 6급(300자) / 5급Ⅱ(400자) / 5급(500자) / 4급Ⅱ(750자) / 4급(1,000자) / 3급Ⅱ(1,500자) / 3급(1,817자) / 2급(2,355자) / 1급(3,500자) / 특급Ⅱ(4,918자) / 특급(5,978자) 등에 배정된 한자의 범위에서 출제되고 있어서 국내 여러 한자검정시험 중 급수별로 가장 많은 배정한자를 지정하고 있다.

07 한자 관련 시험의 종류로는 (사)한국어문회에서 주관하고 한국한자능력검정회에서 시행하는 한자능력검정시험과 국내 각종 한자자격시험 및 한자경시대회 등이 있다.

출제기준

- 상위급수 한자는 모두 하위급수 한자를 포함하고 있습니다.
- 쓰기 배정 한자는 한두 급수 아래의 읽기 배정한자이거나 그 범위 내에 있습니다.
- 공인급수는 특급 ~ 3급Ⅱ이며, 교육급수는 4급 ~ 8급입니다.
- 출제기준표는 기본지침자료로서, 출제자의 의도에 따라 차이가 있을 수 있습니다.
- 급수는 특급, 특급II, 1급, 2급, 3급, 3급II, 4급, 4급II, 5급, 5급II, 6급, 6급II, 7급, 7급II, 8급으로 구분합니다.

구분	특급	특급Ⅱ	1급	2급	3급	3급Ⅱ	4급	4급Ⅱ	5급	5급Ⅱ	6급	6급Ⅱ	7급	7급Ⅱ	8급
독음	45	45	50	45	45	45	32	35	35	35	33	32	32	22	24
한자쓰기	40	40	40	30	30	30	20	20	20	20	20	10	0	0	0
훈음	27	27	32	27	27	27	22	22	23	23	22	29	30	30	24
완성형(成語)	10	10	15	10	10	10	5	5	4	4	3	2	2	2	0
반의어(相對語)	10	10	10	10	10	10	3	3	3	3	3	2	2	2	0
뜻풀이	5	5	10	5	5	5	3	3	3	3	2	2	2	2	0
동음이의어	10	10	10	5	5	5	3	3	3	3	2	0	0	0	0
부수	10	10	10	5	5	5	3	3	0	0	0	0	0	0	0
동의어(類義語)	10	10	10	5	5	5	3	3	3	3	2	0	0	0	0
약자	3	3	3	3	3	3	3	3	3	3	0	0	0	0	0
장단음	10	10	10	5	5	5	3	0	0	0	0	0	0	0	0
한문	20	20	0	0	0	0	0	0	0	0	0	0	0	0	0
필순	0	0	0	0	0	0	0	0	3	3	3	3	2	2	2
출제문항(計)	200			150			100				90	80	70	60	50
합격문항	160			105			70				63	56	49	42	35
시험시간(분)	100	90		60			50								

- 한자능력검정시험은 《(사)한국어문회》가 주관하고, 《한국한자능력검정회》가 1992년 12월 9일 전국적으로 시행하여 현재에 이르기까지 매년 시행하고 있는 국내 최고의 한자자격시험입니다. 또한 시험에 합격한 재학생은 내신 반영은 물론, 2000학년부터 3급과 2급 합격자를 대상으로 일부 대학에서 특기자 전형 신입생을 선발함으로써 더욱 권위있고 의미있는 한자자격시험으로 인정받고 있습니다.
- 《(사)한국어문회》는 1992년 6월 22일에 문화부 장관 인가로 발족하고, 그 산하에 《한국한자능력검정회》를 두고 있습니다.
- 한자능력검정시험은 국어의 전통성 회복과 국어 생활을 바르게 하는 데에 그 목적이 있습니다. 따라서 시험에 출제되는 내용은 교과서·교양서적·논고 등에서 출제될 것입니다.

正鵠 정곡

화살이 과녁을 벗어났다면 무엇을 탓할 것인가? 군자는 활을 쏘는 자신의 자세에 그 원인이 있다고 여기고, 스스로 반성하여 향상을 도모하는 기회로 삼는다. 그래서 공자孔子는 "활쏘기는 군자와 유사한 데가 있으니, 정곡을 맞히지 못하면 돌이켜 자신에게서 그 원인을 찾는다(『中庸』)."라고 하여, 자신의 분수에 편안히 여기고 외물外物에 마음을 잃지 않을 것을 강조하였다.

'일이나 대답이 핵심을 정확하게 꿰뚫은 것'을 '정곡을 꿰뚫었다'라고 말한다. 여기에서 '정正'자가 '한가운데'를 뜻하는 것은 수긍이 가지만 '고니[鵠]'가 '과녁'을 뜻하는 것은 쉽게 이해가 되지 않는다.

원래 정正과 곡鵠은 새[鳥] 이름이었다. '정正'은 '제견題肩'이라는 새로, 행동이 민첩하고 영리해서 활을 쏘아도 좀체 맞히기가 어렵다. '곡鵠'은 겨울 철새로, 매우 높고 멀리 날아가기 때문에 역시 화살을 쏘아 명중시키는 것이 쉽지 않다. 그래서 예로부터 '정곡을 맞히는 것'을 '뛰어난 사람'으로 여겼기 때문에 이를 궁술의 용어로 쓴 것이다.

吹毛覓疵 취모멱자

'털을 입으로 불어가며 털 속에 있는 작은 흉터를 찾아낸다.'는 뜻으로, '남의 약점을 악착같이 찾아내려는 야박하고 가혹한 행동'을 이르는 말이다.

현명한 군주는 지혜로써 마음을 더럽히지 않으며, 사리를 추구함으로써 몸을 더럽히지 않는다. 또한 법술에 의해 국가의 어지러움을 다스렸고, 상벌에 의해 시비를 분별하며 가볍고 무거움은 저울에 따라 판단했다. 하늘의 이치를 거스르지 않고 사람의 감정과 본성을 상하게 하지 않았다.

털을 불면서 작은 흠집을 찾으려 하지 않으며, 때를 씻고 알기 힘든 상처를 찾지 않는다. (不以智累心 不以私累己 寄治亂於法術 託是非於賞罰 屬輕重於權衡 不逆天理 不傷情性 不吹毛而求小疵 不洗垢而察難知)

큰일을 도모하는 사람은 대체大體만을 바로잡아 나아가야 한다. 마치 털을 불어 작은 흉터를 찾아내듯이 사소한 일에 지나칠 정도로 세심한 주위를 기울이다보면 큰일을 그르칠 수 있기 때문이다. – 『韓非子』, 「大體」

급수별 배정한자(가나다 순)

:표는 長音, ›표는 長·短音 漢字임

8급 배정한자

한자	훈	음	부수-총획
教	가르칠	교:	攴-총11획
校	학교學校	교:	木-총10획
九	아홉	구	乙-총 2획
國	나라	국	口-총11획
軍	군사 軍士/軍事	군	車-총 9획
金	쇠	금	
	성姓	김	金-총 8획
南	남녘	남	十-총 9획
女	계집	녀	女-총 3획
年	해	년	干-총 6획
大	큰	대›	大-총 3획
東	동녘	동	木-총 8획
六	여섯	륙	八-총 4획
萬	일만	만:	艸-총13획
母	어미	모:	毋-총 5획
木	나무	목›	木-총 4획
門	문	문	門-총 8획
民	백성百姓	민	氏-총 5획
白	흰	백	白-총 5획
父	아비	부	父-총 4획
北	북녘	북	
	달아날	배	匕-총 5획
四	넉	사:	口-총 5획
山	메	산	山-총 3획
三	석	삼	一-총 3획
生	날	생	
	낳을	생	生-총 5획
西	서녘	서	襾-총 6획
先	먼저	선	儿-총 6획
小	작을	소:	小-총 3획
水	물	수	水-총 4획
室	집	실	宀-총 9획
十	열	십	十-총 2획
五	다섯	오:	二-총 4획
王	임금	왕	玉-총 4획
外	바깥	외:	夕-총 5획
月	달	월	月-총 4획
二	두	이:	二-총 2획
人	사람	인	人-총 2획
日	날	일	日-총 4획
一	한	일	一-총 1획
長	긴	장›	長-총 8획
弟	아우	제:	弓-총 7획
中	가운데	중	丨-총 4획
青	푸를	청	靑-총 8획
寸	마디	촌:	寸-총 3획
七	일곱	칠	一-총 2획
土	흙	토	土-총 3획
八	여덟	팔	八-총 2획
學	배울	학	子-총16획
韓	나라	한›	
	한국韓國	한›	韋-총17획
兄	형	형	儿-총 5획
火	불	화›	火-총 4획

※ 8급은 모두 50자입니다.

7급II 배정한자

한자	훈	음	부수·획수
家	집	가	宀-총10획
間	사이	간▸	門-총12획
江	강	강	水-총 6획
車	수레	거	
	수레	차	車-총 7획
空	빌[虛空]	공	穴-총 8획
工	장인匠人	공	工-총 3획
記	기록할	기	言-총10획
氣	기운氣運	기	气-총10획
男	사내	남	田-총 7획
內	안	내:	入-총 4획
農	농사農事	농	辰-총13획
答	대답對答	답	竹-총12획
道	길	도:	
	말할	도:	辶-총13획
動	움직일	동:	力-총11획
力	힘	력	力-총 2획
立	설	립	立-총 5획
每	매양每樣	매▸	毋-총 7획
名	이름	명	口-총 6획
物	물건物件	물	牛-총 8획
方	모[四角]	방	方-총 4획
不	아닐	불	一-총 4획
事	일	사:	亅-총 8획
上	윗	상:	一-총 3획
姓	성姓	성:	女-총 8획
世	인간人間	세:	一-총 5획
手	손	수▸	手-총 4획
時	때	시	日-총10획
市	저자	시:	巾-총 5획
食	먹을	식	
	밥	사/식	食-총 9획
安	편안便安	안	宀-총 6획
午	낮	오:	十-총 4획
右	오를	우:	
	오른(쪽)	우:	口-총 5획
自	스스로	자	自-총 6획
子	아들	자	子-총 3획
場	마당	장	土-총12획
電	번개	전:	雨-총13획
前	앞	전	刀-총 9획
全	온전	전	入-총 6획
正	바를	정▸	止-총 5획
足	발	족	足-총 7획
左	왼	좌:	工-총 5획
直	곧을	직	目-총 8획
平	평평할	평	干-총 5획
下	아래	하:	一-총 3획
漢	한수漢水	한:	
	한나라	한:	水-총14획
海	바다	해:	水-총10획
話	말씀	화	言-총13획
活	살[生活]	활	水-총 9획
孝	효도孝道	효:	子-총 7획
後	뒤	후:	彳-총 9획

※ 7급II는 8급[50자]에 새로운 한자 50자를 더하여 모두 100자입니다.

7급 배정한자

한자	훈	음	부수·획수
歌	노래	가	欠-총14획
口	입	구▸	口-총 3획
旗	기	기	方-총14획
冬	겨울	동▸	冫-총 5획
洞	골	동:	
	밝을	통:	水-총 9획

한자	훈	음	부수·획수
同	한가지	동	口-총 6획
登	오를[登壇]	등	癶-총12획
來	올	래▸	人-총 8획
老	늙을	로:	老-총 6획
里	마을	리:	里-총 7획
林	수풀	림	木-총 8획
面	낯	면:	面-총 9획
命	목숨	명:	口-총 8획
文	글월	문	文-총 4획
問	물을	문:	口-총11획
百	일백	백	白-총 6획
夫	지아비	부	大-총 4획
算	셈	산:	竹-총14획
色	빛	색	色-총 6획
夕	저녁	석	夕-총 3획
所	바	소:	戶-총 8획
少	적을[젊을]	소:	小-총 4획
數	셈	수▸	
	자주	삭	攴-총15획
植	심을	식	木-총12획
心	마음	심	心-총 4획
語	말씀	어:	言-총14획
然	그럴	연	火-총12획
有	있을	유:	月-총 6획
育	기를	육	肉-총 8획
邑	고을	읍	邑-총 7획
入	들	입	入-총 2획
字	글자	자	子-총 6획
祖	할아비	조	示-총10획
住	살	주:	人-총 7획
主	임금	주	
	주인主人	주	丶-총 5획
重	무거울	중:	里-총 9획
地	땅[따]	지	土-총 6획
紙	종이	지	糸-총10획
川	내	천	巛-총 3획
千	일천	천	十-총 3획
天	하늘	천	大-총 4획
草	풀	초	艸-총10획
村	마을	촌:	木-총 7획
秋	가을	추	禾-총 9획
春	봄	춘	日-총 9획
出	날	출	凵-총 5획
便	편할	편▸	※'편'만 장단음
	똥오줌	변	人-총 9획
夏	여름	하:	夂-총10획
花	꽃	화	艸-총 8획
休	쉴	휴	人-총 6획

※ 7급은 7급II[100자]에 새로운 한자 50자를 더하여 모두 150자입니다.

6급II 배정한자

한자	훈	음	부수·획수
各	각각	각	口-총 6획
角	뿔	각	角-총 7획
計	셀	계:	言-총 9획
界	지경地境	계:	田-총 9획
高	높을	고	高-총10획
功	공[功勳]	공	力-총 5획
公	공평할	공	八-총 4획
共	한가지	공:	八-총 6획
科	과목科目	과	禾-총 9획
果	실과實果	과:	木-총 8획
光	빛	광	儿-총 6획
球	공	구	玉-총11획
今	이제	금	人-총 4획
急	급할	급	心-총 9획

한자	훈	음	부수·획수
短	짧을	단ˑ	矢–총12획
堂	집	당	土–총11획
代	대신할	대ː	人–총 5획
對	대할	대ː	寸–총14획
圖	그림	도	口–총14획
讀	읽을	독	
	구절句節	두	言–총22획
童	아이	동ˑ	立–총12획
等	무리	등ː	竹–총12획
樂	즐길	락	
	노래	악	
	좋아할	요	木–총15획
理	다스릴	리ː	玉–총11획
利	이할	리ː	刀–총 7획
明	밝을	명	日–총 8획
聞	들을	문ˑ	耳–총14획
班	나눌	반	玉–총10획
反	돌이킬	반ː	又–총 4획
半	반	반ː	十–총 5획
發	필	발	癶–총12획
放	놓을	방ˑ	攴–총 8획
部	떼[部類]	부	邑–총11획
分	나눌	분ˑ	刀–총 4획

한자	훈	음	부수·획수
社	모일	사	示–총 8획
書	글	서	曰–총10획
線	줄[針線]	선	糸–총15획
雪	눈	설	雨–총11획
省	살필	성	
	덜	생	目–총 9획
成	이룰	성	戈–총 7획
消	사라질	소	水–총10획
術	재주	술	行–총11획
始	비로소	시ː	女–총 8획
神	귀신鬼神	신	示–총10획
身	몸	신	身–총 7획
信	믿을	신ː	人–총 9획
新	새	신	斤–총13획
藥	약	약	艸–총19획
弱	약할	약	弓–총10획
業	업	업	木–총13획
勇	날랠	용ː	力–총 9획
用	쓸	용ː	用–총 5획
運	옮길	운ː	辶–총13획
飮	마실	음ˑ	食–총13획
音	소리	음	音–총 9획

한자	훈	음	부수·획수
意	뜻	의ː	心–총13획
昨	어제	작	日–총 9획
作	지을	작	人–총 7획
才	재주	재	手–총 3획
戰	싸움	전ː	戈–총16획
庭	뜰	정	广–총10획
題	제목題目	제	頁–총18획
第	차례	제ː	竹–총11획
注	부을	주ː	水–총 8획
集	모을	집	隹–총12획
窓	창	창	穴–총11획
淸	맑을	청	水–총11획
體	몸	체	骨–총23획
表	겉	표	衣–총 8획
風	바람	풍	風–총 9획
幸	다행多幸	행ː	干–총 8획
現	나타날[現象]	현ː	玉–총11획
形	모양	형	彡–총 7획
和	화할	화	口–총 8획
會	모일	회ː	曰–총13획

※ 6급Ⅱ는 7급[150자]에 새로운 한자 75자를 더하여 모두 225자입니다.

6급 배정한자

한자	훈	음	부수-총획
感	느낄	감:	心-총13획
強	강할[強=强]	강›	弓-총11획
開	열	개	門-총12획
京	서울	경	亠-총 8획
苦	쓸[味覺]	고	艸-총 9획
古	예	고:	口-총 5획
交	사귈	교	亠-총 6획
區	구분할	구	
	지경地境	구	匸-총11획
郡	고을	군:	邑-총10획
近	가까울	근:	辶-총 8획
根	뿌리	근	木-총10획
級	등급等級	급	糸-총10획
多	많을	다	夕-총 6획
待	기다릴	대:	彳-총 9획
度	법도法度	도›	
	헤아릴	탁	广-총 9획
頭	머리	두	頁-총16획
例	법식法式	례:	人-총 8획
禮	예도禮度	례:	示-총18획
路	길	로:	足-총13획
綠	푸를	록	糸-총14획
李	오얏	리:	
	성姓	리:	木-총 7획
目	눈	목	目-총 5획
米	쌀	미	米-총 6획
美	아름다울	미›	羊-총 9획
朴	성姓	박	木-총 6획
番	차례	번	田-총12획
別	다를	별	
	나눌	별	刀-총 7획
病	병	병:	疒-총10획
服	옷	복	月-총 8획
本	근본根本	본	木-총 5획
死	죽을	사:	歹-총 6획
使	하여금	사:	
	부릴	사:	人-총 8획
石	돌	석	石-총 5획
席	자리	석	巾-총10획
速	빠를	속	辶-총11획
孫	손자孫子	손›	子-총10획
樹	나무	수	木-총16획
習	익힐	습	羽-총11획
勝	이길	승	力-총12획
式	법法	식	弋-총 6획
失	잃을	실	大-총 5획
愛	사랑	애›	心-총13획
野	들[坪]	야:	里-총11획
夜	밤	야:	夕-총 8획
陽	볕	양	阜-총12획
洋	큰바다	양	水-총 9획
言	말씀	언	言-총 7획
永	길	영:	水-총 5획
英	꽃부리	영	艸-총 9획
溫	따뜻할	온	水-총13획
園	동산	원	口-총13획
遠	멀	원:	辶-총14획
油	기름	유	水-총 8획
由	말미암을	유	田-총 5획
銀	은	은	金-총14획
衣	옷	의	衣-총 6획
醫	의원醫院/醫員	의	酉-총18획
者	놈	자	老-총 9획
章	글	장	立-총11획
在	있을	재:	土-총 6획

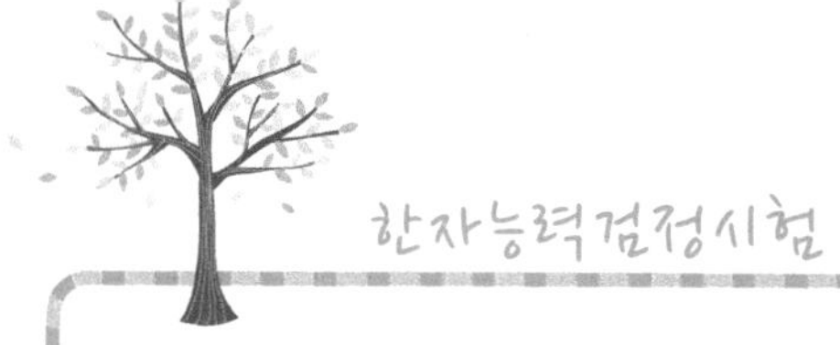

한자	훈	음	부수-획수
定	정할	정:	宀-총 8획
朝	아침	조	月-총12획
族	겨레	족	方-총11획
晝	낮	주	日-총11획
親	친할	친	見-총16획
太	클	태	大-총 4획
通	통할	통	辶-총11획
特	특별할	특	牛-총10획
合	합할	합	
	홉	홉	口-총 6획
行	다닐	행·	※'행'만 장단음
	항렬行列	항	行-총 6획
向	향할	향:	口-총 6획
號	이름	호·	虍-총13획
畫	그림	화:	※'화'만 장음
	그을[劃]	획	田-총13획
黃	누를	황	黃-총12획
訓	가르칠	훈:	言-총10획

※ 6급은 6급Ⅱ[225자]에 새로운 한자 75자를 더하여 모두 300자입니다.

5급Ⅱ 배정한자

한자	훈	음	부수-획수
價	값	가	人-총15획
客	손[賓客]	객	宀-총 9획
格	격식格式	격	木-총10획
見	볼	견:	
	뵈올	현:	見-총 7획
決	결단할	결	水-총 7획
結	맺을	결	糸-총12획
敬	공경恭敬	경:	攴-총13획
告	고할	고:	口-총 7획
課	공부할	과·	
	과정課程	과·	言-총15획
過	지날	과:	辶-총13획
關	관계할	관	門-총19획
觀	볼	관	見-총25획
廣	넓을	광:	广-총15획
具	갖출	구·	八-총 8획
舊	예	구:	臼-총18획
局	판[形局]	국	尸-총 7획
己	몸	기	己-총 3획
基	터	기	土-총11획
念	생각	념:	心-총 8획
能	능할	능	肉-총10획
團	둥글	단	口-총14획
當	마땅	당	田-총13획
德	큰	덕	彳-총15획
到	이를	도:	刀-총 8획
獨	홀로	독	犬-총16획
朗	밝을	랑:	月-총11획
良	어질	량	艮-총 7획
旅	나그네	려	方-총10획
歷	지날	력	止-총16획
練	익힐	련:	糸-총15획
勞	일할	로	力-총12획
類	무리	류·	頁-총19획
流	흐를	류	水-총10획
陸	뭍	륙	阜-총11획
望	바랄	망:	月-총11획
法	법	법	水-총 8획
變	변할	변:	言-총23획
兵	병사兵士	병:	八-총 7획
福	복	복	示-총14획
奉	받들	봉:	大-총 8획
史	사기史記	사:	口-총 5획
士	선비	사:	士-총 3획
仕	섬길	사·	人-총 5획

產 낳을 산: 生-총11획
相 서로 상 目-총 9획
商 장사 상 口-총11획
鮮 고울 선 魚-총17획
仙 신선神仙 선 人-총 5획
說 말씀 설
달랠 세:
기쁠 열 言-총14획
性 성품性品 성: 心-총 8획
洗 씻을 세: 水-총 9획
歲 해 세: 止-총13획
束 묶을 속 木-총 7획
首 머리 수 首-총 9획
宿 잘 숙
별자리 수: 宀-총11획
順 순할 순: 頁-총12획
識 알 식
기록할 지 言-총19획
臣 신하臣下 신 臣-총 6획
實 열매 실 宀-총14획
兒 아이 아 儿-총 8획
惡 악할 악
미워할 오 心-총12획

約 맺을 약 糸-총 9획
養 기를 양: 食-총15획
要 요긴할 요› 襾-총 9획
友 벗 우: 又-총 4획
雨 비 우: 雨-총 8획
雲 구름 운 雨-총12획
元 으뜸 원 儿-총 4획
偉 클 위 人-총11획
以 써 이: 人-총 5획
任 맡길 임› 人-총 6획
材 재목材木 재 木-총 7획
財 재물財物 재 貝-총10획
的 과녁 적 白-총 8획
典 법法 전: 八-총 8획
傳 전할 전 人-총13획
展 펼 전: 尸-총10획
切 끊을 절
온통 체 刀-총 4획
節 마디 절 竹-총15획
店 가게 점: 广-총 8획
情 뜻 정 心-총11획
調 고를 조 言-총15획
卒 마칠 졸 十-총 8획

種 씨 종› 禾-총14획
週 주일週日 주 辶-총12획
州 고을 주 巛-총 6획
知 알 지 矢-총 8획
質 바탕 질 貝-총15획
着 붙을 착 目-총11획
參 참여할 참
갖은석 삼 厶-총11획
責 꾸짖을 책 貝-총11획
充 채울 충 儿-총 5획
宅 집 택
집 댁 宀-총 6획
品 물건物件 품: 口-총 9획
必 반드시 필 心-총 5획
筆 붓 필 竹-총12획
害 해할 해: 宀-총10획
化 될 화 匕-총 4획
效 본받을 효: 攴-총10획
凶 흉할 흉 凵-총 4획

※ 5급Ⅱ는 6급[300자]에 새로운 한자 100자를 더하여 모두 400자입니다.

5급 배정한자

한자	뜻	음	부수·획수
加	더할	가	力-총 5획
可	옳을	가:	口-총 5획
改	고칠	개:	攴-총 7획
去	갈	거:	厶-총 5획
擧	들	거:	手-총18획
健	굳셀	건:	人-총11획
件	물건物件	건	人-총 6획
建	세울	건:	廴-총 9획
輕	가벼울	경	車-총14획
競	다툴	경:	立-총20획
景	볕	경:	日-총12획
固	굳을	고:	口-총 8획
考	생각할	고:	老-총 6획
曲	굽을	곡	曰-총 6획
橋	다리	교	木-총16획
救	구원할	구:	攴-총11획
貴	귀할	귀:	貝-총12획
規	법法	규	見-총11획
給	줄	급	糸-총12획
汽	물끓는김	기	水-총 7획
期	기약할	기	月-총12획
技	재주	기	手-총 7획
吉	길할	길	口-총 6획
壇	단	단	土-총16획
談	말씀	담	言-총15획
都	도읍都邑	도	邑-총12획
島	섬	도	山-총10획
落	떨어질	락	艸-총13획
冷	찰	랭:	冫-총 7획
量	헤아릴	량	里-총12획
領	거느릴	령	頁-총14획
令	하여금	령:	人-총 5획
料	헤아릴	료:	斗-총10획
馬	말	마:	馬-총10획
末	끝	말	木-총 5획
亡	망할	망	亠-총 3획
買	살	매:	貝-총12획
賣	팔[賣却]	매:	貝-총15획
無	없을	무	火-총12획
倍	곱	배:	人-총10획
比	견줄	비:	比-총 4획
費	쓸	비:	貝-총12획
鼻	코	비:	鼻-총14획
氷	얼음	빙	水-총 5획
寫	베낄	사	宀-총15획
思	생각	사:	心-총 9획
査	조사할	사	木-총 9획
賞	상줄	상	貝-총15획
序	차례	서:	广-총 7획
選	가릴	선:	辶-총16획
船	배[船舶]	선	舟-총11획
善	착할	선:	口-총12획
示	보일	시:	示-총 5획
案	책상冊床	안:	木-총10획
魚	고기	어	
	물고기	어	魚-총11획
漁	고기잡을	어	水-총14획
億	억[數字]	억	人-총15획
熱	더울	열	火-총15획
葉	잎	엽	
	고을이름	섭	艸-총13획
屋	집	옥	尸-총 9획
完	완전할	완	宀-총 7획
曜	빛날	요:	日-총18획
浴	목욕할	욕	水-총10획

牛 소 우 牛-총 4획

雄 수컷 웅 隹-총12획

原 언덕 원: 厂-총10획

願 원할 원 頁-총19획

院 집 원 阜-총10획

位 자리 위 人-총 7획

耳 귀 이: 耳-총 6획

因 인할 인 口-총 6획

再 두 재: 冂-총 6획

災 재앙災殃 재 火-총 7획

爭 다툴 쟁 爪-총 8획

貯 쌓을 저: 貝-총12획

赤 붉을 적 赤-총 7획

停 머무를 정 人-총11획

操 잡을 조▸ 手-총16획

終 마칠 종 糸-총11획

罪 허물 죄: 网-총13획

止 그칠 지 止-총 4획

唱 부를 창: 口-총11획

鐵 쇠 철 金-총21획

初 처음 초 刀-총 7획

最 가장 최: 曰-총12획

祝 빌[祝福] 축 示-총10획

致 이를 치: 至-총10획

則 법칙法則 칙

곧 즉 刀-총 9획

他 다를 타 人-총 5획

打 칠[打擊] 타: 手-총 5획

卓 높을 탁 十-총 8획

炭 숯 탄: 火-총 9획

板 널 판 木-총 8획

敗 패할 패: 攴-총11획

河 물 하 水-총 8획

寒 찰 한 宀-총12획

許 허락할 허 言-총11획

湖 호수湖水 호 水-총12획

患 근심 환: 心-총11획

黑 검을 흑 黑-총12획

※ 5급은 5급II[400자]에 새로운 한자 100자를 더하여 모두 500자입니다.

4급II 배정한자

街 거리 가▸ 行-총12획

假 거짓 가: 人-총11획

減 덜 감: 水-총12획

監 볼 감 皿-총14획

講 욀 강: 言-총17획

康 편안 강 广-총11획

個 낱 개▸ 人-총10획

檢 검사할 검: 木-총17획

潔 깨끗할 결 水-총15획

缺 이지러질 결 缶-총10획

慶 경사 경: 心-총15획

警 깨우칠 경: 言-총20획

境 지경 경 土-총14획

經 지날 경

글 경 糸-총13획

係 맬 계: 人-총 9획

故 연고 고▸ 攴-총 9획

官 벼슬 관 宀-총 8획

求 구할[求索] 구 水-총 7획

句 글귀 구 口-총 5획

究 연구할 구 穴-총 7획

宮 집 궁 宀-총10획

權 권세 권 木-총22획

極 극진할 극

다할 극 木-총13획

한자	훈	음	부수·획수
禁	금할	금:	示-총13획
器	그릇	기	口-총16획
起	일어날	기	走-총10획
暖	따뜻할	난:	日-총13획
難	어려울	난·	隹-총19획
怒	성낼	노:	心-총 9획
努	힘쓸	노	力-총 7획
斷	끊을	단:	斤-총18획
端	끝	단	立-총14획
檀	박달나무	단	木-총17획
單	홑	단	
	오랑캐임금	선	口-총12획
達	통달할	달	辶-총13획
擔	멜	담	手-총16획
黨	무리	당	黑-총20획
帶	띠	대·	巾-총11획
隊	무리	대	阜-총12획
導	인도할	도:	寸-총16획
督	감독할	독	目-총13획
毒	독[毒藥]	독	毋-총 8획
銅	구리	동	金-총14획
斗	말	두	斗-총 4획
豆	콩	두	豆-총 7획
得	얻을	득	彳-총11획
燈	등	등	火-총16획
羅	벌릴	라	罒-총19획
兩	두	량:	入-총 8획
麗	고울	려	鹿-총19획
連	이을	련	辶-총11획
列	벌릴/벌일	렬	刀-총 6획
錄	기록할	록	金-총16획
論	논할	론	言-총15획
留	머무를	류	田-총10획
律	법칙	률	彳-총 9획
滿	찰	만·	水-총14획
脈	줄기	맥	肉-총10획
毛	터럭	모	毛-총 4획
牧	칠[牧養]	목	牛-총 8획
武	호반	무:	止-총 8획
務	힘쓸	무:	力-총11획
味	맛	미:	口-총 8획
未	아닐	미·	木-총 5획
密	빽빽할	밀	宀-총11획
博	넓을	박	十-총12획
防	막을	방	阜-총 7획
房	방	방	戶-총 8획
訪	찾을	방:	言-총11획
配	나눌	배:	
	짝	배	酉-총10획
背	등	배:	肉-총 9획
拜	절	배:	手-총 9획
罰	벌할	벌	罒-총14획
伐	칠[討]	벌	人-총 6획
壁	벽	벽	土-총16획
邊	가[側]	변	辶-총19획
報	갚을	보:	
	알릴	보	土-총12획
步	걸음	보:	止-총 7획
寶	보배	보:	宀-총20획
保	지킬	보·	人-총 9획
復	회복할	복	※'부'만 장음
	다시	부:	彳-총12획
府	마을[官廳]	부·	广-총 8획
婦	며느리	부	女-총11획
副	버금	부:	刀-총11획

한자	훈	음	부수·획수
富	부자	부:	宀-총12획
佛	부처	불	人-총 7획
非	아닐	비▸	非-총 8획
備	갖출	비:	人-총12획
飛	날	비	飛-총 9획
悲	슬플	비:	心-총12획
貧	가난할	빈	貝-총11획
謝	사례할	사:	言-총17획
師	스승	사	巾-총10획
寺	절	사	※'시'만 장음
	내관內官	시:	寸-총 6획
舍	집	사	舌-총 8획
殺	죽일	살	
	감할	쇄:	※'쇄'만 장음
	빠를	쇄:	殳-총11획
常	떳떳할	상	巾-총11획
床	상[床=牀]	상	广-총 7획
想	생각	상:	心-총13획
狀	형상	상	※'장'만 장음
	문서	장:	犬-총 8획
設	베풀	설	言-총11획
星	별	성	日-총 9획
聖	성인	성:	耳-총13획
盛	성할	성:	皿-총12획
聲	소리	성	耳-총17획
城	재[內城]	성	土-총10획
誠	정성	성	言-총14획
細	가늘	세:	糸-총11획
稅	세금	세:	禾-총12획
勢	형세形勢	세:	力-총13획
素	본디	소▸	
	흴[白]	소	糸-총10획
掃	쓸[掃除]	소▸	手-총11획
笑	웃음	소:	竹-총10획
續	이을	속	糸-총21획
俗	풍속	속	人-총 9획
送	보낼	송:	辶-총10획
收	거둘	수	攴-총 6획
修	닦을	수	人-총10획
受	받을	수▸	又-총 8획
授	줄	수	手-총11획
守	지킬	수	宀-총 6획
純	순수할	순	糸-총10획
承	이을	승	手-총 8획
詩	시	시	言-총13획
施	베풀	시:	方-총 9획
視	볼	시:	見-총12획
試	시험	시▸	言-총13획
是	이[斯]	시:	
	옳을	시	日-총 9획
息	쉴	식	心-총10획
申	납[猿]	신	田-총 5획
深	깊을	심	水-총11획
眼	눈	안:	目-총11획
暗	어두울	암:	日-총13획
壓	누를	압	土-총17획
液	진	액	水-총11획
羊	양	양	羊-총 6획
如	같을	여	女-총 6획
餘	남을	여	食-총16획
逆	거스를	역	辶-총10획
硏	갈[硏磨]	연:	石-총11획
煙	연기	연	火-총13획
演	펼	연:	水-총14획
榮	영화	영	木-총14획
藝	재주	예:	艸-총19획

漢字	훈	음	부수-획수
誤	그르칠	오ː	言-총14획
玉	구슬	옥	玉-총 5획
往	갈	왕ː	彳-총 8획
謠	노래	요	言-총17획
容	얼굴	용	宀-총10획
圓	둥글	원	口-총13획
員	인원	원	口-총10획
衛	지킬	위	行-총16획
爲	하	위ˑ	
	할	위	爪-총12획
肉	고기	육	肉-총 6획
恩	은혜	은	心-총10획
陰	그늘	음	阜-총11획
應	응할	응ː	心-총17획
義	옳을	의ː	羊-총13획
議	의논할	의ˑ	言-총20획
移	옮길	이	禾-총11획
益	더할	익	皿-총10획
引	끌	인	弓-총 4획
印	도장	인	卩-총 6획
認	알[知]	인	言-총14획
障	막을	장	阜-총14획
將	장수	장ˑ	寸-총11획
低	낮을	저ː	人-총 7획
敵	대적할	적	攴-총15획
田	밭	전	田-총 5획
絶	끊을	절	糸-총12획
接	이을	접	手-총11획
政	정사	정	攴-총 8획
精	정할	정	
	자세할	정	米-총14획
程	한도	정	
	길[道]	정	禾-총12획
濟	건널	제ː	水-총17획
提	끌[提携]	제	手-총12획
除	덜	제	阜-총10획
制	절제할	제ː	刀-총 8획
祭	제사	제ː	示-총11획
際	즈음	제ː	
	가[邊]	제	阜-총14획
製	지을	제ː	衣-총14획
助	도울	조ː	力-총 7획
鳥	새	조	鳥-총11획
早	이를	조ː	日-총 6획
造	지을	조ː	辶-총11획
尊	높을	존	寸-총12획
宗	마루	종	宀-총 8획
走	달릴	주	走-총 7획
竹	대	죽	竹-총 6획
準	준할	준ː	水-총13획
衆	무리	중ː	血-총12획
增	더할	증	土-총15획
指	가리킬	지	手-총 9획
志	뜻	지	心-총 7획
至	이를	지	至-총 6획
支	지탱할	지	支-총 4획
職	직분	직	耳-총18획
進	나아갈	진ː	辶-총12획
眞	참	진	目-총10획
次	버금	차	欠-총 6획
察	살필	찰	宀-총14획
創	비롯할	창ː	刀-총12획
處	곳	처ː	虍-총11획
請	청할	청	言-총15획
總	다[皆]	총ː	糸-총17획
銃	총	총	金-총14획

蓄 모을 축 艸-총14획
築 쌓을 축 竹-총16획
蟲 벌레 충 虫-총18획
忠 충성 충 心-총 8획
取 가질 취: 又-총 8획
測 헤아릴 측 水-총12획
治 다스릴 치 水-총 8획
置 둘[措置] 치: 网-총13획
齒 이 치 齒-총15획
侵 침노할 침 人-총 9획
快 쾌할 쾌 心-총 7획
態 모습 태: 心-총14획
統 거느릴 통: 糸-총12획
退 물러날 퇴: 辶-총10획
破 깨뜨릴 파: 石-총10획
波 물결 파 水-총 8획
布 베[펼] 포(:) ※'보'는 장음
보시 보: 巾-총 5획
包 쌀[裹] 포(:) 勹-총 5획
砲 대포 포: 石-총10획
暴 사나울 폭 ※'포'만 장음
모질 포: 日-총15획

票 표 표 示-총11획
豊 풍년[豊=豐] 풍 豆-총13획
限 한할 한: 阜-총 9획
航 배 항: 舟-총10획
港 항구 항: 水-총12획
解 풀 해: 角-총13획
鄕 시골 향 邑-총13획
香 향기 향 香-총 9획
虛 빌 허 虍-총12획
驗 시험 험: 馬-총23획
賢 어질 현 貝-총15획
血 피 혈 血-총 6획
協 화할 협 十-총 8획
惠 은혜 혜: 心-총12획
護 도울 호: 言-총21획
呼 부를 호 口-총 8획
好 좋을 호: 女-총 6획
戶 집 호: 戶-총 4획
貨 재물 화: 貝-총11획
確 굳을 확 石-총15획
回 돌아올 회 口-총 6획
吸 마실 흡 口-총 7획

興 일[興盛] 흥(:) 臼-총16획
希 바랄 희 巾-총 7획

※ 4급Ⅱ는 5급[500자]에 새로운 한자 250자를 더하여 모두 750자입니다.

4급 배정한자

暇 틈 가:
겨를 가 日-총13획
覺 깨달을 각 見-총20획
刻 새길 각 刀-총 8획
簡 간략할 간(:)
대쪽 간 竹-총18획
干 방패 간 干-총 3획
看 볼 간 目-총 9획
敢 감히 감:
구태여 감 攴-총12획
甘 달 감 甘-총 5획
甲 갑옷 갑 田-총 5획
降 내릴 강: ※'강'만 장음
항복할 항 阜-총 9획
更 다시 갱: ※'갱'만 장음
고칠 경 曰-총 7획

한자	훈	음	부수 – 총획
據	근거	거:	手 – 총16획
拒	막을	거:	手 – 총 8획
居	살	거	尸 – 총 8획
巨	클	거:	工 – 총 5획
傑	뛰어날	걸	人 – 총12획
儉	검소할	검:	人 – 총15획
激	격할	격	水 – 총16획
擊	칠[打擊]	격	手 – 총17획
犬	개	견	犬 – 총 4획
堅	굳을	견	土 – 총11획
鏡	거울	경:	金 – 총19획
傾	기울	경	人 – 총13획
驚	놀랄	경	馬 – 총23획
戒	경계할	계:	戈 – 총 7획
季	계절	계:	子 – 총 8획
鷄	닭	계	鳥 – 총21획
階	섬돌	계	阜 – 총12획
系	이어맬	계:	糸 – 총 7획
繼	이을	계:	糸 – 총20획
庫	곳집	고	广 – 총10획
孤	외로울	고	子 – 총 8획
穀	곡식	곡	禾 – 총15획

한자	훈	음	부수 – 총획
困	곤할	곤:	口 – 총 7획
骨	뼈	골	骨 – 총10획
孔	구멍	공:	子 – 총 4획
攻	칠[攻擊]	공:	攴 – 총 7획
管	대롱	관	
	주관할	관	竹 – 총14획
鑛	쇳돌	광:	金 – 총23획
構	얽을	구	木 – 총14획
群	무리	군	羊 – 총13획
君	임금	군	口 – 총 7획
屈	굽힐	굴	尸 – 총 8획
窮	다할	궁	
	궁할	궁	穴 – 총15획
勸	권할	권:	力 – 총20획
券	문서	권	刀 – 총 8획
卷	책	권(:)	卩 – 총 8획
歸	돌아갈	귀:	止 – 총18획
均	고를	균	土 – 총 7획
劇	심할	극	刀 – 총15획
勤	부지런할	근(:)	力 – 총13획
筋	힘줄	근	竹 – 총12획
奇	기특할	기	大 – 총 8획

한자	훈	음	부수 – 총획
紀	벼리	기	糸 – 총 9획
寄	부칠[寄書]	기	宀 – 총11획
機	틀	기	木 – 총16획
納	들일	납	糸 – 총10획
段	층계	단	殳 – 총 9획
盜	도둑	도(:)	皿 – 총12획
逃	도망할	도	辶 – 총10획
徒	무리	도	彳 – 총10획
卵	알	란:	卩 – 총 7획
亂	어지러울	란:	乙 – 총13획
覽	볼	람	見 – 총21획
略	간략할	략	
	약할	략	田 – 총11획
糧	양식	량	米 – 총18획
慮	생각할	려:	心 – 총15획
烈	매울	렬	火 – 총10획
龍	용	룡	龍 – 총16획
柳	버들	류(:)	木 – 총 9획
輪	바퀴	륜	車 – 총15획
離	떠날	리:	隹 – 총19획
妹	누이	매	女 – 총 8획
勉	힘쓸	면:	力 – 총 9획

한자	훈	음	부수·획수
鳴	울	명	鳥-총14획
模	본뜰	모	木-총15획
妙	묘할	묘:	女-총 7획
墓	무덤	묘:	土-총14획
舞	춤출	무:	舛-총14획
拍	칠[拍手]	박	手-총 8획
髮	터럭	발	髟-총15획
妨	방해할	방	女-총 7획
犯	범할	범:	犬-총 5획
範	법	범:	竹-총15획
辯	말씀	변:	辛-총21획
普	넓을	보:	日-총12획
複	겹칠	복	衣-총14획
伏	엎드릴	복	人-총 6획
否	아닐	부:	
	막힐	비	口-총 7획
負	질[荷]	부:	貝-총 9획
粉	가루	분·	米-총10획
憤	분할	분:	心-총15획
碑	비석	비	石-총13획
批	비평할	비:	手-총 7획
祕	숨길[祕=秘]	비:	示-총10획
辭	말씀	사	辛-총19획
私	사사로울	사	禾-총 7획
絲	실	사	糸-총12획
射	쏠	사·	寸-총10획
散	흩을	산:	攴-총12획
傷	다칠	상	人-총13획
象	코끼리	상	豕-총12획
宣	베풀	선	宀-총 9획
舌	혀	설	舌-총 6획
屬	붙일	속	尸-총21획
損	덜	손:	手-총13획
松	소나무	송	木-총 8획
頌	칭송할	송:	
	기릴	송	頁-총13획
秀	빼어날	수	禾-총 7획
叔	아재비	숙	又-총 8획
肅	엄숙할	숙	聿-총13획
崇	높을	숭	山-총11획
氏	각시	씨	
	성씨姓氏	씨	
	나라이름	지	氏-총 4획
額	이마	액	頁-총18획
樣	모양	양	木-총15획
嚴	엄할	엄	口-총20획
與	더불	여:	
	줄	여	臼-총14획
易	바꿀	역	※'이'만 장음
	쉬울	이:	日-총 8획
域	지경	역	土-총11획
鉛	납	연	金-총13획
延	늘일	연	廴-총 7획
緣	인연	연	糸-총15획
燃	탈	연	火-총16획
營	경영할	영	火-총17획
迎	맞을	영	辶-총 8획
映	비칠	영·	日-총 9획
豫	미리	예:	豕-총16획
優	넉넉할	우	人-총17획
遇	만날	우:	辶-총13획
郵	우편	우	邑-총11획
源	근원	원	水-총13획
援	도울	원:	手-총12획
怨	원망할	원·	心-총 9획
委	맡길	위	女-총 8획

圍	에워쌀	위	囗－총12획
慰	위로할	위	心－총15획
威	위엄	위	女－총 9획
危	위태할	위	卩－총 6획
遺	남길	유	辶－총16획
遊	놀	유	辶－총13획
儒	선비	유	人－총16획
乳	젖	유	乙－총 8획
隱	숨을	은	阜－총17획
儀	거동	의	人－총15획
疑	의심할	의	疋－총14획
依	의지할	의	人－총 8획
異	다를	이ː	田－총12획
仁	어질	인	人－총 4획
姿	모양	자ː	女－총 9획
姉	손윗누이	자	女－총 8획
資	재물	자	貝－총13획
殘	남을	잔	歹－총12획
雜	섞일	잡	隹－총18획
張	베풀	장	弓－총11획
帳	장막	장	巾－총11획
壯	장할	장ː	士－총 7획

腸	창자	장	肉－총13획
裝	꾸밀	장	衣－총13획
奬	장려할	장▸	大－총14획
底	밑	저ː	广－총 8획
績	길쌈	적	糸－총17획
賊	도둑	적	貝－총13획
適	맞을	적	辶－총15획
籍	문서	적	竹－총20획
積	쌓을	적	禾－총16획
轉	구를	전ː	車－총18획
錢	돈	전ː	金－총16획
專	오로지	전	寸－총11획
折	꺾을	절	手－총 7획
點	점	점▸	黑－총17획
占	점령할	점▸	
	점칠	점	卜－총 5획
整	가지런할	정ː	攴－총16획
靜	고요할	정	靑－총16획
丁	장정	정	
	고무래	정	一－총 2획
帝	임금	제ː	巾－총 9획
條	가지	조	木－총11획

潮	조수潮水	조	
	밀물	조	水－총15획
組	짤	조	糸－총11획
存	있을	존	子－총 6획
鍾	쇠북[鍾=鐘]	종	金－총17획
從	좇을	종▸	彳－총11획
座	자리	좌ː	广－총10획
周	두루	주	口－총 8획
朱	붉을	주	木－총 6획
酒	술	주▸	酉－총10획
證	증거	증	言－총19획
持	가질	지	手－총 9획
誌	기록할	지	言－총14획
智	지혜	지	
	슬기	지	日－총12획
織	짤	직	糸－총18획
盡	다할	진ː	皿－총14획
珍	보배	진	玉－총 9획
陣	진칠	진	阜－총10획
差	다를	차	
	어긋날	치	
	부릴	채	工－총10획

한자	훈	음	부수·획수
讚	기릴	찬:	言-총26획
採	캘	채:	手-총11획
冊	책	책	冂-총 5획
泉	샘	천	水-총 9획
廳	관청	청	广-총25획
聽	들을	청	耳-총22획
招	부를	초	手-총 8획
推	밀	추	
	밀	퇴	手-총11획
縮	줄일	축	糸-총17획
就	나아갈	취:	尢-총12획
趣	뜻	취:	走-총15획
層	층[層樓]	층	尸-총15획
針	바늘	침›	金-총10획
寢	잘	침:	宀-총14획
稱	일컬을	칭	禾-총14획
歎	탄식할	탄:	欠-총15획
彈	탄알	탄:	弓-총15획
脫	벗을	탈	肉-총11획
探	찾을	탐	手-총11획
擇	가릴	택	手-총16획
討	칠[討伐]	토›	言-총10획
痛	아플	통:	疒-총12획
投	던질	투	手-총 7획
鬪	싸움	투	鬥-총20획
派	갈래	파	水-총 9획
判	판단할	판	刀-총 7획
篇	책	편	竹-총15획
評	평할	평:	言-총12획
閉	닫을	폐:	門-총11획
胞	세포	포›	肉-총 9획
爆	불터질	폭	火-총19획
標	표할	표	木-총15획
疲	피곤할	피	疒-총10획
避	피할	피:	辶-총17획
恨	한[怨恨]	한:	心-총 9획
閑	한가할	한	門-총12획
抗	겨룰	항:	手-총 7획
核	씨	핵	木-총10획
憲	법	헌:	心-총16획
險	험할	험:	阜-총16획
革	가죽	혁	革-총 9획
顯	나타날	현:	頁-총23획
刑	형벌	형	刀-총 6획
或	혹	혹	戈-총 8획
混	섞을	혼:	水-총11획
婚	혼인할	혼	女-총11획
紅	붉을	홍	糸-총 9획
華	빛날	화	艸-총11획
環	고리	환›	玉-총17획
歡	기쁠	환	欠-총22획
況	상황	황:	水-총 8획
灰	재	회	火-총 6획
候	기후	후:	人-총10획
厚	두터울	후:	厂-총 9획
揮	휘두를	휘	手-총12획
喜	기쁠	희	口-총12획

※ 4급 배정한자는 4급Ⅱ[750자]에 새로운 한자 250자를 더하여 1,000자입니다.

3급II 배정한자

한자	훈	음	부수·획수
架	시렁	가:	木-총 9획
佳	아름다울	가:	人-총 8획
脚	다리	각	肉-총11획
閣	집	각	門-총14획
肝	간	간›	肉-총 7획

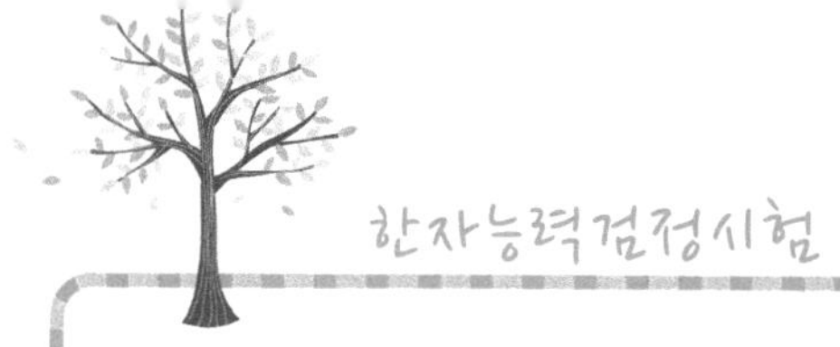

한자	훈	음	부수·획수
懇	간절할	간	心-총17획
刊	새길	간	刀-총 5획
幹	줄기	간	干-총13획
鑑	거울	감	金-총22획
鋼	강철	강	金-총16획
剛	굳셀[剛毅]	강	刀-총10획
綱	벼리	강	糸-총14획
介	낄	개	人-총 4획
槪	대개	개	木-총15획
蓋	덮을	개	艸-총14획
距	상거할	거	足-총12획
乾	하늘	건	
	마를	간/건	乙-총11획
劍	칼	검	刀-총15획
隔	사이뜰	격	阜-총13획
訣	이별할	결	言-총11획
謙	겸손할	겸	言-총17획
兼	겸할	겸	八-총10획
硬	굳을	경	石-총12획
徑	길	경	
	지름길	경	彳-총10획
耕	밭갈[犂田]	경	耒-총10획

한자	훈	음	부수·획수
頃	이랑	경	
	잠깐	경	頁-총11획
桂	계수나무	계	木-총10획
械	기계	계	木-총11획
契	맺을	계	大-총 9획
溪	시내	계	水-총13획
啓	열	계	口-총11획
鼓	북	고	鼓-총13획
姑	시어미	고	女-총 8획
稿	원고	고	
	볏짚	고	禾-총15획
谷	골	곡	谷-총 7획
哭	울	곡	口-총10획
恭	공손할	공	心-총10획
恐	두려울	공	心-총10획
貢	바칠	공	貝-총10획
供	이바지할	공	人-총 8획
誇	자랑할	과	言-총13획
寡	적을	과	宀-총14획
冠	갓	관	冖-총 9획
貫	꿸	관	貝-총11획
寬	너그러울	관	宀-총15획

한자	훈	음	부수·획수
慣	익숙할	관	心-총14획
館	집	관	食-총17획
狂	미칠	광	犬-총 7획
怪	괴이할	괴	心-총 8획
壞	무너질	괴	土-총19획
較	견줄	교	
	비교할	교	車-총13획
巧	공교할	교	工-총 5획
丘	언덕	구	一-총 5획
久	오랠	구	丿-총 3획
拘	잡을	구	手-총 8획
菊	국화	국	艸-총12획
弓	활	궁	弓-총 3획
拳	주먹	권	手-총10획
鬼	귀신	귀	鬼-총10획
菌	버섯	균	艸-총12획
克	이길	극	儿-총 7획
琴	거문고	금	玉-총12획
錦	비단	금	金-총16획
禽	새	금	禸-총13획
及	미칠	급	又-총 4획
畿	경기京畿	기	田-총15획

한자	훈	음	부수·총획
其	그	기	八-총 8획
企	꾀할	기	人-총 6획
騎	말탈	기	馬-총18획
祈	빌[祈願]	기	示-총 9획
緊	긴할	긴	糸-총14획
諾	허락할	낙	言-총16획
娘	계집	낭	女-총10획
耐	견딜	내:	而-총 9획
寧	편안便安	녕	宀-총14획
奴	종[奴僕]	노	女-총 5획
腦	골	뇌	
	뇌수腦髓	뇌	肉-총13획
泥	진흙	니	水-총 8획
茶	차	다	
	차	차	艸-총10획
但	다만	단:	人-총 7획
丹	붉을	단	丶-총 4획
旦	아침	단	日-총 5획
淡	맑을	담	水-총11획
踏	밟을	답	足-총15획
唐	당나라	당	
	당황할	당	口-총10획

한자	훈	음	부수·총획
糖	엿	당	米-총16획
臺	대[돈대]	대	至-총14획
貸	빌릴	대:	
	뀔[꾸이다]	대	貝-총12획
渡	건널	도	水-총12획
途	길[行中]	도:	辶-총11획
倒	넘어질	도:	人-총10획
桃	복숭아	도	木-총10획
陶	질그릇	도	阜-총11획
刀	칼	도	刀-총 2획
突	갑자기	돌	穴-총 9획
凍	얼	동:	冫-총10획
絡	얽을	락	
	이을	락	糸-총12획
欄	난간	란	木-총21획
蘭	난초	란	艸-총21획
浪	물결	랑	水-총10획
郎	사내	랑	邑-총10획
廊	사랑채	랑	
	행랑	랑	广-총13획
梁	들보	량	
	돌다리	량	木-총11획

한자	훈	음	부수·총획
涼	서늘할	량	冫-총11획
勵	힘쓸	려:	力-총17획
曆	책력	력	日-총16획
戀	그리워할	련:	
	그릴	련:	心-총23획
鍊	쇠불릴	련:	
	단련할	련:	金-총17획
蓮	연꽃	련	艸-총15획
聯	연이을	련	耳-총17획
裂	찢어질	렬	衣-총12획
嶺	고개	령	山-총17획
靈	신령	령	雨-총24획
露	이슬	로	雨-총20획
爐	화로	로	火-총20획
祿	녹[俸祿]	록	示-총13획
弄	희롱할	롱:	廾-총 7획
雷	우레	뢰	雨-총13획
賴	의뢰할	뢰:	貝-총16획
樓	다락	루	木-총15획
漏	샐	루:	水-총14획
累	여러	루:	
	자주	루	糸-총11획

한자	훈	음	부수–총획
倫	인륜	륜	人–총10획
栗	밤	률	木–총10획
率	비율	률	
	거느릴	솔	玄–총11획
隆	높을	륭	阜–총12획
陵	언덕	릉	阜–총11획
履	밟을	리:	尸–총15획
吏	벼슬아치	리:	
	관리官吏	리	口–총 6획
裏	속[裡]	리:	衣–총13획
臨	임할	림	臣–총17획
磨	갈	마	石–총16획
麻	삼	마▸	麻–총11획
漠	넓을	막	水–총14획
莫	없을	막	艸–총11획
幕	장막	막	巾–총14획
晩	늦을	만:	日–총11획
妄	망령될	망:	女–총 6획
梅	매화	매	木–총11획
媒	중매	매	女–총12획
麥	보리	맥	麥–총11획
孟	맏	맹▸	子–총 8획
盟	맹세	맹	皿–총13획
猛	사나울	맹:	犬–총11획
盲	소경	맹	
	눈멀	맹	目–총 8획
免	면할	면:	儿–총 7획
綿	솜	면	糸–총14획
眠	잘	면	目–총10획
滅	멸할	멸	
	꺼질	멸	水–총13획
銘	새길	명	金–총14획
慕	그릴	모:	心–총15획
謀	꾀	모	言–총16획
貌	모양	모	豸–총14획
睦	화목할	목	目–총13획
沒	빠질	몰	水–총 7획
夢	꿈	몽	夕–총14획
蒙	어두울	몽	艸–총14획
茂	무성할	무:	艸–총 9획
貿	무역할	무:	貝–총12획
墨	먹	묵	土–총15획
默	잠잠할	묵	黑–총16획
紋	무늬	문	糸–총10획
勿	말[禁]	물	勹–총 4획
尾	꼬리	미:	尸–총 7획
微	작을	미	彳–총13획
薄	엷을	박	艸–총17획
迫	핍박할	박	辶–총 9획
般	가지	반	
	일반	반	舟–총10획
飯	밥	반	食–총13획
盤	소반	반	皿–총15획
拔	뽑을	발	手–총 8획
芳	꽃다울	방	艸–총 8획
輩	무리	배:	車–총15획
排	밀칠	배	手–총11획
培	북돋울	배:	土–총11획
伯	맏	백	人–총 7획
繁	번성할	번	糸–총17획
凡	무릇	범▸	几–총 3획
碧	푸를	벽	石–총14획
丙	남녘	병:	一–총 5획
補	기울	보:	衣–총12획
譜	족보	보:	言–총19획
腹	배	복	肉–총13획

한자	훈	음	부수·획수
逢	만날	봉	辶-총11획
鳳	봉새	봉:	鳥-총14획
峯	봉우리	봉	山-총10획
封	봉할	봉	寸-총 9획
覆	덮을	부	
	다시	복	
	뒤집힐	복	襾-총18획
扶	도울	부	手-총 7획
浮	뜰	부	水-총10획
簿	문서	부:	竹-총19획
賦	부세	부:	貝-총14획
付	부칠	부:	人-총 5획
符	부호	부›	竹-총11획
附	붙을	부›	阜-총 8획
腐	썩을	부:	肉-총14획
奔	달릴	분	大-총 9획
奮	떨칠	분:	大-총16획
紛	어지러울	분	糸-총10획
拂	떨칠	불	手-총 8획
婢	계집종	비:	女-총11획
卑	낮을	비:	十-총 8획
肥	살찔	비:	肉-총 8획

한자	훈	음	부수·획수
妃	왕비	비	女-총 6획
邪	간사할	사	邑-총 7획
蛇	긴뱀	사	虫-총11획
詞	말	사	
	글	사	言-총12획
司	맡을	사	口-총 5획
沙	모래	사	水-총 7획
斜	비낄	사	斗-총11획
祀	제사	사	示-총 8획
削	깎을	삭	刀-총 9획
森	수풀	삼	木-총12획
償	갚을	상	人-총17획
像	모양	상	人-총14획
桑	뽕나무	상	木-총10획
霜	서리	상	雨-총17획
尙	오히려	상›	小-총 8획
喪	잃을	상›	口-총12획
詳	자세할	상	言-총13획
裳	치마	상	衣-총14획
塞	막힐	색	
	변방	새	土-총13획
索	찾을	색	
	노[새끼줄]	삭	糸-총10획

한자	훈	음	부수·획수
署	마을[官廳]	서:	罒-총14획
緖	실마리	서:	糸-총15획
恕	용서할	서:	心-총10획
徐	천천할	서›	彳-총10획
惜	아낄	석	心-총11획
釋	풀[解]	석	釆-총20획
旋	돌[廻]	선	方-총11획
禪	선	선	示-총17획
蘇	되살아날	소	艸-총20획
燒	사를	소›	火-총16획
疏	소통할	소	疋-총11획
訴	호소할	소	言-총12획
訟	송사할	송:	言-총11획
鎖	쇠사슬	쇄:	金-총18획
刷	인쇄할	쇄:	刀-총 8획
衰	쇠할	쇠	
	상복喪服	최	衣-총10획
愁	근심	수	心-총13획
殊	다를	수	歹-총10획
垂	드리울	수	土-총 8획
隨	따를	수	阜-총16획

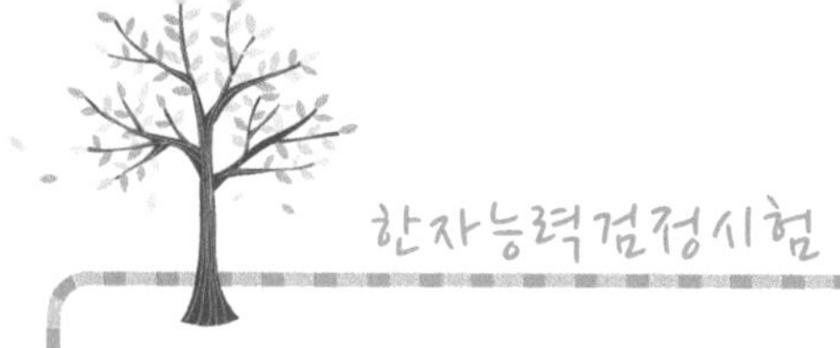

한자	뜻	음	부수–총획
壽	목숨	수	士–총14획
輸	보낼	수	車–총16획
需	쓰일	수	
	쓸	수	雨–총14획
帥	장수	수	巾–총 9획
獸	짐승	수	犬–총19획
淑	맑을	숙	水–총11획
熟	익을	숙	火–총15획
瞬	눈깜짝일	순	目–총17획
巡	돌[廻]	순	
	순행할	순	巛–총 7획
旬	열흘	순	日–총 6획
述	펼	술	辶–총 9획
襲	엄습할	습	衣–총22획
濕	젖을	습	水–총17획
拾	주울	습	
	갖은열	십	手–총 9획
昇	오를	승	日–총 8획
僧	중	승	人–총14획
乘	탈	승	丿–총10획
侍	모실	시:	人–총 8획
飾	꾸밀	식	食–총14획
愼	삼갈	신:	心–총13획
審	살필	심·	宀–총15획
甚	심할	심:	甘–총 9획
雙	두	쌍	
	쌍	쌍	隹–총18획
我	나	아:	戈–총 7획
雅	맑을	아·	隹–총12획
亞	버금	아·	二–총 8획
芽	싹	아	艸–총 8획
牙	어금니	아	牙–총 4획
阿	언덕	아	阜–총 8획
顔	낯	안:	頁–총18획
岸	언덕	안:	山–총 8획
巖	바위	암	山–총23획
央	가운데	앙	大–총 5획
仰	우러를	앙:	人–총 6획
哀	슬플	애	口–총 9획
若	같을	약	
	반야般若	야	艸–총 9획
揚	날릴	양	手–총12획
讓	사양할	양:	言–총24획
壤	흙덩이	양:	土–총20획
御	거느릴	어:	彳–총11획
抑	누를	억	手–총 7획
憶	생각할	억	心–총16획
亦	또	역	亠–총 6획
譯	번역할	역	言–총20획
役	부릴	역	彳–총 7획
驛	역	역	馬–총23획
疫	전염병	역	疒–총 9획
沿	물따라갈	연·	
	따를	연	水–총 8획
軟	연할	연:	車–총11획
宴	잔치	연:	宀–총10획
燕	제비	연·	火–총16획
悅	기쁠	열	心–총10획
染	물들	염:	木–총 9획
炎	불꽃	염	火–총 8획
鹽	소금	염	鹵–총24획
影	그림자	영:	彡–총15획
譽	기릴	예:	
	명예	예	言–총21획
烏	까마귀	오	火–총10획
悟	깨달을	오:	心–총10획

한자	훈	음	부수·총획
獄	옥[囚舍]	옥	犬-총14획
瓦	기와	와ː	瓦-총 5획
緩	느릴	완ː	糸-총15획
辱	욕될	욕	辰-총10획
慾	욕심	욕	心-총15획
欲	하고자할	욕	欠-총11획
憂	근심	우	心-총15획
羽	깃	우ː	羽-총 6획
愚	어리석을	우	心-총13획
宇	집	우ː	宀-총 6획
偶	짝	우ː	人-총11획
韻	운	운ː	音-총19획
越	넘을	월	走-총12획
僞	거짓	위	人-총14획
胃	밥통	위	肉-총 9획
謂	이를	위	言-총16획
幽	그윽할	유	幺-총 9획
誘	꾈	유	言-총14획
裕	넉넉할	유ː	衣-총12획
悠	멀	유	心-총11획
維	벼리	유	糸-총14획
柔	부드러울	유	木-총 9획

한자	훈	음	부수·총획
幼	어릴	유	幺-총 5획
猶	오히려	유	犬-총12획
潤	불을	윤ː	水-총15획
乙	새	을	乙-총 1획
淫	음란할	음	水-총11획
已	이미	이ː	己-총 3획
翼	날개	익	羽-총17획
忍	참을	인	心-총 7획
逸	편안할	일	辶-총12획
壬	북방	임ː	士-총 4획
賃	품삯	임ː	貝-총13획
慈	사랑	자	心-총13획
紫	자줏빛	자	糸-총11획
刺	찌를	자ː	※'자'만 장음
	찌를	척	
	수라	라	刀-총 8획
潛	잠길	잠	水-총15획
暫	잠깐	잠ˑ	日-총15획
藏	감출	장ː	艸-총18획
粧	단장할	장	米-총12획
掌	손바닥	장ː	手-총12획
莊	씩씩할	장	艸-총11획

한자	훈	음	부수·총획
丈	어른	장ː	一-총 3획
臟	오장	장ː	肉-총22획
葬	장사지낼	장ː	艸-총13획
載	실을	재ː	車-총13획
栽	심을	재ː	木-총10획
裁	옷마를	재	衣-총12획
著	나타날	저ː	※'저'만 장음
	붙을	착	艸-총13획
抵	막을[抗]	저ː	手-총 8획
寂	고요할	적	宀-총11획
摘	딸[手收]	적	手-총14획
跡	발자취	적	足-총13획
蹟	자취	적	足-총18획
笛	피리	적	竹-총11획
殿	전각	전ː	殳-총13획
漸	점점	점ː	水-총14획
貞	곧을	정	貝-총 9획
淨	깨끗할	정	水-총11획
井	우물	정ˑ	二-총 4획
頂	정수리	정	頁-총11획
亭	정자	정	亠-총 9획
廷	조정	정	廴-총 7획

征 칠[征討] 정 彳-총 8획
齊 가지런할 제 齊-총14획
諸 모두 제
어조사 저 言-총16획
照 비칠 조: 火-총13획
兆 억조 조 儿-총 6획
租 조세 조 禾-총10획
縱 세로 종 糸-총17획
坐 앉을 좌: 土-총 7획
珠 구슬 주 玉-총10획
株 그루 주 木-총10획
柱 기둥 주 木-총 9획
洲 물가 주 水-총 9획
鑄 쇠불릴 주 金-총22획
奏 아뢸 주, 大-총 9획
宙 집 주: 宀-총 8획
仲 버금 중, 人-총 6획
卽 곧 즉 卩-총 9획
憎 미울 증 心-총15획
曾 일찍 증 曰-총12획
症 증세 증, 疒-총10획
蒸 찔 증 艸-총14획

枝 가지 지 木-총 8획
之 갈 지 丿-총 4획
池 못 지 水-총 6획
振 떨칠 진: 手-총10획
陳 베풀 진,
묵을 진 阜-총11획
辰 별 진
때 신 辰-총 7획
震 우레 진: 雨-총15획
鎭 진압할 진, 金-총18획
疾 병 질 疒-총10획
秩 차례 질 禾-총10획
執 잡을 집 土-총11획
徵 부를 징
화음火音 치 彳-총15획
借 빌 차:
빌릴 차 人-총10획
此 이 차 止-총 6획
錯 어긋날 착 金-총16획
贊 도울 찬: 貝-총19획
倉 곳집 창, 人-총10획
昌 창성할 창, 日-총 8획

蒼 푸를 창 艸-총14획
菜 나물 채: 艸-총12획
債 빚 채: 人-총13획
彩 채색 채: 彡-총11획
策 꾀 책 竹-총12획
妻 아내 처 女-총 8획
拓 넓힐 척
박을[拓本] 탁 手-총 8획
尺 자 척 尸-총 4획
戚 친척 척 戈-총11획
踐 밟을 천: 足-총15획
淺 얕을 천: 水-총11획
遷 옮길 천: 辶-총16획
賤 천할 천: 貝-총15획
哲 밝을 철 口-총10획
徹 통할 철 彳-총15획
滯 막힐 체 水-총14획
肖 닮을 초
같을 초 肉-총 7획
超 뛰어넘을 초 走-총12획
礎 주춧돌 초 石-총18획
觸 닿을 촉 角-총20획

한자	훈	음	부수–총획
促	재촉할	촉	人–총 9획
催	재촉할	최:	人–총13획
追	쫓을	추	
	따를	추	辶–총10획
畜	짐승	축	田–총10획
衝	찌를	충	行–총15획
吹	불[鼓吹]	취:	口–총 7획
醉	취할	취:	酉–총15획
側	곁	측	人–총11획
値	값	치	人–총10획
恥	부끄러울	치	心–총10획
稚	어릴	치	禾–총13획
漆	옻	칠	水–총14획
浸	잠길	침:	水–총10획
沈	잠길	침▸	
	성姓	심	水–총 7획
奪	빼앗을	탈	大–총14획
塔	탑	탑	土–총13획
湯	끓을	탕:	水–총12획
殆	거의	태	歹–총 9획
泰	클	태	水–총10획
澤	못	택	水–총16획

한자	훈	음	부수–총획
兎	토끼	토	儿–총 7획
吐	토할	토▸	口–총 6획
透	사무칠	투	辶–총11획
版	판목	판	片–총 8획
編	엮을	편	糸–총15획
片	조각	편▸	片–총 4획
偏	치우칠	편	人–총11획
弊	폐단	폐:	
	해질	폐:	廾–총15획
廢	폐할	폐:	
	버릴	폐:	广–총15획
肺	허파	폐:	肉–총 8획
浦	개[水邊]	포	水–총10획
捕	잡을	포:	手–총10획
楓	단풍	풍	木–총13획
皮	가죽	피	皮–총 5획
被	입을	피:	衣–총10획
彼	저	피:	彳–총 8획
畢	마칠	필	田–총11획
荷	멜	하▸	艸–총11획
何	어찌	하	人–총 7획
賀	하례할	하:	貝–총12획

한자	훈	음	부수–총획
鶴	학	학	鳥–총21획
汗	땀	한▸	水–총 6획
割	벨	할	刀–총12획
含	머금을	함	口–총 7획
陷	빠질	함:	阜–총11획
項	항목	항:	頁–총12획
恒	항상	항	心–총 9획
響	울릴	향:	音–총22획
獻	드릴	헌:	犬–총20획
玄	검을	현	玄–총 5획
懸	달[懸繫]	현:	心–총20획
穴	굴	혈	穴–총 5획
脅	위협할	협	肉–총10획
衡	저울대	형	行–총16획
慧	슬기로울	혜:	心–총15획
浩	넓을	호:	水–총10획
胡	되[狄]	호	肉–총 9획
虎	범	호▸	虍–총 8획
豪	호걸	호	豕–총14획
惑	미혹할	혹	心–총12획
魂	넋	혼	鬼–총14획
忽	갑자기	홀	心–총 8획

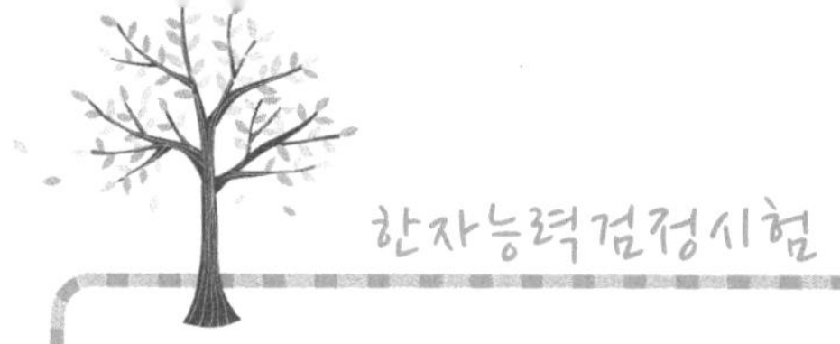

한자	훈	음	부수·획수
洪	넓을	홍	
	큰물	홍	水－총 9획
禍	재앙	화:	示－총14획
還	돌아올	환	辶－총17획
換	바꿀	환:	手－총12획
荒	거칠	황	艸－총10획
皇	임금	황	白－총 9획
悔	뉘우칠	회:	心－총10획
懷	품을	회	心－총19획
劃	그을	획	刀－총14획
獲	얻을	획	犬－총17획
橫	가로	횡	木－총16획
胸	가슴	흉	肉－총10획
戲	놀이	희	戈－총17획
稀	드물	희	禾－총12획

※ 3급Ⅱ는 4급에 새로운 한자 500자를 더하여 모두 1,500자입니다.

3급 배정한자

한자	훈	음	부수·획수
却	물리칠	각	卩－총 7획
姦	간음할	간:	女－총 9획
渴	목마를	갈	水－총12획
皆	다	개	白－총 9획
慨	슬퍼할	개:	心－총14획
乞	빌	걸	乙－총 3획
遣	보낼	견:	辶－총14획
絹	비단	견	糸－총13획
肩	어깨	견	肉－총 8획
牽	이끌	견	
	끌	견	牛－총11획
竟	마침내	경:	立－총11획
卿	벼슬	경	卩－총12획
庚	별	경	广－총 8획
繫	맬	계:	糸－총19획
癸	북방	계:	
	천간	계:	癶－총 9획
顧	돌아볼	고	頁－총21획
枯	마를	고	木－총 9획
坤	땅[따]	곤	土－총 8획
郭	둘레	곽	
	외성外城	곽	邑－총11획
掛	걸[懸掛]	괘	手－총11획
愧	부끄러울	괴:	心－총13획
塊	흙덩이	괴	土－총13획
郊	들[郊野]	교	邑－총 9획
矯	바로잡을	교:	矢－총17획
狗	개	구	犬－총 8획
龜	거북	구	
	거북	귀	
	터질	균	龜－총16획
苟	구차할	구	
	진실로	구	艸－총 9획
懼	두려워할	구	心－총21획
驅	몰	구	馬－총21획
俱	함께	구	人－총10획
厥	그[其]	궐	厂－총12획
軌	바퀴자국	궤:	車－총 9획
叫	부르짖을	규	口－총 5획
糾	얽힐	규	糸－총 8획
僅	겨우	근:	人－총13획
斤	근[무게단위]	근	
	날[刃]	근	斤－총 4획
謹	삼갈	근:	言－총18획
肯	즐길	긍:	肉－총 8획
忌	꺼릴	기	心－총 7획
幾	몇	기	幺－총12획
棄	버릴	기	木－총12획

한자	훈	음	부수–획수
欺	속일	기	欠–총12획
豈	어찌	기	豆–총10획
旣	이미	기	无–총11획
飢	주릴[飢=饑]	기	食–총11획
那	어찌	나:	邑–총 7획
奈	어찌	내	大–총 8획
乃	이에	내:	丿–총 2획
惱	번뇌할	뇌	心–총12획
畓	논	답	田–총 9획
挑	돋울	도	手–총 9획
跳	뛸	도	足–총13획
稻	벼	도	禾–총15획
塗	칠할	도	土–총13획
篤	도타울	독	竹–총16획
敦	도타울	돈	攴–총12획
豚	돼지	돈	豕–총11획
鈍	둔할	둔:	金–총12획
屯	진칠	둔	屮–총 4획
騰	오를[騰貴]	등	馬–총20획
濫	넘칠	람:	水–총17획
掠	노략질	략	手–총11획
諒	살펴알	량	
	믿을	량	言–총15획
憐	불쌍히여길	련	心–총15획
劣	못할	렬	力–총 6획
廉	청렴할	렴	广–총13획
獵	사냥	렵	犬–총18획
零	떨어질	령	
	영[數字]	령	雨–총13획
隷	종[奴隷]	례:	隶–총16획
鹿	사슴	록	鹿–총11획
僚	동료	료	人–총14획
了	마칠	료:	亅–총 2획
淚	눈물	루:	水–총11획
屢	여러	루:	尸–총14획
梨	배	리	木–총11획
隣	이웃	린	阜–총15획
慢	거만할	만:	心–총14획
漫	흩어질	만:	水–총14획
忙	바쁠	망	心–총 6획
茫	아득할	망	艸–총10획
罔	없을	망	网–총 8획
忘	잊을	망	心–총 7획
埋	묻을	매	土–총10획
冥	어두울	명	冖–총10획
募	모을	모	
	뽑을	모	力–총13획
冒	무릅쓸	모	冂–총 9획
某	아무	모:	木–총 9획
侮	업신여길	모▸	人–총 9획
暮	저물	모:	日–총15획
苗	모	묘:	艸–총 9획
廟	사당	묘:	广–총15획
卯	토끼	묘:	卩–총 5획
霧	안개	무:	雨–총19획
戊	천간	무:	戈–총 5획
眉	눈썹	미	目–총 9획
迷	미혹할	미▸	辶–총10획
憫	민망할	민	心–총15획
敏	민첩할	민	攴–총11획
蜜	꿀	밀	虫–총14획
泊	머무를	박	
	배댈	박	水–총 8획
返	돌아올	반:	
	돌이킬	반:	辶–총 8획
叛	배반할	반:	又–총 9획

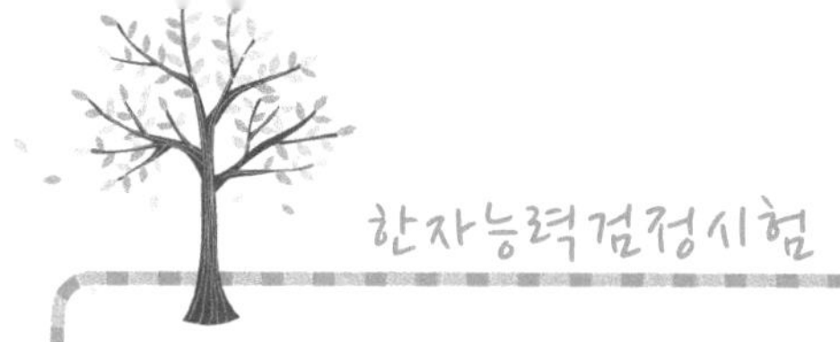

한자	훈	음	부수·획수
伴	짝	반:	人-총 7획
傍	곁	방:	人-총12획
邦	나라	방	邑-총 7획
倣	본뜰	방	人-총10획
杯	잔	배	木-총 8획
煩	번거로울	번	火-총13획
飜	번역할	번	飛-총21획
辨	분별할	변:	辛-총16획
竝	나란히	병:	立-총10획
屛	병풍	병(:)	尸-총11획
卜	점	복	卜-총 2획
蜂	벌	봉	虫-총13획
赴	다다를	부:	
	갈[趨]	부:	走-총 9획
墳	무덤	분	土-총15획
崩	무너질	붕	山-총11획
朋	벗	붕	月-총 8획
賓	손	빈	貝-총14획
頻	자주	빈	頁-총16획
聘	부를	빙	耳-총13획
似	닮을	사:	人-총 7획
巳	뱀	사:	己-총 3획

한자	훈	음	부수·획수
捨	버릴	사:	手-총11획
詐	속일	사	言-총12획
斯	이	사	斤-총12획
賜	줄	사:	貝-총15획
朔	초하루	삭	月-총10획
嘗	맛볼	상	口-총14획
祥	상서	상	示-총11획
逝	갈	서:	辶-총11획
暑	더울	서:	日-총13획
誓	맹세할	서:	言-총14획
庶	여러	서:	广-총11획
敍	펼	서:	攴-총11획
昔	예	석	日-총 8획
析	쪼갤	석	木-총 8획
涉	건널	섭	水-총10획
攝	다스릴	섭	
	잡을	섭	手-총21획
蔬	나물	소	艸-총15획
騷	떠들	소	馬-총20획
昭	밝을	소	日-총 9획
召	부를	소	口-총 5획
粟	조	속	米-총12획

한자	훈	음	부수·획수
誦	욀	송:	言-총14획
囚	가둘	수	口-총 5획
誰	누구	수	言-총15획
遂	드디어	수	辶-총13획
須	모름지기	수	頁-총12획
雖	비록	수	隹-총17획
睡	졸음	수	目-총13획
搜	찾을	수	手-총13획
孰	누구	숙	子-총11획
循	돌[轉]	순	彳-총12획
殉	따라죽을	순	歹-총10획
脣	입술	순	肉-총11획
戌	개	술	戈-총 6획
矢	화살	시:	矢-총 5획
辛	매울	신	辛-총 7획
晨	새벽	신	日-총11획
伸	펼	신	人-총 7획
尋	찾을	심	寸-총12획
餓	주릴	아:	食-총16획
岳	큰산	악	山-총 8획
雁	기러기[雁=鴈]	안:	隹-총12획
謁	뵐	알	言-총16획

한자	훈	음	부수–총획
押	누를	압	手–총 8획
殃	재앙	앙	歹–총 9획
涯	물가	애	水–총11획
厄	액	액	厂–총 4획
耶	어조사	야	耳–총 9획
也	이끼	야:	
	어조사	야	乙–총 3획
躍	뛸	약	足–총21획
楊	버들	양	木–총13획
於	어조사	어	
	탄식할	오	方–총 8획
焉	어찌	언	火–총11획
余	나	여	人–총 7획
予	나	여	亅–총 4획
汝	너	여:	水–총 6획
輿	수레	여:	車–총17획
閱	볼[閱覽]	열	門–총15획
詠	읊을	영:	言–총12획
泳	헤엄칠	영:	水–총 8획
銳	날카로울	예:	金–총15획
傲	거만할	오:	人–총13획
吾	나	오	口–총 7획

한자	훈	음	부수–총획
汚	더러울	오:	水–총 6획
嗚	슬플	오	口–총13획
娛	즐길	오:	女–총10획
擁	낄	옹:	手–총16획
翁	늙은이	옹	羽–총10획
臥	누울	와:	臣–총 8획
曰	가로	왈	曰–총 4획
畏	두려워할	외:	田–총 9획
遙	멀	요	辶–총14획
腰	허리	요	肉–총13획
搖	흔들	요	手–총13획
庸	떳떳할	용	广–총11획
尤	더욱	우	尢–총 4획
又	또	우:	又–총 2획
于	어조사	우	二–총 3획
云	이를	운	二–총 4획
緯	씨	위	糸–총15획
違	어긋날	위	辶–총13획
愈	나을	유	心–총13획
酉	닭	유	酉–총 7획
惟	생각할	유	心–총11획
唯	오직	유	口–총11획

한자	훈	음	부수–총획
閏	윤달	윤:	門–총12획
吟	읊을	음	口–총 7획
泣	울	읍	水–총 8획
凝	엉길	응:	冫–총16획
宜	마땅할	의	宀–총 8획
矣	어조사	의	矢–총 7획
而	말이을	이	而–총 6획
夷	오랑캐	이	大–총 6획
寅	범[虎]	인	
	동방	인	宀–총11획
姻	혼인	인	女–총 9획
恣	방자할	자:	
	마음대로	자	心–총10획
玆	이	자	玄–총10획
爵	벼슬	작	爪–총18획
酌	술부을	작	
	잔질할	작	酉–총10획
墻	담	장	土–총16획
哉	어조사	재	口–총 9획
宰	재상	재:	宀–총10획
滴	물방울	적	水–총14획
竊	훔칠	절	穴–총22획

한자	훈	음	부수-획수
蝶	나비	접	虫-총15획
訂	바로잡을	정	言-총 9획
堤	둑	제	土-총12획
燥	마를	조	火-총17획
弔	조상할	조:	弓-총 4획
拙	졸할	졸	手-총 8획
佐	도울	좌:	人-총 7획
舟	배	주	舟-총 6획
遵	좇을	준:	辶-총16획
俊	준걸	준:	人-총 9획
贈	줄	증	貝-총19획
只	다만	지	口-총 5획
遲	더딜	지	
	늦을	지	辶-총16획
姪	조카	질	女-총 9획
懲	징계할	징	心-총19획
且	또	차:	一-총 5획
捉	잡을	착	手-총10획
慙	부끄러울	참	心-총15획
慘	참혹할	참	心-총14획
暢	화창할	창:	日-총14획
斥	물리칠	척	斤-총 5획
薦	천거할	천:	艸-총17획
添	더할	첨	水-총11획
尖	뾰족할	첨	小-총 6획
妾	첩	첩	女-총 8획
晴	갤	청	日-총12획
遞	갈릴	체	辶-총14획
替	바꿀	체	曰-총12획
逮	잡을	체	辶-총12획
秒	분초	초	禾-총 9획
抄	뽑을	초	手-총 7획
燭	촛불	촉	火-총17획
聰	귀밝을	총	耳-총17획
抽	뽑을	추	手-총 8획
醜	추할	추	酉-총17획
丑	소	축	一-총 4획
逐	쫓을	축	辶-총11획
臭	냄새	취:	自-총10획
枕	베개	침:	木-총 8획
墮	떨어질	타:	土-총15획
妥	온당할	타:	女-총 7획
托	맡길	탁	手-총 6획
濯	씻을	탁	水-총17획
濁	흐릴	탁	水-총16획
誕	낳을	탄:	
	거짓	탄:	言-총14획
貪	탐낼	탐	貝-총11획
怠	게으를	태	心-총 9획
罷	마칠	파:	网-총15획
播	뿌릴	파:	手-총15획
頗	자못	파	頁-총14획
把	잡을	파:	手-총 7획
販	팔[販賣]	판	貝-총11획
貝	조개	패:	貝-총 7획
遍	두루	편	辶-총13획
蔽	덮을	폐:	艸-총16획
幣	화폐	폐:	巾-총15획
飽	배부를	포:	食-총14획
抱	안을	포:	手-총 8획
幅	폭	폭	巾-총12획
漂	떠다닐	표	水-총14획
匹	짝	필	匚-총 4획
旱	가물	한:	日-총 7획
咸	다[모두]	함	口-총 9획
巷	거리	항:	己-총 9획

該 갖출[備] 해
마땅[該當] 해 言-총13획
亥 돼지 해 亠-총 6획
奚 어찌 해 大-총10획
享 누릴 향: 亠-총 8획
軒 집 헌 車-총10획
縣 고을 현: 糸-총16획
絃 줄 현 糸-총11획
嫌 싫어할 혐 女-총13획
螢 반딧불 형 虫-총16획
亨 형통할 형 亠-총 7획
兮 어조사 혜 八-총 4획
互 서로 호: 二-총 4획
乎 어조사 호 丿-총 5획
毫 터럭 호 毛-총11획
昏 어두울 혼 日-총 8획
鴻 기러기 홍 鳥-총17획
弘 클 홍 弓-총 5획
禾 벼 화 禾-총 5획
穫 거둘 확 禾-총19획
擴 넓힐 확 手-총18획
丸 둥글 환 丶-총 3획

曉 새벽 효: 日-총16획
侯 제후 후 人-총 9획
毁 헐 훼: 殳-총13획
輝 빛날 휘 車-총15획
携 이끌 휴 手-총13획

※ 3급은 3급Ⅱ에 새로운 한자 317자를 더하여 모두 1,817자입니다.

2급 배정한자

葛 칡 갈 艸-총13획
憾 섭섭할 감: 心-총16획
坑 구덩이 갱 土-총 7획
揭 높이들[擧] 게:
걸[掛] 게 手-총12획
憩 쉴 게: 心-총16획
雇 품팔 고 隹-총12획
菓 과자 과:
실과 과 艸-총12획
瓜 외 과 瓜-총 5획
戈 창 과 戈-총 4획
款 항목 관: 欠-총12획
傀 허수아비 괴: 人-총12획
僑 더부살이 교 人-총14획

絞 목맬 교 糸-총12획
膠 아교 교 肉-총15획
鷗 갈매기 구 鳥-총22획
歐 구라파 구
칠[毆打] 구 欠-총15획
購 살 구 貝-총17획
窟 굴 굴 穴-총13획
掘 팔[掘井] 굴 手-총11획
圈 우리[檻] 권 囗-총11획
闕 대궐 궐 門-총18획
閨 안방 규 門-총14획
棋 바둑 기 木-총12획
濃 짙을 농: 水-총16획
尿 오줌 뇨 尸-총 7획
尼 여승女僧 니 尸-총 5획
溺 빠질 닉 水-총13획
鍛 쇠불릴 단 金-총17획
潭 못[池] 담 水-총15획
膽 쓸개 담: 肉-총17획
戴 일[首荷] 대: 戈-총18획
垈 집터 대 土-총 8획
悼 슬퍼할 도 心-총11획

한자	뜻	음	부수-획수
棟	마룻대	동	木-총12획
桐	오동나무	동	木-총10획
藤	등나무	등	艸-총19획
謄	베낄	등	言-총17획
裸	벗을	라:	衣-총13획
洛	물이름	락	水-총 9획
爛	빛날	란:	火-총21획
藍	쪽	람	艸-총18획
拉	끌	랍	手-총 8획
輛	수레	량:	車-총15획
煉	달굴	련	火-총13획
籠	대바구니	롱·	竹-총22획
療	병고칠	료	疒-총17획
謬	그르칠	류	言-총18획
硫	유황	류	石-총12획
魔	마귀	마	鬼-총21획
摩	문지를	마	手-총15획
痲	저릴	마	疒-총13획
膜	꺼풀	막	
	막	막	肉-총15획
娩	낳을	만:	女-총10획
灣	물굽이	만	水-총25획

한자	뜻	음	부수-획수
蠻	오랑캐	만	虫-총25획
網	그물	망	糸-총14획
枚	낱	매	木-총 8획
魅	매혹할	매	鬼-총15획
蔑	업신여길	멸	艸-총15획
帽	모자帽子	모	巾-총12획
矛	창	모	矛-총 5획
沐	머리감을	목	水-총 7획
紊	어지러울	문	
	문란할	문	糸-총10획
舶	배[船舶]	박	舟-총11획
搬	옮길	반	手-총13획
紡	길쌈	방	糸-총10획
賠	물어줄	배:	貝-총15획
俳	배우	배	人-총10획
柏	측백[柏=栢]	백	木-총10획
閥	문벌	벌	門-총14획
汎	넓을	범:	水-총 6획
僻	궁벽할	벽	人-총15획
倂	아우를	병:	人-총10획
縫	꿰맬	봉	糸-총17획
俸	녹[祿]	봉:	人-총10획

한자	뜻	음	부수-획수
膚	살갗	부	肉-총15획
敷	펼	부·	攴-총15획
弗	아닐	불	
	말[勿]	불	弓-총 5획
匪	비적[賊徒]	비:	匚-총10획
飼	기를	사	食-총14획
唆	부추길	사	口-총10획
赦	용서할	사:	赤-총11획
酸	실[味覺]	산	酉-총14획
傘	우산	산	人-총12획
蔘	삼	삼	艸-총15획
插	꽂을	삽	手-총12획
箱	상자	상	竹-총15획
瑞	상서祥瑞	서:	玉-총13획
碩	클	석	石-총14획
繕	기울[補修]	선:	糸-총18획
纖	가늘	섬	糸-총23획
貰	세놓을	세:	貝-총12획
紹	이을	소	糸-총11획
盾	방패	순	目-총 9획
升	되	승	十-총 4획
屍	주검	시:	尸-총 9획

한자	훈	음	부수·총획
殖	불릴	식	歹-총12획
紳	띠[帶]	신:	糸-총11획
腎	콩팥	신:	肉-총12획
握	쥘	악	手-총12획
癌	암	암:	疒-총17획
礙	거리낄	애:	石-총19획
惹	이끌	야:	心-총13획
孃	아가씨	양	女-총20획
硯	벼루	연:	石-총12획
厭	싫어할	염:	厂-총14획
預	맡길	예:	
	미리	예	頁-총13획
梧	오동나무	오·	木-총11획
穩	편안할	온	禾-총19획
歪	기울	왜	
	기울	외	止-총 9획
妖	요사할	요	女-총 7획
熔	녹을	용	火-총14획
傭	품팔	용	人-총13획
鬱	답답할	울	鬯-총29획
苑	나라동산	원:	艸-총 9획
尉	벼슬	위	寸-총11획
融	녹을	융	虫-총16획
貳	두	이:	
	갖은두	이	貝-총12획
刃	칼날	인:	刀-총 3획
壹	한	일	
	갖은한	일	士-총12획
妊	아이밸	임:	女-총 7획
諮	물을	자:	言-총16획
雌	암컷	자	隹-총13획
磁	자석	자	石-총14획
蠶	누에	잠	虫-총24획
沮	막을	저:	水-총 8획
呈	드릴	정	口-총 7획
艇	배	정	舟-총13획
偵	염탐할	정	人-총11획
劑	약제[藥劑]	제	刀-총16획
釣	낚을	조:	
	시	조	金-총11획
措	둘[措置]	조	手-총11획
彫	새길	조	彡-총11획
綜	모을	종	糸-총14획
駐	머무를	주:	馬-총15획
准	비준	준:	冫-총10획
脂	기름	지	肉-총10획
旨	뜻	지	日-총 6획
津	나루	진·	水-총 9획
診	진찰할	진	言-총12획
塵	티끌	진	土-총14획
窒	막힐	질	穴-총11획
輯	모을	집	車-총16획
遮	가릴	차·	辶-총15획
餐	밥	찬	食-총16획
刹	절	찰	刀-총 8획
札	편지	찰	木-총 5획
斬	벨	참·	斤-총11획
彰	드러날	창	彡-총14획
滄	큰바다	창	水-총13획
悽	슬퍼할	처:	心-총11획
隻	외짝	척	隹-총10획
撤	거둘	철	手-총15획
諜	염탐할	첩	言-총16획
締	맺을	체	糸-총15획
哨	망볼	초	口-총10획
焦	탈[焦燥]	초	火-총12획

趨 달아날 추 走-총17획
軸 굴대 축 車-총12획
蹴 찰[蹴球] 축 足-총19획
衷 속마음 충 衣-총10획
炊 불땔 취: 火-총 8획
琢 다듬을 탁 玉-총12획
託 부탁할 탁 言-총10획
胎 아이밸 태 肉-총 9획
颱 태풍 태 風-총14획
霸 으뜸 패: 雨-총21획
坪 들[野] 평 土-총 8획
抛 던질 포: 手-총 8획
怖 두려워할 포 心-총 8획
鋪 펼 포
가게 포 金-총15획
虐 모질 학 虍-총 9획
翰 편지 한: 羽-총16획
艦 큰배 함: 舟-총20획
弦 시위 현 弓-총 8획
峽 골짜기 협 山-총10획
型 모형 형 土-총 9획
濠 호주 호 水-총17획

酷 심할 혹 酉-총14획
靴 신[履, 鞋] 화 革-총13획
幻 헛보일 환: 幺-총 4획
滑 미끄러울 활
익살스러울 골 水-총13획
廻 돌[旋] 회 廴-총 9획
喉 목구멍 후 口-총12획
勳 공功 훈 力-총16획
姬 계집 희 女-총 9획
熙 빛날 희 火-총13획
噫 한숨쉴 희
트림할 애 口-총16획

2급 인명 · 지명 한자

柯 가지 가 木-총 9획
迦 부처이름 가 辶-총 9획
賈 성姓 가
장사 고 貝-총13획
軻 수레 가
사람이름 가 車-총12획
伽 절 가 人-총 7획
珏 쌍옥 각 玉-총 9획

艮 괘이름 간 艮-총 6획
杆 몽둥이 간 木-총 7획
鞨 오랑캐이름 갈 革-총18획
鉀 갑옷 갑 金-총13획
岬 곶[串] 갑 山-총 8획
彊 굳셀[強] 강 弓-총16획
岡 산등성이 강 山-총 8획
姜 성姓 강 女-총 9획
崗 언덕 강 山-총11획
疆 지경 강 田-총19획
塏 높은땅 개 土-총13획
价 클 개 人-총 6획
鍵 자물쇠 건
열쇠 건 金-총17획
杰 뛰어날 걸 木-총 8획
桀 夏王이름 걸 木-총10획
甄 질그릇 견 瓦-총14획
儆 경계할 경: 人-총15획
瓊 구슬 경 玉-총19획
炅 빛날 경 火-총 8획
璟 옥빛 경: 玉-총16획
皐 언덕 고 白-총11획

한자	훈	음	부수·총획
串	꿸	관	
	땅이름	곶	丨-총 7획
琯	옥피리	관	玉-총12획
槐	회화나무	괴	
	느티나무	괴	木-총14획
邱	언덕	구	邑-총 8획
玖	옥돌	구	玉-총 7획
鞠	성姓	국	
	국문鞠問할	국	革-총17획
奎	별	규	大-총 9획
圭	서옥瑞玉	규	
	쌍토	규	土-총 6획
揆	헤아릴	규	手-총12획
珪	홀	규	玉-총10획
槿	무궁화	근:	木-총15획
瑾	아름다운옥	근:	玉-총15획
兢	떨릴	긍:	儿-총14획
岐	갈림길	기	山-총 7획
麒	기린	기	鹿-총19획
耆	늙을	기	老-총10획
沂	물이름	기	水-총 7획
淇	물이름	기	水-총11획
冀	바랄	기	八-총16획
璣	별이름	기	玉-총16획
琪	아름다운옥	기	玉-총12획
琦	옥이름	기	玉-총12획
騏	준마駿馬	기	馬-총18획
驥	천리마	기	馬-총26획
箕	키	기	竹-총14획
湍	여울	단	水-총12획
塘	못[池塘]	당	土-총13획
悳	큰[德]	덕	心-총12획
燾	비칠	도	火-총18획
惇	도타울	돈	心-총11획
燉	불빛	돈	火-총16획
頓	조아릴	돈:	頁-총13획
乭	이름	돌	乙-총 6획
董	바를[正]	동:	艸-총13획
杜	막을	두	木-총 7획
鄧	나라이름	등:	邑-총15획
萊	명아주	래	艸-총12획
樑	들보	량	木-총15획
亮	밝을	량	亠-총 9획
驪	검은말	려	
	검은말	리	馬-총29획
廬	농막農幕집	려	广-총19획
呂	성姓	려:	
	법칙	려	口-총 7획
礪	숫돌	려:	石-총20획
漣	잔물결	련	水-총14획
濂	물이름	렴	水-총16획
玲	옥소리	령	玉-총 9획
醴	단술[甘酒]	례:	酉-총20획
蘆	갈대	로	艸-총20획
魯	노나라	로	
	노둔할	로	魚-총15획
盧	성	로	皿-총16획
鷺	해오라기	로	
	백로	로	鳥-총23획
遼	멀	료	辶-총16획
劉	죽일	류	
	묘금도卯金刀	류	刀-총15획
崙	산이름	륜	山-총11획
楞	네모질[四角]	릉	木-총13획
麟	기린	린	鹿-총23획
靺	말갈靺鞨	말	革-총14획

貊	맥국貊國	맥	豸-총13획
覓	찾을	멱	見-총11획
冕	면류관	면:	冂-총11획
沔	물이름	면:	
	빠질	면	水-총 7획
俛	힘쓸	면:	
	구푸릴	면	人-총 9획
謨	꾀	모	言-총18획
茅	띠[草名]	모	艸-총 9획
牟	성姓	모	
	보리[大麥]	모	牛-총 6획
穆	화목할	목	禾-총16획
昴	별이름	묘:	日-총 9획
汶	물이름	문	水-총 7획
彌	미륵	미	
	오랠	미	弓-총17획
閔	성姓	민	門-총12획
玟	아름다운돌	민	玉-총 8획
珉	옥돌	민	玉-총 9획
旻	하늘	민	日-총 8획
旼	화할	민	日-총 8획
磻	반계磻溪	반	
	반계磻溪	번	石-총17획
潘	성姓	반	水-총15획
渤	바다이름	발	水-총12획
鉢	바리때	발	金-총13획
旁	곁	방:	方-총10획
龐	높은집	방	龍-총19획
裵	성姓	배	衣-총14획
筏	뗏목	벌	竹-총12획
范	성姓	범:	艸-총 9획
弁	고깔	변:	廾-총 5획
卞	성姓	변:	卜-총 4획
昞	밝을	병:	日-총 9획
昺	밝을	병:	日-총 9획
炳	불꽃	병:	火-총 9획
柄	자루	병:	木-총 9획
秉	잡을	병:	禾-총 8획
輔	도울	보:	車-총14획
潽	물이름	보:	水-총15획
甫	클	보:	用-총 7획
馥	향기	복	香-총18획
蓬	쑥	봉	艸-총15획
釜	가마[鬴]	부	金-총10획
傅	스승	부:	人-총12획
阜	언덕	부:	阜-총 8획
芬	향기	분	艸-총 8획
鵬	새	붕	鳥-총19획
毘	도울	비	比-총 9획
毖	삼갈	비	比-총 9획
丕	클	비	一-총 5획
泌	분비할	비:	※'비'만 장음
	스며흐를	필	水-총 8획
彬	빛날	빈	彡-총11획
馮	탈[乘]	빙	
	성姓	풍	馬-총12획
泗	물이름	사:	水-총 8획
庠	학교	상	广-총 9획
舒	펼	서:	舌-총12획
晳	밝을	석	日-총12획
錫	주석	석	金-총16획
奭	클	석	
	쌍백	석	大-총15획
璿	구슬	선	玉-총18획
瑄	도리옥	선	玉-총13획
璇	옥	선	玉-총15획

한자	훈	음	부수–총획
卨	사람이름	설	卜–총11획
薛	성姓	설	艸–총17획
蟾	두꺼비	섬	虫–총19획
陜	땅이름	섬	阜–총10획
暹	햇살치밀	섬	
	나라이름	섬	日–총16획
燮	불꽃	섭	火–총17획
晟	밝을	성	日–총11획
邵	땅이름	소	
	성姓	소	邑–총 8획
沼	못[沼池]	소	水–총 8획
巢	새집	소	巛–총11획
宋	성姓	송ː	宀–총 7획
洙	물가	수	水–총 9획
隋	수나라	수	阜–총12획
銖	저울눈	수	金–총14획
淳	순박할	순	水–총11획
舜	순임금	순	舛–총12획
珣	옥이름	순	玉–총10획
洵	참으로	순	水–총 9획
荀	풀이름	순	艸–총10획
瑟	큰거문고	슬	玉–총13획
繩	노끈	승	糸–총19획
柴	섶[柴薪]	시ː	木–총 9획
湜	물맑을	식	水–총12획
軾	수레앞가로나무	식	車–총13획
瀋	즙낼	심ː	
	물이름	심	水–총18획
閼	막을	알	門–총16획
鴨	오리	압	鳥–총16획
艾	쑥	애	艸–총 6획
埃	티끌	애	土–총10획
倻	가야	야	人–총11획
襄	도울	양›	衣–총17획
彦	선비	언ː	彡–총 9획
妍	고울	연ː	女–총 9획
衍	넓을	연ː	行–총 9획
淵	못	연	水–총12획
閻	마을	염	門–총16획
燁	빛날	엽	火–총16획
暎	비칠	영ː	日–총13획
瑛	옥빛	영	玉–총13획
盈	찰	영	皿–총 9획
芮	성姓	예ː	艸–총 8획
睿	슬기	예ː	目–총14획
濊	종족이름	예ː	水–총16획
墺	물가	오ː	土–총16획
吳	성姓	오	口–총 7획
沃	기름질	옥	水–총 7획
鈺	보배	옥	金–총13획
甕	독	옹ː	瓦–총18획
邕	막힐	옹	邑–총10획
雍	화和할	옹	隹–총13획
莞	빙그레할	완	
	왕골	관	艸–총11획
汪	넓을	왕›	水–총 7획
旺	왕성할	왕ː	日–총 8획
倭	왜나라	왜	人–총10획
耀	빛날	요	羽–총20획
姚	예쁠	요	女–총 9획
堯	요임금	요	土–총12획
溶	녹을	용	水–총13획
鎔	쇠녹일	용	金–총18획
鏞	쇠북	용	金–총19획
瑢	패옥소리	용	玉–총14획
佑	도울	우ː	人–총 7획

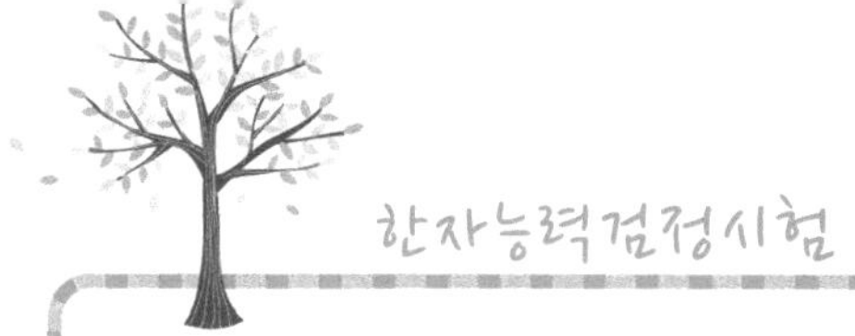

한자	훈	음	부수·획수
祐	복[福]	우	示-총10획
禹	성姓	우	内-총 9획
煜	빛날	욱	火-총13획
頊	삼갈	욱	頁-총13획
郁	성할	욱	邑-총 9획
旭	아침해	욱	日-총 6획
昱	햇빛밝을	욱	日-총 9획
芸	향풀	운	艸-총 8획
蔚	고을이름	울	艸-총15획
熊	곰	웅	火-총14획
媛	계집	원	女-총12획
瑗	구슬	원	玉-총13획
袁	성姓	원	衣-총10획
韋	가죽	위	韋-총 9획
渭	물이름	위	水-총12획
魏	성姓	위	鬼-총18획
庾	곳집	유	
	노적가리	유	广-총12획
踰	넘을	유	足-총16획
楡	느릅나무	유	木-총13획
兪	대답할	유	
	인월도人月刀	유	入-총 9획
允	맏[伯]	윤	儿-총 4획
尹	성姓	윤	尸-총 4획
胤	자손	윤	肉-총 9획
鈗	창	윤	
	병기	윤	金-총12획
殷	은나라	은	殳-총10획
垠	지경	은	土-총 9획
誾	향기	은	言-총15획
鷹	매	응	鳥-총24획
珥	귀고리	이	玉-총10획
怡	기쁠	이	心-총 8획
伊	저[彼]	이	人-총 6획
翊	도울	익	羽-총11획
鎰	무게이름	일	金-총18획
佾	줄춤	일	人-총 8획
滋	불을[益]	자	水-총12획
獐	노루	장	犬-총14획
蔣	성姓	장	艸-총15획
庄	전장田莊	장	广-총 6획
璋	홀[圭]	장	玉-총15획
甸	경기	전	田-총 7획
楨	광나무	정	木-총13획
旌	기	정	方-총11획
鄭	나라	정	邑-총15획
晶	맑을	정	日-총12획
汀	물가	정	水-총 5획
禎	상서로울	정	示-총14획
鼎	솥	정	鼎-총13획
珽	옥이름	정	玉-총11획
趙	나라	조	走-총14획
祚	복	조	示-총10획
曺	성姓	조	曰-총10획
琮	옥홀	종	玉-총12획
疇	이랑	주	田-총12획
浚	깊게할	준	水-총10획
濬	깊을	준	水-총17획
埈	높을	준	土-총10획
峻	높을	준	
	준엄할	준	山-총10획
晙	밝을	준	日-총11획
駿	준마	준	馬-총17획
芝	지초	지	艸-총 8획
址	터	지	土-총 7획
稙	올벼	직	禾-총13획

한자	훈	음	부수-총획
稷	피[穀名]	직	禾-총15획
秦	성姓	진	禾-총10획
晋	진나라	진ː	日-총10획
鑽	뚫을	찬	金-총27획
燦	빛날	찬ː	火-총17획
璨	옥빛	찬ː	玉-총17획
瓚	옥잔	찬	玉-총23획
敞	시원할	창	攴-총12획
昶	해길	창ː	日-총 9획
埰	사패지賜牌地	채ː	土-총11획
蔡	성姓	채ː	艸-총15획
采	풍채	채ː	釆-총 8획
陟	오를	척	阜-총10획
釧	팔찌	천	金-총11획
澈	맑을	철	水-총15획
喆	밝을	철	
	쌍길[吉]	철	口-총12획
瞻	볼	첨	目-총18획
楚	초나라	초	木-총13획
蜀	나라이름	촉	虫-총13획
崔	성姓	최	
	높을	최	山-총11획
楸	가래	추	木-총13획
鄒	추나라	추	邑-총13획
椿	참죽나무	춘	木-총13획
沖	화할	충	水-총 7획
聚	모을	취ː	耳-총14획
雉	꿩	치	隹-총13획
峙	언덕	치	山-총 9획
灘	여울	탄	水-총22획
耽	즐길	탐	耳-총10획
兌	바꿀	태	
	기쁠[悅]	태	儿-총 7획
台	별	태	口-총 5획
坡	언덕	파	土-총 8획
阪	언덕	판	阜-총 7획
彭	성姓	팽	彡-총12획
扁	작을	편	戶-총 9획
鮑	절인물고기	포ː	魚-총16획
葡	포도	포	艸-총13획
杓	북두자루	표	木-총 7획
弼	도울	필	弓-총12획
邯	趙나라서울	한	
	사람이름	감	邑-총 8획
沆	넓을	항ː	水-총 7획
亢	높을	항	亠-총 4획
杏	살구	행ː	木-총 7획
爀	불빛	혁	火-총18획
赫	빛날	혁	赤-총14획
峴	고개	현ː	山-총10획
炫	밝을	현ː	火-총 9획
鉉	솥귀	현	金-총13획
陜	좁을	협	
	땅이름	합	阜-총10획
瑩	밝을	형	
	옥돌	영	玉-총15획
馨	꽃다울	형	香-총20획
瀅	물맑을	형ː	水-총18획
炯	빛날	형	火-총 9획
邢	성姓	형	邑-총 7획
澔	넓을	호ː	水-총15획
扈	따를	호ː	戶-총11획
晧	밝을	호ː	日-총11획
祜	복[福]	호	示-총10획
昊	하늘	호ː	日-총 8획
壕	해자	호	土-총17획

鎬	호경	호:	金-총18획
皓	휠[白]	호	白-총12획
泓	물깊을	홍	水-총 8획
樺	벚나무	화	
	자작나무	화	木-총16획
嬅	탐스러울	화	女-총15획
桓	굳셀	환	木-총10획
煥	빛날	환:	火-총13획
滉	깊을	황	水-총13획
晃	밝을	황	日-총10획
淮	물이름	회	水-총11획
檜	전나무	회:	木-총17획
后	임금	후:	
	왕후	후	口-총 6획
熏	불길	훈	火-총14획
壎	질나팔	훈	土-총17획
薰	향풀	훈	艸-총18획
徽	아름다울	휘	彳-총17획
烋	아름다울	휴	火-총10획
匈	오랑캐	흉	勹-총 6획
欽	공경할	흠	欠-총12획
憙	기뻐할	희	心-총16획
禧	복[福]	희	示-총17획
羲	복희伏羲	희	羊-총16획
熹	빛날	희	火-총16획
嬉	아름다울	희	女-총15획

※ 2급은 배정한자 2,005자에 인명·지명용 한자 350자를 더한 것입니다. 단, 2급에서 한자쓰기 문제는 3급 배정한자 1,817자에서 출제됩니다.

✐ 한자는 서체에 따라 글자 모양이 달라져 보이나 모두 정자로 인정됩니다.

[참고 漢字]

示 = 礻	靑 = 青
神(神) 祈(祈) 祝(祝) 祖(祖)	淸(清) 請(請) 晴(晴) 情(情)
糸 = 糹	飠 = 食
線(線) 經(經) 續(續) 紙(紙)	飮(飲) 飯(飯) 餘(餘) 飽(飽)
辶 = 辶	八 = 丷
送(送) 運(運) 遂(遂) 遵(遵)	尊(尊) 說(説) 曾(曾) 墜(墜)

시험에 꼭! 출제되는 꾸러미

상대자 · 반대자

두 개의 글자가 서로 상대, 또는 반대되는 뜻을 가진 한자를 말한다.

훈	음	급수	한자		한자	급수	훈	음	단어
방패	간	4급	干	↔	戈	2급	창	과	간과
방패	간	4급	干	↔	滿	4II	찰	만	간만
달	감	4급	甘	↔	苦	6급	쓸	고	감고
열	개	4급	開	↔	閉	4급	닫을	폐	개폐
마를	건	3II	乾	↔	濕	3II	젖을	습	건습
굳을	경	3II	硬	↔	軟	3II	연할	연	경연
지날	경	4II	經	↔	緯	3급	씨	위	경위
경사	경	4II	慶	↔	弔	3급	조상할	조	경조
쓸	고	6급	苦	↔	樂	6II	즐길	락	고락
시어미	고	3II	姑	↔	婦	4II	며느리	부	고부
높을	고	6II	高	↔	卑	3II	낮을	비	고비
높을	고	6II	高	↔	下	7II	아래	하	고하
굽힐	굴	4II	屈	↔	伸	3급	펼	신	굴신
부지런할	근	4급	勤	↔	慢	3급	게으를	만	근만
부지런할	근	4급	勤	↔	怠	3급	게으를	태	근태
미칠	급	3II	及	↔	落	5급	떨어질	락	급락
일어날	기	4II	起	↔	結	5II	맺을	결	기결
일어날	기	4II	起	↔	伏	4급	엎드릴	복	기복
일어날	기	4II	起	↔	臥	3급	누울	와	기와
일어날	기	4II	起	↔	陷	3II	빠질	함	기함
찰	랭	5급	冷	↔	暖	4II	따뜻할	난	냉난
짙을	농	2급	濃	↔	淡	3II	맑을	담	농담
홑	단	4II	單	↔	複	4급	겹칠	복	단복
끊을	단	4II	斷	↔	續	4II	이을	속	단속
마땅	당	5II	當	↔	落	5급	떨어질	락	당락
빌릴[꾸이다]	대	3II	貸	↔	借	3II	빌릴	차	대차
움질일	동	7II	動	↔	靜	4급	고요할	정	동정
둔할	둔	3급	鈍	↔	敏	3급	민첩할	민	둔민
얻을	득	4II	得	↔	失	6급	잃을	실	득실
오를	등	3급	騰	↔	落	5급	떨어질	락	등락

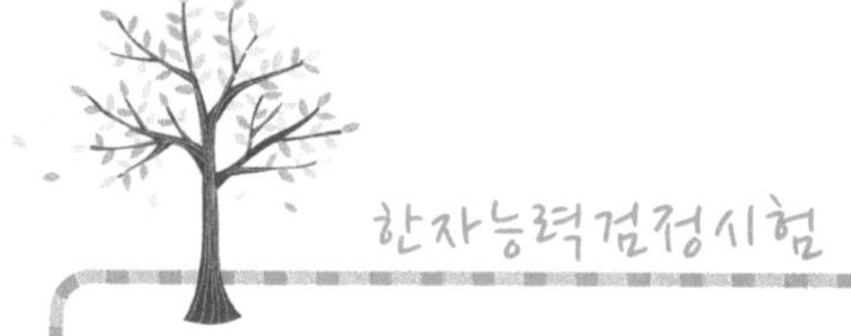

훈	음	급수	한자		한자	급수	훈	음	단어
오를	등	7급	登	↔	落	5급	떨어질	락	등락
창	모	2급	矛	↔	盾	2급	방패	순	모순
글월	문	7급	文	↔	言	6급	말씀	언	문언
아름다울	미	6급	美	↔	醜	3급	추할	추	미추
뜰	부	3Ⅱ	浮	↔	沈	3Ⅱ	잠길	침	부침
슬플	비	4Ⅱ	悲	↔	樂	6Ⅱ	즐길	락	비락
간사할	사	3Ⅱ	邪	↔	正	7Ⅱ	바를	정	사정
상줄	상	5급	賞	↔	罰	4Ⅱ	벌할	벌	상벌
더울	서	3급	暑	↔	寒	5급	찰	한	서한
성할	성	4Ⅱ	盛	↔	衰	3Ⅱ	쇠할	쇠	성쇠
이룰	성	6Ⅱ	成	↔	敗	5급	패할	패	성패
소통할	소	3Ⅱ	疏	↔	密	4Ⅱ	빽빽할	밀	소밀
덜	손	4급	損	↔	益	4Ⅱ	더할	익	손익
머리	수	5Ⅱ	首	↔	尾	3Ⅱ	꼬리	미	수미
거둘	수	4Ⅱ	收	↔	支	4Ⅱ	지탱할	지	수지
오를	승	3Ⅱ	昇	↔	降	4급	내릴	강	승강
이길	승	6급	勝	↔	負	4급	질	부	승부
이길	승	6급	勝	↔	敗	5급	패할	패	승패
펼	신	3급	伸	↔	縮	4급	줄일	축	신축
깊을	심	4Ⅱ	深	↔	淺	3Ⅱ	얕을	천	심천
편안	안	7Ⅱ	安	↔	危	4급	위태할	위	안위
슬플	애	3Ⅱ	哀	↔	樂	6Ⅱ	즐길	락	애락

훈	음	급수	한자		한자	급수	훈	음	단어
누를	억	3Ⅱ	抑	↔	揚	3Ⅱ	날릴	양	억양
영화	영	4Ⅱ	榮	↔	枯	3급	마를	고	영고
영화	영	4Ⅱ	榮	↔	辱	3Ⅱ	욕될	욕	영욕
날카로울	예	3급	銳	↔	鈍	3급	둔할	둔	예둔
느릴	완	3Ⅱ	緩	↔	急	6Ⅱ	급할	급	완급
갈	왕	4Ⅱ	往	↔	復	4Ⅱ	회복할	복	왕복
넉넉할	우	4급	優	↔	劣	3급	못할	렬	우열
떠날	리	4급	離	↔	合	6급	합할	합	이합
맡길	임	5Ⅱ	任	↔	免	3Ⅱ	면할	면	임면
암컷	자	2급	雌	↔	雄	5급	수컷	웅	자웅
바를	정	7Ⅱ	正	↔	反	6Ⅱ	돌이킬	반	정반
바를	정	7Ⅱ	正	↔	僞	3Ⅱ	거짓	위	정위
이를	조	4Ⅱ	早	↔	晩	3Ⅱ	늦을	만	조만
아침	조	6급	朝	↔	暮	3급	저물	모	조모
아침	조	6급	朝	↔	夕	7급	저녁	석	조석
아침	조	6급	朝	↔	野	6급	들	야	조야
있을	존	4급	存	↔	無	5급	없을	무	존무
높을	존	4Ⅱ	尊	↔	卑	3Ⅱ	낮을	비	존비
높을	존	4Ⅱ	尊	↔	侍	3Ⅱ	모실	시	존시
모을	종	2급	綜	↔	析	3급	쪼갤	석	종석
세로	종	3Ⅱ	縱	↔	橫	3Ⅱ	가로	횡	종횡
무리	중	4Ⅱ	衆	↔	寡	3Ⅱ	적을	과	중과

뜻	음	급수	한자		한자	급수	뜻	음	단어
더할	증	4Ⅱ	增	↔	削	3Ⅱ	깎을	삭	증삭
더딜	지	3급	遲	↔	速	6급	빠를	속	지속
지혜	지	4급	智	↔	愚	3Ⅱ	어리석을	우	지우
참	진	4Ⅱ	眞	↔	假	4Ⅱ	거짓	가	진가
참	진	4Ⅱ	眞	↔	僞	3Ⅱ	거짓	위	진위
나아갈	진	4Ⅱ	進	↔	退	4Ⅱ	물러날	퇴	진퇴
도울	찬	3Ⅱ	贊	↔	反	6Ⅱ	돌이킬	반	찬반
오를	척	2성	陟	↔	降	4급	내릴	강	척강
더할	첨	3급	添	↔	削	3Ⅱ	깎을	삭	첨삭
친할	친	6급	親	↔	疏	3Ⅱ	소통할	소	친소
겉	표	6Ⅱ	表	↔	裏	3Ⅱ	속	리	표리
풍년	풍	4Ⅱ	豊	↔	凶	5Ⅱ	흉할	흉	풍흉
저	피	3Ⅱ	彼	↔	此	3Ⅱ	이	차	피차
한가할	한	4급	閑	↔	忙	3급	바쁠	망	한망
향할	향	6급	向	↔	背	4Ⅱ	등	배	향배
부를	호	4Ⅱ	呼	↔	應	4Ⅱ	응할	응	호응
부를	호	4Ⅱ	呼	↔	吸	4Ⅱ	마실	흡	호흡
재앙	화	3Ⅱ	禍	↔	福	5Ⅱ	복	복	화복
두터울	후	4급	厚	↔	薄	3Ⅱ	엷을	박	후박
일	흥	4Ⅱ	興	↔	敗	5급	패할	패	흥패

상대어 · 반대어

서로 상대, 또는 반대되는 뜻을 가진 한자어를 말한다.

가결 可決 ↔ 否決 부결
가공 架空 ↔ 實在 실재
가열 加熱 ↔ 冷却 냉각
가중 加重 ↔ 輕減 경감
각하 却下 ↔ 受理 수리
간선 幹線 ↔ 支線 지선
간섭 干涉 ↔ 放任 방임
간조 干潮 ↔ 滿潮 만조
감성 感性 ↔ 理性 이성
감소 減少 ↔ 增加 증가
감정 感情 ↔ 理性 이성
감퇴 減退 ↔ 增進 증진
강건 剛健 ↔ 柔弱 유약
강건 剛健 ↔ 優柔 우유
강경 强硬 ↔ 柔和 유화
강경 强硬 ↔ 軟弱 연약
강고 强固 ↔ 薄弱 박약
강대 强大 ↔ 弱小 약소
강제 强制 ↔ 任意 임의
강풍 强風 ↔ 微風 미풍

강림 降臨 ↔ 昇天 승천
개방 開放 ↔ 閉鎖 폐쇄
개별 個別 ↔ 全體 전체
개산 槪算 ↔ 精算 정산
개연 蓋然 ↔ 必然 필연
객관 客觀 ↔ 主觀 주관
객체 客體 ↔ 主體 주체
거대 巨大 ↔ 微小 미소
거부 拒否 ↔ 容納 용납
거부 拒否 ↔ 應諾 응낙
거부 拒否 ↔ 承認 승인
거부 拒否 ↔ 容認 용인
거부 拒否 ↔ 承諾 승낙
거부 巨富 ↔ 極貧 극빈
거절 拒絶 ↔ 承諾 승낙
거절 拒絶 ↔ 承認 승인
건설 建設 ↔ 破壞 파괴
건조 乾燥 ↔ 濕潤 습윤
걸작 傑作 ↔ 拙作 졸작
검소 儉素 ↔ 浪費 낭비

검약 儉約 ↔ 浪費 낭비
결과 結果 ↔ 動機 동기
결과 結果 ↔ 原因 원인
결렬 決裂 ↔ 和解 화해
결렬 決裂 ↔ 合意 합의
결산 決算 ↔ 豫算 예산
결선 決選 ↔ 豫選 예선
결정 決定 ↔ 留保 유보
결합 結合 ↔ 分離 분리
경도 經度 ↔ 緯度 위도
경박 輕薄 ↔ 重厚 중후
경상 經常 ↔ 臨時 임시
경솔 輕率 ↔ 愼重 신중
경시 輕視 ↔ 重視 중시
경직 硬直 ↔ 柔軟 유연
고상 高尙 ↔ 低俗 저속
고상 高尙 ↔ 卑俗 비속
고아 高雅 ↔ 低俗 저속
고아 高雅 ↔ 卑俗 비속
고원 高遠 ↔ 卑近 비근

고의 故意 ↔ 過失 과실
고정 固定 ↔ 流動 유동
고조 高調 ↔ 低調 저조
고통 苦痛 ↔ 快樂 쾌락
곤란 困難 ↔ 容易 용이
공개 公開 ↔ 隱蔽 은폐
공급 供給 ↔ 需要 수요
공복 空腹 ↔ 滿腹 만복
공상 空想 ↔ 現實 현실
공세 攻勢 ↔ 守勢 수세
공용 共用 ↔ 專用 전용
공유 共有 ↔ 專有 전유
공평 公平 ↔ 偏頗 편파
과격 過激 ↔ 穩健 온건
과다 過多 ↔ 僅少 근소
관대 寬大 ↔ 嚴格 엄격
관존 官尊 ↔ 民卑 민비
광명 光明 ↔ 暗黑 암흑
교묘 巧妙 ↔ 拙劣 졸렬
교외 郊外 ↔ 都心 도심
구금 拘禁 ↔ 釋放 석방
구속 拘束 ↔ 解放 해방

구속 拘束 ↔ 放免 방면
구심 求心 ↔ 遠心 원심
구어 口語 ↔ 文語 문어
구체 具體 ↔ 抽象 추상
군자 君子 ↔ 小人 소인
굴복 屈服 ↔ 抵抗 저항
권리 權利 ↔ 義務 의무
근접 近接 ↔ 遠隔 원격
근해 近海 ↔ 遠洋 원양
금의 錦衣 ↔ 布衣 포의
금지 禁止 ↔ 許可 허가
금지 禁止 ↔ 解禁 해금
급격 急激 ↔ 緩慢 완만
급성 急性 ↔ 慢性 만성
급제 及第 ↔ 落第 낙제
급진 急進 ↔ 漸進 점진
급행 急行 ↔ 緩行 완행
긍정 肯定 ↔ 否定 부정
기결 旣決 ↔ 未決 미결
기립 起立 ↔ 着席 착석
기발 奇拔 ↔ 平凡 평범
기수 奇數 ↔ 偶數 우수

기아 飢餓 ↔ 飽食 포식
기억 記憶 ↔ 忘却 망각
긴축 緊縮 ↔ 緩和 완화
길조 吉兆 ↔ 凶兆 흉조
낙관 樂觀 ↔ 悲觀 비관
낙원 樂園 ↔ 地獄 지옥
낙천 樂天 ↔ 厭世 염세
낙향 落鄕 ↔ 出仕 출사
난관 卵管 ↔ 精管 정관
난류 暖流 ↔ 寒流 한류
난해 難解 ↔ 容易 용이
남독 濫讀 ↔ 精讀 정독
남용 濫用 ↔ 節約 절약
낭독 朗讀 ↔ 默讀 묵독
내용 內容 ↔ 外觀 외관
내용 內容 ↔ 形式 형식
내우 內憂 ↔ 外患 외환
내포 內包 ↔ 外延 외연
노련 老鍊 ↔ 未熟 미숙
농후 濃厚 ↔ 稀薄 희박
능동 能動 ↔ 被動 피동
능란 能爛 ↔ 未熟 미숙

능숙 能熟 ↔ 未熟 미숙
다원 多元 ↔ 一元 일원
단순 單純 ↔ 複雜 복잡
단식 單式 ↔ 複式 복식
단축 短縮 ↔ 延長 연장
답변 答辯 ↔ 質疑 질의
당번 當番 ↔ 非番 비번
대답 對答 ↔ 質疑 질의
대승 大乘 ↔ 小乘 소승
대화 對話 ↔ 獨白 독백
독창 獨創 ↔ 模倣 모방
동거 同居 ↔ 別居 별거
동요 動搖 ↔ 安定 안정
둔감 鈍感 ↔ 敏感 민감
둔탁 鈍濁 ↔ 銳利 예리
득의 得意 ↔ 失意 실의
등장 登場 ↔ 退場 퇴장
등질 等質 ↔ 異質 이질
막연 漠然 ↔ 確然 확연
말미 末尾 ↔ 冒頭 모두
매몰 埋沒 ↔ 發掘 발굴
멸망 滅亡 ↔ 隆盛 융성

멸망 滅亡 ↔ 隆興 융흥
명랑 明朗 ↔ 憂鬱 우울
명목 名目 ↔ 實質 실질
명시 明示 ↔ 暗示 암시
명예 名譽 ↔ 恥辱 치욕
모방 模倣 ↔ 創造 창조
모형 模型 ↔ 原型 원형
무능 無能 ↔ 有能 유능
문명 文明 ↔ 野蠻 야만
물질 物質 ↔ 精神 정신
미관 微官 ↔ 顯官 현관
미숙 未熟 ↔ 成熟 성숙
미숙 未熟 ↔ 圓熟 원숙
민속 敏速 ↔ 遲鈍 지둔
밀집 密集 ↔ 散在 산재
박토 薄土 ↔ 沃土 옥토
반공 反共 ↔ 容共 용공
반목 反目 ↔ 和睦 화목
반제 返濟 ↔ 借用 차용
반항 反抗 ↔ 服從 복종
발생 發生 ↔ 消滅 소멸
발신 發信 ↔ 受信 수신

방계 傍系 ↔ 直系 직계
방심 放心 ↔ 操心 조심
배은 背恩 ↔ 報恩 보은
백발 白髮 ↔ 紅顔 홍안
백주 白晝 ↔ 深夜 심야
번망 繁忙 ↔ 閑散 한산
범인 凡人 ↔ 超人 초인
보수 保守 ↔ 進步 진보
보수 保守 ↔ 革新 혁신
보편 普遍 ↔ 特殊 특수
본업 本業 ↔ 副業 부업
본질 本質 ↔ 現象 현상
부귀 富貴 ↔ 貧賤 빈천
부당 不當 ↔ 妥當 타당
부상 扶桑 ↔ 咸池 함지
부연 敷衍 ↔ 省略 생략
부유 富裕 ↔ 貧窮 빈궁
부인 否認 ↔ 是認 시인
부조 不調 ↔ 快調 쾌조
분리 分離 ↔ 合體 합체
분산 分散 ↔ 集中 집중
분석 分析 ↔ 統合 통합

분석 分析 ↔ 綜合 종합
분열 分裂 ↔ 統一 통일
분쟁 紛爭 ↔ 和解 화해
분해 分解 ↔ 合成 합성
불비 不備 ↔ 完備 완비
불운 不運 ↔ 幸運 행운
불황 不況 ↔ 好況 호황
비난 非難 ↔ 稱讚 칭찬
비범 非凡 ↔ 平凡 평범
비애 悲哀 ↔ 歡喜 환희
사임 辭任 ↔ 就任 취임
사장 死藏 ↔ 活用 활용
사후 死後 ↔ 生前 생전
삭감 削減 ↔ 添加 첨가
삭제 削除 ↔ 添加 첨가
산문 散文 ↔ 韻文 운문
상대 相對 ↔ 絶對 절대
상술 詳述 ↔ 略述 약술
상승 上昇 ↔ 下降 하강
상실 喪失 ↔ 獲得 획득
상위 相違 ↔ 類似 유사
생가 生家 ↔ 養家 양가

생산 生産 ↔ 消費 소비
생성 生成 ↔ 消滅 소멸
생식 生食 ↔ 火食 화식
석학 碩學 ↔ 淺學 천학
선계 仙界 ↔ 紅塵 홍진
선용 善用 ↔ 惡用 악용
선천 先天 ↔ 後天 후천
성급 性急 ↔ 悠長 유장
세련 洗練 ↔ 稚拙 치졸
세모 歲暮 ↔ 年頭 연두
소극 消極 ↔ 積極 적극
소득 所得 ↔ 損失 손실
소란 騷亂 ↔ 靜肅 정숙
속행 續行 ↔ 中止 중지
송신 送信 ↔ 受信 수신
수동 手動 ↔ 自動 자동
수절 守節 ↔ 毁節 훼절
숙녀 淑女 ↔ 紳士 신사
순경 順境 ↔ 逆境 역경
순행 順行 ↔ 逆行 역행
습득 拾得 ↔ 遺失 유실
승리 勝利 ↔ 敗北 패배

실녀 室女 ↔ 總角 총각
실제 實際 ↔ 理論 이론
악재 惡材 ↔ 好材 호재
악평 惡評 ↔ 好評 호평
안정 安靜 ↔ 興奮 흥분
애호 愛好 ↔ 嫌惡 혐오
억제 抑制 ↔ 促進 촉진
역전 逆轉 ↔ 好轉 호전
연민 憐憫 ↔ 憎惡 증오
연승 連勝 ↔ 連敗 연패
열악 劣惡 ↔ 優良 우량
영전 榮轉 ↔ 左遷 좌천
영혼 靈魂 ↔ 肉體 육체
온난 溫暖 ↔ 寒冷 한랭
왕복 往復 ↔ 片道 편도
용해 溶解 ↔ 凝固 응고
우대 優待 ↔ 虐待 학대
우연 偶然 ↔ 必然 필연
우호 友好 ↔ 敵對 적대
원리 原理 ↔ 應用 응용
원한 怨恨 ↔ 恩惠 은혜
위법 違法 ↔ 合法 합법

위험 危險 ↔ 安寧 안녕
위험 危險 ↔ 安全 안전
융기 隆起 ↔ 沈降 침강
융기 隆起 ↔ 陷沒 함몰
융해 融解 ↔ 凝固 응고
응답 應答 ↔ 質疑 질의
응대 應對 ↔ 質疑 질의
의존 依存 ↔ 自立 자립
의타 依他 ↔ 自立 자립
이단 異端 ↔ 正統 정통
이례 異例 ↔ 通例 통례
이륙 離陸 ↔ 着陸 착륙
이설 異說 ↔ 定說 정설
이설 異說 ↔ 通說 통설
인위 人爲 ↔ 自然 자연
인조 人造 ↔ 天然 천연
일반 一般 ↔ 特殊 특수
입체 立體 ↔ 平面 평면
자동 自動 ↔ 他動 타동
자율 自律 ↔ 他律 타율
자의 自意 ↔ 他意 타의
자정 子正 ↔ 正午 정오

저하 低下 ↔ 向上 향상
저항 抵抗 ↔ 投降 투항
절찬 絶讚 ↔ 酷評 혹평
정착 定着 ↔ 漂流 표류
조객 弔客 ↔ 賀客 하객
존속 存續 ↔ 廢止 폐지
종단 縱斷 ↔ 橫斷 횡단
진부 陳腐 ↔ 斬新 참신
진실 眞實 ↔ 虛僞 허위
진정 鎭靜 ↔ 興奮 흥분
진화 進化 ↔ 退化 퇴화
집합 集合 ↔ 解散 해산
차별 差別 ↔ 平等 평등
참패 慘敗 ↔ 快勝 쾌승
처녀 處女 ↔ 總角 총각
처자 處子 ↔ 總角 총각
축소 縮小 ↔ 擴大 확대
출사 出仕 ↔ 退仕 퇴사
출사 出仕 ↔ 退官 퇴관
출사 出仕 ↔ 退耕 퇴경
폭등 暴騰 ↔ 暴落 폭락
해임 解任 ↔ 任用 임용

해임 解任 ↔ 採用 채용
혹서 酷暑 ↔ 酷寒 혹한

유의자

두 개의 글자가 서로 뜻이 비슷하고 대등한 뜻을 가진 한자를 말한다.

훈	음	급수	한자		한자	급수	훈	음	단어
깨달을	각	4급	覺	-	悟	3Ⅱ	깨달을	오	각오
사이	간	7Ⅱ	間	-	隔	3Ⅱ	사이뜰	격	간격
간절할	간	3Ⅱ	懇	-	切	5Ⅱ	끊을	절	간절
느낄	감	6급	感	-	覺	4급	깨달을	각	감각
덜	감	4Ⅱ	減	-	省	6Ⅱ	덜	생	감생
덜	감	4Ⅱ	減	-	損	4급	덜	손	감손
섭섭할	감	2급	憾	-	怨	4급	원망할	원	감원
덜	감	4Ⅱ	減	-	除	4Ⅱ	덜	제	감제
강할	강	6급	強	-	健	5급	굳셀	건	강건
굳셀	강	3Ⅱ	剛	-	健	5급	굳셀	건	강건
굳셀	강	3Ⅱ	剛	-	堅	4급	굳을	견	강견
편한	강	4Ⅱ	康	-	寧	3Ⅱ	편안	녕	강녕
클	거	4급	巨	-	大	8급	큰	대	거대
굳셀	건	5급	健	-	剛	3Ⅱ	굳셀	강	건강
마를	건	3Ⅱ	乾	-	枯	3급	마를	고	건고
마를	건	3Ⅱ	乾	-	燥	3급	마를	조	건조
이끌	견	3급	牽	-	引	4Ⅱ	끌	인	견인
깨끗할	결	4Ⅱ	潔	-	白	8급	흰	백	결백
깨우칠	경	4Ⅱ	警	-	覺	4급	깨달을	각	경각
섬돌	계	4급	階	-	級	6급	등급	급	계급
계절	계	4급	季	-	末	5급	끝	말	계말
맬	계	3급	繫	-	束	5Ⅱ	묶을	속	계속
이을	계	4급	繼	-	承	4Ⅱ	이을	승	계승
섬돌	계	4급	階	-	層	4급	층	층	계층
고할	고	5Ⅱ	告	-	白	8급	흰	백	고백
고할	고	5Ⅱ	告	-	示	5급	보일	시	고시
품팔	고	2급	雇	-	傭	2급	품팔	용	고용
높을	고	6Ⅱ	高	-	卓	5급	높을	탁	고탁
공손할	공	3Ⅱ	恭	-	敬	5Ⅱ	공경	경	공경
두려울	공	3Ⅱ	恐	-	怖	2급	두려워할	포	공포
바칠	공	3Ⅱ	貢	-	獻	3Ⅱ	드릴	헌	공헌
꿸	관	3Ⅱ	貫	-	徹	3Ⅱ	통할	철	관철
꿸	관	3Ⅱ	貫	-	通	6급	통할	통	관통
연구할	구	4Ⅱ	究	-	竟	3급	마침내	경	구경
구할	구	4Ⅱ	求	-	索	3Ⅱ	찾을	색	구색
오랠	구	3Ⅱ	久	-	遠	6급	멀	원	구원
무리	군	4급	群	-	黨	4Ⅱ	무리	당	군당
무리	군	4급	群	-	衆	4Ⅱ	무리	중	군중
군사	군	8급	軍	-	旅	5Ⅱ	나그네	려	군려
다할	궁	4급	窮	-	極	4Ⅱ	극진할	극	궁극
권할	권	4급	勸	-	勵	3Ⅱ	힘쓸	려	권려
권할	권	4급	勸	-	勉	4급	힘쓸	면	권면

훈	음·급수	한자	급수·훈	음	단어
돌아갈	귀 4급	歸 - 還	3Ⅱ 돌아올	환	귀환
극진할	극 4Ⅱ	極 - 端	4Ⅱ 끝	단	극단
극진할	극 4Ⅱ	極 - 盡	4급 다할	진	극진
속일	기 3급	欺 - 詐	3급 속일	사	기사
주릴	기 3급	飢 - 餓	3급 주릴	아	기아
층계	단 4급	段 - 階	4급 섬돌	계	단계
슬퍼할	도 2급	悼 - 懼	3급 두려워할	구	도구
무리	도 4급	徒 - 黨	4Ⅱ 무리	당	도당
도망할	도 4급	逃 - 亡	5급 망할	망	도망
무리	도 4급	徒 - 輩	3Ⅱ 무리	배	도배
도둑	도 4급	盜 - 賊	4급 도둑	적	도적
도타울	돈 3급	敦 - 篤	3급 도타울	독	돈독
도타울	돈 3급	敦 - 厚	4급 두터울	후	돈후
끝	말 5급	末 - 端	4Ⅱ 끝	단	말단
끝	말 5급	末 - 尾	3Ⅱ 꼬미	미	말미
매양	매 7Ⅱ	每 - 常	4Ⅱ 떳떳할	상	매상
힘쓸	면 4급	勉 - 勵	3Ⅱ 힘쓸	려	면려
멸할	멸 3Ⅱ	滅 - 亡	5급 망할	망	멸망
무성할	무 3Ⅱ	茂 - 盛	4Ⅱ 성할	성	무성
돌이길	반 3급	返 - 還	3Ⅱ 돌아올	환	반환
찾을	방 4Ⅱ	訪 - 尋	3급 찾을	심	방심
번성할	번 3Ⅱ	繁 - 茂	3Ⅱ 무성할	무	번무
갚을	보 4Ⅱ	報 - 告	5Ⅱ 고할	고	보고

훈	음·급수	한자	급수·훈	음	단어
갚을	보 4Ⅱ	報 - 償	3Ⅱ 갚을	상	보상
받들	봉 5Ⅱ	奉 - 承	4Ⅱ 이을	승	봉승
받들	봉 5Ⅱ	奉 - 獻	3Ⅱ 드릴	헌	봉헌
붙을	부 3Ⅱ	附 - 屬	4급 붙일	속	부속
도울	부 3Ⅱ	扶 - 助	4Ⅱ 도울	조	부조
도울	부 3Ⅱ	扶 - 護	4Ⅱ 도울	호	부호
무덤	분 3급	墳 - 墓	4급 무덤	묘	분묘
무너질	붕 3급	崩 - 壞	3Ⅱ 무너질	괴	붕괴
슬플	비 4Ⅱ	悲 - 哀	3Ⅱ 슬플	애	비애
손	빈 3급	賓 - 客	5Ⅱ 손	객	빈객
속일	사 3급	詐 - 欺	3급 속일	기	사기
기를	사 2급	飼 - 養	5Ⅱ 기를	양	사양
기를	사 2급	飼 - 育	7급 기를	육	사육
깎을	삭 3Ⅱ	削 - 減	4Ⅱ 덜	감	삭감
장사	상 5Ⅱ	商 - 賈	2성 장사	고	상고
장사	상 5Ⅱ	商 - 量	5급 헤아릴	량	상량
상서	상 3급	祥 - 瑞	2급 상서	서	상서
덜	생 6Ⅱ	省 - 略	4급 간략할	략	생략
풀	석 3Ⅱ	釋 - 放	6Ⅱ 놓을	방	석방
가릴	선 5급	選 - 擧	5급 들	거	선거
배	선 5급	船 - 舶	2급 배	박	선박
가릴	선 5급	選 - 拔	3Ⅱ 뽑을	발	선발
가릴	선 5급	選 - 別	6급 다를	별	선별

배 선 5급 船 - 舟 3급 배 주 선주
가릴 선 5급 選 - 擇 4급 가릴 택 선택
돌 선 3II 旋 - 回 4II 돌 회 선회
가늘 섬 2급 纖 - 細 4II 가늘 세 섬세
덜 손 4급 損 - 傷 4급 다칠 상 손상
덜 손 4급 損 - 失 6급 잃을 실 손실
덜 손 4급 損 - 害 5II 해할 해 손해
졸음 수 3급 睡 - 眠 3II 잘 면 수면
순수할 순 4II 純 - 潔 4II 깨끗할 결 순결
편안 안 7II 安 - 康 4II 편안 강 안강
슬플 애 3II 哀 - 悼 2급 슬퍼할 도 애도
누를 억 3II 抑 - 壓 4II 누를 압 억압
나그네 려 5II 旅 - 客 5II 손 객 여객
이을 련 4II 連 - 續 4II 이을 속 연속
길 영 6급 永 - 遠 6급 멀 원 영원
날카로울 예 3급 銳 - 利 6II 이할 리 예리
거만할 오 3급 傲 - 慢 3급 거만할 만 오만
편안할 온 2급 穩 - 全 7II 온전 전 온전
멀 요 3급 遙 - 遠 6급 멀 원 요원
떳떳할 용 3급 庸 - 常 4II 떳떳할 상 용상
근심 우 3II 憂 - 慮 4급 생각할 려 우려
금심 우 3II 憂 - 愁 3II 근심 수 우수
근심 우 3II 憂 - 患 5급 근심 환 우환

원망할 원 4급 怨 - 恨 4급 한 한 원한
높을 륭 3II 隆 - 盛 4II 성할 성 융성
높을 륭 3II 隆 - 昌 3II 창성할 창 융창
높을 륭 3II 隆 - 興 4II 일 흥 융흥
알 인 4II 認 - 識 5II 알 식 인식
알 인 4II 認 - 知 5II 알 지 인지
어질 인 4급 仁 - 慈 3II 사랑 자 인자
사랑 자 3II 慈 - 愛 6급 사랑 애 자애
장려할 장 4급 獎 - 勵 3II 힘쓸 려 장려
훔칠 절 3급 竊 - 盜 4급 도둑 도 절도
깨끗할 정 3II 淨 - 潔 4II 깨끗할 결 정결
상서로울 정 2성 禎 - 祥 3급 상서 상 정상
마칠 종 5급 終 - 結 5II 맺을 결 종결
마칠 종 5급 終 - 端 4II 끝 단 종단
마칠 종 5급 終 - 了 3급 마칠 료 종료
마칠 종 5급 終 - 末 5급 끝 말 종말
마칠 종 5급 終 - 止 5급 그칠 지 종지
준걸 준 3급 俊 - 傑 4급 뛰어날 걸 준걸
막힐 질 2급 窒 - 塞 3II 막힐 색 질색
곳집 창 3II 倉 - 庫 4급 곳집 고 창고
나물 채 3II 菜 - 蔬 3급 나물 소 채소
밟을 천 3II 踐 - 踏 3II 밟을 답 천답
얕을 천 3II 淺 - 薄 3II 엷을 박 천박

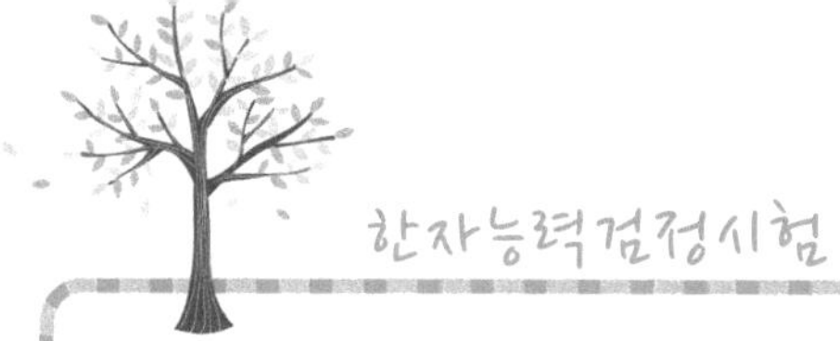

뾰족할 첨 3급 尖 – 端 4Ⅱ 끝 단 첨단

들을 청 4급 聽 – 聞 6Ⅱ 들을 문 청문

맑을 청 6Ⅱ 淸 – 潔 4Ⅱ 깨끗할 결 청결

맑을 청 6Ⅱ 淸 – 淨 3Ⅱ 깨끗할 정 청정

뛰어넘을 초 3Ⅱ 超 – 過 5Ⅱ 지날 과 초과

뛰어넘을 초 3Ⅱ 超 – 越 3Ⅱ 넘을 월 초월

뜻 취 4급 趣 – 意 6Ⅱ 뜻 의 취의

모을 취 2성 聚 – 集 6Ⅱ 모을 집 취집

잠길 침 3Ⅱ 沈 – 沒 3Ⅱ 빠질 몰 침몰

잠길 침 3Ⅱ 沈 – 默 3Ⅱ 잠잠할 묵 침묵

잠길 침 3Ⅱ 沈 – 潛 3Ⅱ 잠길 잠 침잠

높을 탁 5급 卓 – 越 3Ⅱ 넘을 월 탁월

찾을 탐 4급 探 – 索 3Ⅱ 찾을 색 탐색

바꿀 태 2성 兌 – 換 3Ⅱ 바꿀 환 태환

물러날 퇴 4Ⅱ 退 – 却 3급 물리칠 각 퇴각

패할 패 5급 敗 – 亡 5급 망할 망 패망

폐할 폐 3Ⅱ 廢 – 亡 5급 망할 망 폐망

잡을 포 3Ⅱ 捕 – 捉 3급 잡을 착 포착

잡을 포 3Ⅱ 捕 – 獲 3Ⅱ 얻을 획 포획

마칠 필 3Ⅱ 畢 – 竟 3급 마침내 경 필경

큰 배 함 2급 艦 – 船 5급 배 선 함선

배 항 4Ⅱ 航 – 船 5급 배 선 항선

풀 해 4Ⅱ 解 – 放 6Ⅱ 놓을 방 해방

해할 해 5Ⅱ 害 – 損 4급 덜 손 해손

드릴 헌 3Ⅱ 獻 – 納 4급 들일 납 헌납

싫어할 혐 3급 嫌 – 忌 3급 꺼릴 기 혐기

싫어할 혐 3급 嫌 – 惡 5Ⅱ 미워할 오 혐오

화할 화 6Ⅱ 和 – 睦 3Ⅱ 화목할 목 화목

임금 황 3Ⅱ 皇 – 王 8급 임금 왕 황왕

임금 황 3Ⅱ 皇 – 帝 4급 임금 제 황제

돌아올 회 4Ⅱ 回 – 歸 4급 돌아갈 귀 회귀

돌아올 회 4Ⅱ 回 – 轉 4급 구를 전 회전

얻을 획 3Ⅱ 獲 – 得 4Ⅱ 얻을 득 획득

공경할 흠 2성 欽 – 敬 5Ⅱ 공경 경 흠경

일 흥 4Ⅱ 興 – 隆 3Ⅱ 높을 륭 흥륭

유의어

서로 뜻이 비슷하고 대등한 뜻을 가진 한자어를 말한다.

가공 架空 - 虛構 허구

가교 家敎 - 庭敎 정교

가교 家敎 - 家訓 가훈

가교 家敎 - 庭訓 정훈

가훈 家訓 - 庭訓 정훈

가훈 家訓 - 庭敎 정교

각별 各別 - 特別 특별

각오 覺悟 - 決心 결심

각축 角逐 - 逐鹿 축록

간병 看病 - 看護 간호

간성 干城 - 棟梁 동량

간첩 間諜 - 五列 오열

감량 減量 - 減少 감소

감생 減省 - 減少 감소

감소 減少 - 減衰 감쇠

감소 減少 - 減殺 감쇄

감소 減少 - 減損 감손

감염 感染 - 傳染 전염

강사 強仕 - 不惑 불혹

개고 改稿 - 潤文 윤문

개량 改良 - 改善 개선

거부 拒否 - 拒絶 거절

거부 拒否 - 謝絶 사절

거성 巨星 - 大家 대가

거취 去就 - 進退 진퇴

건곤 乾坤 - 天地 천지

걸신 乞身 - 請老 청로

검약 儉約 - 節約 절약

격려 激勵 - 鼓舞 고무

결심 決心 - 決意 결의

결점 缺點 - 短點 단점

경계 境界 - 區劃 구획

경국 傾國 - 傾城 경성

경국 傾國 - 國色 국색

경국 傾國 - 國香 국향

경성 傾城 - 國色 국색

경성 傾城 - 國香 국향

경솔 輕率 - 言輕 언경

경솔 輕率 - 妄率 망솔

경솔 輕率 - 荒率 황솔

경솔 輕率 - 輕脫 경탈

경솔 輕率 - 輕薄 경박

경솔 輕率 - 輕妄 경망

경솔 輕率 - 輕擧 경거

경솔 輕率 - 邪風 사풍

경험 經驗 - 體驗 체험

계기 契機 - 動機 동기

계획 計劃 - 意圖 의도

고국 故國 - 祖國 조국

고명 高名 - 有名 유명

고무 鼓舞 - 鼓吹 고취

고상 高尙 - 高雅 고아

고심 苦心 - 苦衷 고충

고향 故鄕 - 鄕里 향리

고희 古稀 - 稀年 희년

고희 古稀 - 稀壽 희수

고희 古稀 - 七旬 칠순

고희 古稀 - 從心 종심

골육 骨肉 - 血肉 혈육

공명 共鳴 - 首肯 수긍

공적 功績 - 業績 업적
공헌 貢獻 - 寄與 기여
과격 過激 - 急進 급진
과기 瓜期 - 瓜時 과시
과년 瓜年 - 破瓜 파과
과년 瓜年 - 瓜滿 과만
과만 瓜滿 - 破瓜 파과
과실 過失 - 失敗 실패
관생 冠省 - 除煩 제번
괘관 掛冠 - 掛冕 괘면
교섭 交涉 - 折衷 절충
교섭 交涉 - 折衝 절충
구박 驅迫 - 虐待 학대
구천 九泉 - 黃泉 황천
국색 國色 - 國香 국향
권수 權數 - 權術 권술
권징 勸懲 - 懲勸 징권
귀감 龜鑑 - 模範 모범
귀성 歸省 - 歸鄕 귀향
극빈 極貧 - 至貧 지빈
극빈 極貧 - 鐵貧 철빈
근저 根底 - 基礎 기초
금슬 琴瑟 - 比翼 비익
금슬 琴瑟 - 連理 연리
기도 企圖 - 企劃 기획
기량 器量 - 才能 재능
기사 飢死 - 餓死 아사
기질 氣質 - 性格 성격
기품 氣品 - 風格 풍격
낙담 落膽 - 失望 실망
납득 納得 - 了解 요해
내분 內紛 - 內爭 내쟁
냉담 冷淡 - 薄情 박정
냉정 冷靜 - 沈着 침착
노사 勞思 - 焦勞 초로
농락 籠絡 - 戱弄 희롱
뇌동 雷同 - 附同 부동
누란 累卵 - 風燈 풍등
누란 累卵 - 風燭 풍촉
능변 能辯 - 達辯 달변
단장 斷腸 - 斷魂 단혼
달성 達成 - 成就 성취
담교 淡交 - 知己 지기
담교 淡交 - 知音 지음
담교 淡交 - 心友 심우
담교 淡交 - 水魚 수어
대론 臺論 - 臺彈 대탄
도덕 道德 - 倫理 윤리
도원 桃源 - 仙境 선경
도원 桃源 - 仙界 선계
도원 桃源 - 仙鄕 선향
도위 都尉 - 粉侯 분후
독점 獨占 - 專有 전유
동기 動機 - 要因 요인
동기 動機 - 原因 원인
동리 凍梨 - 卒壽 졸수
동의 同意 - 贊成 찬성
망덕 忘德 - 背恩 배은
명부 冥府 - 冥界 명계
명부 冥府 - 黃泉 황천
명석 明晳 - 聰明 총명
모두 冒頭 - 虛頭 허두
모반 謀反 - 反逆 반역
모옥 茅屋 - 草屋 초옥
몰두 沒頭 - 專心 전심
무사 無事 - 安全 안전

무시 無視 – 默殺 묵살

문상 問喪 – 弔喪 조상

문상 問喪 – 弔問 조문

미개 未開 – 原始 원시

미만 彌滿 – 充滿 충만

미숙 未熟 – 幼稚 유치

미연 未然 – 事前 사전

미행 尾行 – 追跡 추적

반백 半百 – 艾老 애로

반백 半百 – 知命 지명

반열 班列 – 班次 반차

발달 發達 – 進步 진보

방관 傍觀 – 放置 방치

방관 傍觀 – 坐視 좌시

방념 放念 – 安心 안심

방법 方法 – 手段 수단

백미 白眉 – 壓卷 압권

백미 白眉 – 出衆 출중

벽공 碧空 – 蒼空 창공

변천 變遷 – 沿革 연혁

복룡 伏龍 – 臥龍 와룡

복룡 伏龍 – 鳳兒 봉아

봉아 鳳兒 – 臥龍 와룡

부약 負約 – 僞言 위언

부약 負約 – 違約 위약

부약 負約 – 食言 식언

분별 分別 – 思慮 사려

분주 奔走 – 盡力 진력

분호 分毫 – 一毫 일호

분호 分毫 – 秋毫 추호

불운 不運 – 悲運 비운

붕도 鵬圖 – 雄圖 웅도

비명 非命 – 橫死 횡사

비익 比翼 – 連理 연리

비조 鼻祖 – 始祖 시조

빙인 氷人 – 月老 월로

사명 使命 – 任務 임무

사보 四寶 – 四友 사우

사원 寺院 – 寺刹 사찰

산두 山斗 – 泰斗 태두

산보 散步 – 散策 산책

상벽 桑碧 – 滄桑 창상

상벽 桑碧 – 桑海 상해

상해 桑海 – 滄桑 창상

상황 狀況 – 情勢 정세

서간 書簡 – 書翰 서한

서찰 書札 – 便紙 편지

선경 仙境 – 仙界 선계

선계 仙界 – 仙鄕 선향

선철 先哲 – 先賢 선현

설명 說明 – 解說 해설

세면 洗面 – 洗手 세수

세속 世俗 – 俗世 속세

세속 世俗 – 世上 세상

세속 世俗 – 世習 세습

세수 洗手 – 洗顔 세안

소인 騷人 – 墨客 묵객

소행 素行 – 品行 품행

속세 俗世 – 塵世 진세

쇄신 刷新 – 維新 유신

쇄신 刷新 – 鼎新 정신

쇄신 刷新 – 革新 혁신

쇠진 衰盡 – 衰退 쇠퇴

수기 隨機 – 應變 응변

수리 修理 – 修繕 수선

수어 水魚 – 心友 심우

수어 水魚 - 知音 지음
수어 水魚 - 知己 지기
수주 守株 - 株守 주수
숙독 熟讀 - 精讀 정독
숙명 宿命 - 天命 천명
순간 瞬間 - 瞬時 순시
순간 瞬間 - 瞬息 순식
순간 瞬間 - 片刻 편각
순간 瞬間 - 轉瞬 전순
순간 瞬間 - 刹那 찰나
순서 順序 - 此際 차제
순시 瞬時 - 轉瞬 전순
순시 瞬時 - 刹那 찰나
순시 瞬時 - 瞬息 순식
순시 瞬時 - 片刻 편각
순식 瞬息 - 轉瞬 전순
순식 瞬息 - 片刻 편각
순식 瞬息 - 刹那 찰나
승낙 承諾 - 許諾 허락
시계 視界 - 視野 시야
시사 示唆 - 暗示 암시
시야 視野 - 眼界 안계

식언 食言 - 違約 위약
식언 食言 - 僞言 위언
신음 信音 - 雁書 안서
신음 信音 - 雁札 안찰
실녀 室女 - 處子 처자
실녀 室女 - 處女 처녀
실망 失望 - 失意 실의
실시 實施 - 實行 실행
심상 尋常 - 平凡 평범
심우 心友 - 知音 지음
심우 心友 - 知己 지기
악목 握沐 - 吐握 토악
악목 握沐 - 握髮 악발
악발 握髮 - 吐握 토악
안보 雁報 - 雁書 안서
안사 雁使 - 雁書 안서
안서 雁書 - 雁札 안찰
안서 雁書 - 雁信 안신
압박 壓迫 - 威壓 위압
앙화 殃禍 - 災禍 재화
앙화 殃禍 - 災殃 재앙
양촉 諒燭 - 諒察 양찰

애년 艾年 - 知命 지명
애년 艾年 - 艾老 애로
역사 歷史 - 春秋 춘추
연미 燃眉 - 焦眉 초미
연세 年歲 - 春秋 춘추
염가 廉價 - 低價 저가
영구 永久 - 永遠 영원
영면 永眠 - 他界 타계
영양 營養 - 滋養 자양
영토 領土 - 版圖 판도
외견 外見 - 外觀 외관
외국 外國 - 異國 이국
운명 運命 - 運勢 운세
운송 運送 - 運輸 운수
운영 運營 - 運用 운용
원망 願望 - 希望 희망
위신 威信 - 威嚴 위엄
위약 違約 - 僞言 위언
위협 威脅 - 脅迫 협박
유리 流離 - 漂泊 표박
유미 唯美 - 耽美 탐미
유신 維新 - 鼎新 정신

유신 維新 - 革新 혁신
윤택 潤澤 - 豊富 풍부
응대 應對 - 應接 응접
의존 依存 - 依支 의지
이론 異論 - 異議 이의
이역 異域 - 海外 해외
이용 利用 - 活用 활용
이전 移轉 - 轉居 전거
인가 認可 - 許可 허가
일률 一律 - 劃一 획일
일문 一門 - 一族 일족
일치 一致 - 合致 합치
일호 一毫 - 毫末 호말
일호 一毫 - 秋毫 추호
자기 自棄 - 暴棄 포기
자부 自負 - 自信 자신
자산 資産 - 財産 재산
자연 自然 - 天然 천연
자찬 自讚 - 自稱 자칭
자포 自暴 - 自棄 자기
자포 自暴 - 暴棄 포기
장수 將帥 - 將領 장령

재앙 災殃 - 災禍 재화
전순 轉瞬 - 刹那 찰나
전순 轉瞬 - 片刻 편각
전진 前進 - 進步 진보
절도 絶倒 - 抱腹 포복
정교 庭敎 - 庭訓 정훈
정기 正氣 - 活氣 활기
정기 正氣 - 浩氣 호기
정신 鼎新 - 革新 혁신
정양 靜養 - 休養 휴양
정취 情趣 - 風情 풍정
제압 制壓 - 鎭壓 진압
조춘 早春 - 初春 초춘
종심 從心 - 稀壽 희수
종심 從心 - 七旬 칠순
종심 從心 - 稀年 희년
주갑 周甲 - 華甲 화갑
주갑 周甲 - 還甲 환갑
주갑 周甲 - 還曆 환력
주갑 周甲 - 回甲 회갑
중심 中心 - 核心 핵심
지기 知己 - 親友 친우

지기 知己 - 知人 지인
지기 知己 - 知音 지음
지망 志望 - 志願 지원
지배 支配 - 統治 통치
지상 至上 - 最高 최고
지옥 地獄 - 奈落 나락
지옥 地獄 - 天獄 천옥
지옥 地獄 - 冥土 명토
지옥 地獄 - 暗冥 암명
지옥 地獄 - 苦障 고장
지우 知友 - 知音 지음
진보 進步 - 向上 향상
질문 質問 - 質疑 질의
찬조 贊助 - 協贊 협찬
찰나 刹那 - 片刻 편각
참고 參考 - 參照 참조
처녀 處女 - 處子 처자
척토 尺土 - 寸土 촌토
천양 天壤 - 天地 천지
천포 天布 - 遮日 차일
천포 天布 - 天幕 천막
청탁 淸濁 - 好惡 호오

체납 滯納 - 滯給 체급

체납 滯納 - 滯拂 체불

체류 滯留 - 滯在 체재

초대 招待 - 招請 초청

추량 推量 - 推測 추측

추호 秋毫 - 毫末 호말

칠거 七去 - 七出 칠출

칠순 七旬 - 稀年 희년

칠순 七旬 - 稀壽 희수

탈태 奪胎 - 換奪 환탈

통탄 痛歎 - 悲歎 비탄

평상 平常 - 平素 평소

표점 標點 - 標的 표적

풍등 風燈 - 風燭 풍촉

학기 鶴企 - 鶴立 학립

학기 鶴企 - 鶴望 학망

학기 鶴企 - 鶴首 학수

학립 鶴立 - 鶴望 학망

학립 鶴立 - 鶴首 학수

학망 鶴望 - 鶴首 학수

해임 解任 - 解雇 해고

해임 解任 - 革職 혁직

해임 解任 - 罷免 파면

해임 解任 - 解免 해면

해임 解任 - 解職 해직

해임 解任 - 免職 면직

화갑 華甲 - 還曆 환력

화갑 華甲 - 回甲 회갑

화해 和解 - 和會 화회

화해 和解 - 私和 사화

환갑 還甲 - 還曆 환력

환갑 還甲 - 回甲 회갑

환골 換骨 - 奪胎 탈태

환골 換骨 - 換奪 환탈

환력 還曆 - 回甲 회갑

효능 效能 - 效用 효용

휴게 休憩 - 休息 휴식

희년 稀年 - 稀壽 희수

혼동하기 쉬운 한자

서로 글자의 모양이 비슷하여 혼동하기 쉬운 한자를 말한다.

뜻	음	한자		한자	뜻	음
섭섭할	감	憾	≠	減	덜	감
구덩이	갱	坑	≠	抗	겨룰	항
쉴	게	憩	≠	息	쉴	식
품팔	고	雇	≠	庸	떳떳할	용
항목	관	款	≠	隷	종	례
허수아비	괴	傀	≠	塊	흙덩이	괴
더부살이	교	僑	≠	橋	다리	교
구라파	구	歐	≠	毆	때릴	구
대궐	궐	闕	≠	關	관계할	관
여승	니	尼	≠	泥	진흙	니
쓸개	담	膽	≠	瞻	볼	첨
슬퍼할	도	悼	≠	掉	흔들	도
베낄	등	謄	≠	騰	오를	등
저릴	마	痲	≠	麻	삼	마
그물	망	網	≠	綱	벼리	강
창	모	矛	≠	茅	띠	모
배우	배	俳	≠	排	밀칠	배
상서	서	瑞	≠	端	끝	단
콩팥	신	腎	≠	賢	어질	현
편안할	온	穩	≠	隱	숨을	은
둘	조	措	≠	惜	아낄	석
나루	진	津	≠	律	법칙	률
외짝	척	隻	≠	雙	두	쌍
거둘	철	撤	≠	徹	통할	철
탈	초	焦	≠	蕉	파초	초
시위	현	弦	≠	絃	줄	현
헛보일	환	幻	≠	幼	어릴	유
공	훈	勳	≠	動	움직일	동
성	가	賈	≠	買	살	매
괘이름	간	艮	≠	良	어질	량
굳셀	강	彊	≠	疆	지경	강
산등성이	강	岡	≠	罔	없을	망
뛰어날	걸	杰	≠	烋	아름다울	휴
떨릴	긍	兢	≠	競	다툴	경
별이름	기	璣	≠	機	틀	기
비칠	도	燾	≠	壽	목숨	수
농막집	려	廬	≠	盧	성	로
찾을	멱	覓	≠	覺	깨달을	각
스승	부	傅	≠	傳	전할	전
땅이름	섬	陝	≠	陜	좁을	협
불꽃	섭	燮	≠	變	변할	변
물가	수	洙	≠	珠	구슬	주
수나라	수	隋	≠	隨	따를	수
넓을	왕	汪	≠	注	부을	주

곰	웅	熊	≠	態	모습	태
도울	익	翊	≠	翔	날	상
성	장	蔣	≠	將	장수	장
성	조	曺	≠	曹	무리	조
성	진	秦	≠	奏	아뢸	주
꿩	치	雉	≠	稚	어릴	치
조나라서울	한	邯	≠	邢	성	형
물이름	회	淮	≠	准	비준	준
아름다울	휘	徽	≠	微	작을	미
오랑캐	흉	匈	≠	甸	경기	전
기뻐할	희	憙	≠	熹	빛날	희

한자성어 · 사자성어 · 고사성어

- 漢字成語란 우리말의 속담이나 격언 등을 한자로 옮겨 쓴 것을 말한다.
- 四字成語란 우리말 중에서 4음절로 이루어진 한자어 낱말을 이르는 말이다.
- 故事成語란 옛날부터 전해 내려오는 내력이 있는 일을 표현한 어구로써 옛사람들이 만든 말을 뜻한다.

佳人薄命 가인박명

'미인은 불행한 일이 따르기 쉽고 요절하기 쉽다.'는 뜻으로, '여자의 용모가 아름다우면 운명이 짧거나 기구함'을 이르는 말.

刻骨難忘 각골난망

은혜를 입은 고마움이 뼈 속 깊이 새겨져 잊기 어려움.

刻舟求劍 각주구검

'배에서 칼을 물속에 떨어뜨리고 그 위치를 뱃전에 표시하였다.'는 뜻으로, '미련하고 융통성이 없이 현실에 맞지 않는 낡은 생각을 고집하는 어리석음'을 이르는 말.

肝膽相照 간담상조

'간과 쓸개를 서로 비춰준다.'는 뜻으로, '서로의 가슴속까지 이해하는 친함'을 이르는 말.

甘言利說 감언이설

남의 비위(脾胃)를 맞추는 달콤한 말과 이로운 조건만 들어 그럴듯하게 꾸미는 말.

改過遷善 개과천선

지나간 잘못을 고치고 착하게 됨.

擧案齊眉 거안제미

'밥상을 눈썹과 가지런하도록 공손히 들어 가지고 간다.'는 뜻으로, '남편을 깍듯이 공경함'을 이르는 말.

牽強附會 견강부회

이치에 맞지 않는 말을 억지로 끌어 붙여 자기가 주장하는 조건에 맞도록 함.

見利思義 견리사의

눈앞에 이익이 보일 때, 의리를 먼저 생각함.

結者解之 결자해지

'맺은 사람이 그것을 푼다.'는 뜻으로, '일을 시작한 사람이 끝맺음, 혹은 원인을 제공한 사람이 해결을 해야 함'을 이르는 말.

結草報恩 결초보은

'풀을 맺어 은혜를 갚는다.'는 뜻으로, '죽어 혼령이 되어서라도 은혜를 잊지 않고 갚음'을 이르는 말.

經國濟民 경국제민

나라를 맡아 다스리고 백성을 구제함.

輕擧妄動 경거망동

'경솔하여 생각 없이 망령되게 행동한다.'는 뜻으로, '도리나 사정을 생각하지 않고 경솔하게 행동함'을 이르는 말.

鷄鳴狗盜 계명구도

'닭의 울음소리를 잘 내는 사람과 개의 흉내를 잘 내는 좀도둑'이라는 뜻으로, '작은 재주가 뜻밖에 큰 구실을 함', 또는 '고상한 학문은 없고 천박한 꾀를 써서 남을 속이는 사람'을 이르는 말.

苦肉之策 고육지책

어려운 사태에서 벗어나기 위한 수단으로 제 몸을 괴롭히면서까지 짜내는 계책.

孤掌難鳴 고장난명

'외손뼉은 울릴 수 없다.'는 뜻으로, '혼자서는 일을 이루지 못함' 또는 '맞서는 사람이 없으면 싸움이 되지 않음'을 이르는 말.

曲學阿世 곡학아세

'학문을 왜곡(歪曲)하여 세속에 아부한다.'는 뜻으로, '의연하게 진실하지 못한 학자의 양심과 태도'를 비판하여 이르는 말.

空前絶後 공전절후

전에도 없었고 앞으로도 없음. 전무후무(前無後無).

過猶不及 과유불급

'지나친 것은 오히려 그 정도에 미치지 못한 것과 같다.'는 뜻으로 중용을 이르는 말.

矯角殺牛 교각살우

'뿔을 고치려다 소를 죽인다.'는 뜻으로, '작은 일에 힘쓰다 일을 망친다.'는 말.

交友以信 교우이신

'벗을 사귐에 믿음으로써 해야 한다.'는 '세속오계(世俗五戒)'의 하나.

口蜜腹劍 구밀복검

'입으로는 달콤한 말을 하면서 뱃속에는 칼을 지녔다.'는 뜻으로, '겉으로는 친절한 체하나 속으로는 해칠 생각을 지님'을 이르는 말.

口尙乳臭 구상유취

'입에서 아직 젖내가 난다.'는 뜻으로, '말과 하는 짓이 아직 어리고 경험이 적은 철부지'를 이르는 말.

群鷄一鶴 군계일학

'평범한 사람 가운데 뛰어난 한 사람'을 일컫는 말.

群雄割據 군웅할거

'많은 영웅들이 각지에 자리 잡고 세력을 떨치며 서로 맞서는 상황'을 이르는 말.

勸善懲惡 권선징악

'착한 일을 권장하고 악한 짓을 징계한다.'는 뜻으로, '착한 행실을 권장하고 악한 행실을 나무람'을 이르는 말.

克己復禮 극기복례

'자신의 사사로움을 극복하고 예를 회복한다.'는 뜻으로, '자기의 욕망·감정을 이겨내고 사회적 법칙인 예의범절을 따름'을 이르는 말.

近墨者黑 근묵자흑

'먹을 가까이 하는 사람은 검어진다.'는 뜻으로 '나쁜 사람과 사귀면 그 버릇에 물들기 쉬움'을 이르는 말.

錦上添花 금상첨화

'비단 위에 꽃을 더한다.'는 뜻으로, '좋고 아름다운 것 위에 더 좋은 것을 더함'을 이르는 말.

琴瑟相和 금슬상화

'거문고와 비파의 조화로운 화음'이라는 뜻으로, '부부 사이가 다정하고 화목함'을 이르는 말.

錦衣夜行 금의야행

'비단옷을 입고 밤길을 다닌다.'는 뜻으로, '아무 보람이 없는 일을 함'을 이르는 말.

錦衣還鄕 금의환향

'비단옷을 입고 고향으로 돌아간다.'는 뜻으로, '출세하여 고향을 찾는 것'을 이르는 말.

氣高萬丈 기고만장

'기운이 만장이나 뻗쳤다.'는 뜻으로, '펄펄 뛸 만큼 대단히 성이 남', 또는 '(일이 뜻대로 잘 되어 나갈 때)우쭐하여 뽐내는 기세가 대단함'을 이르는 말.

起死回生 기사회생

'거의 죽을 목숨이 다시 살아난다.'는 뜻으로, '위기에 처한 상황에서 구원하여 사태를 호전시킴', 또는 '큰 은혜를 베푸는 것'을 이르는 말.

難攻不落 난공불락

공격하기가 어려워 좀처럼 함락되지 아니함.

外剛內柔 외강내유

겉으로는 강하게 보이나 속은 부드러움. 내유외강(內柔外剛).

勞心焦思 노심초사

몹시 마음을 졸이고 애를 태움.

多錢善賈 다전선고

'밑천이 많으면 장사를 잘한다.'는 뜻으로, '무슨 일이든지 조건이 나은 사람이 큰 성과를 거둘 수 있음'을 이르는 말.

塗炭之苦 도탄지고

'진흙 수렁에 빠지고 숯불에 타는 듯한 고통'이라는 뜻으로, '학정에 시달리는 백성들의 어려움', 또는 '몹시 고생스러움, 몹시 곤란한 처지'를 이르는 말.

獨不將軍 독불장군

무슨 일이든 제 생각대로 혼자 처리하는 사람을 일컫는 말.

同價紅裳 동가홍상

'같은 값이면 다홍치마'라는 뜻으로, '이왕이면 더 좋은 것을 택함'을 이르는 말.

同病相憐 동병상련

'같은 병을 앓는 사람끼리 서로 가엾게 여긴다.'는 뜻으로, '어려운 처지에 있는 사람끼리 서로 가엾게 여김'을 이르는 말.

東奔西走 동분서주

'동쪽으로 뛰고 서쪽으로 달린다.'는 뜻으로, '이리저리 몹시 바쁘게 부산하게 돌아다님'을 이르는 말.

凍足放尿 동족방뇨

'언 발에 오줌을 눈다.'는 뜻으로, '효력이 잠시 있을 뿐 곧 사라짐'을 이르는 말.

燈下不明 등하불명

'등잔 밑이 어둡다.'는 뜻으로, '가까이 있는 것을 오히려 잘 모름'을 이르는 말.

燈火可親 등화가친

'등불을 가까이 할 만하다.'는 뜻으로, '가을이 되어서 서늘하면 밤에 불을 가까이 하여 글읽기에 좋다.'는 말.

面從腹背 면종복배

'겉으로는 순종(順從)하는 체하고 속으로는 딴 마음을 먹음'을 이르는 말.

滅私奉公 멸사봉공

사욕을 버리고 공익(公益)을 위하여 힘씀.

明若觀火 명약관화

'밝기가 불을 보는 것과 같다.'는 뜻으로, '의심할 여지없이 매우 분명함'을 이르는 말.

目不識丁 목불식정

'고무래를 놓고 丁자를 알지 못한다.', 또는 '낫 놓고 기역자도 모른다.'는 뜻으로, '아주 무식함'을 이르는 말.

門前沃畓 문전옥답

집 가까이에 있는 기름진 논.

半信半疑 반신반의

'반은 믿고 반은 의심한다.'는 뜻으로, 얼마쯤 믿으면서도 한편으로는 의심함.

拔本塞源 발본색원

'나무를 뿌리째 뽑고 물의 근원을 없앤다.'는 뜻으로, '폐단(弊端)의 근원을 모조리 뽑아서 없애 버림'을 이르는 말.

旁岐曲徑 방기곡경

'서려 있는 계곡과 구불구불한 길'이라는 뜻으로, '일을 순서대로 정당하게 하지 않고 그릇된 수단을 써서 억지로 함'을 이르는 말. 반계곡경(盤溪曲徑).

背恩忘德 배은망덕

남한테 입은 은혜를 저버리고 은덕을 잊음.

百家爭鳴 백가쟁명

많은 학자·문화인 등의 논쟁, 또는 여러 사람이 서로 자기주장을 내세우는 일.

白骨難忘 백골난망

'죽어서 백골이 되어도 잊기 어렵다.'는 뜻으로, '큰 은혜를 입음'을 이르는 말.

百年河淸 백년하청

'백 년 동안 황하의 물이 맑아지기를 기다린다.'는 뜻으로, '아무리 세월이 가도 일을 해결할 희망이 없음'을 이르는 말.

白面書生 백면서생

'한갓 글만 읽는 사람이라는 뜻으로, 세상일에 조금도 경험이 없는 사람'을 이르는 말.

不俱戴天 불구대천

'하늘을 함께 이지 못한다.'는 뜻으로, '이 세상에서는 함께 살 수 없을 만큼 큰 원한을 가짐', 또는 '반드시 죽여야만 하는 철천지원수'를 이르는 말.

夫唱婦隨 부창부수

남편이 주장하고 아내가 이에 잘 따르는 부부 사이의 도리.

附和雷同 부화뇌동

'우렛소리에 천지 만물이 함께 울린다.'는 뜻으로, '아무런 견식이 없이 남의 의견이나 행동에 동조함'을 이르는 말.

鵬程萬里 붕정만리

'붕새를 타고 만리를 난다.'는 뜻으로, '양양한 장래'를 이르는 말.

事必歸正 사필귀정

모든 잘잘못은 반드시 바른 길로 돌아옴.

森羅萬象 삼라만상

우주 안에 있는 온갖 사물과 현상.

桑田碧海 상전벽해

'뽕나무밭이 변하여 푸른 바다가 된다.'는 말로, '세상일의 변천이 심하여 사물이 바뀜'을 비유하는 말.

塞翁之馬 새옹지마

'북쪽 국경에 사는 늙은이의 말'이라는 뜻으로, '인생의 길흉화복은 변화가 많아서 예측하기가 어렵다.'는 말.

雪上加霜 설상가상

'눈 위에 서리가 덮인다.'는 뜻으로 '불행이 엎친 데 덮친 격으로 거듭 생김'을 이르는 말.

歲寒松柏 세한송백

'추운 겨울의 소나무와 잣나무'라는 뜻으로, '어떤 역경 속에서도 지조를 굽히지 않음'을 이르는 말.

騷人墨客 소인묵객

'시문과 서화를 일삼는 사람'이라는 뜻으로, 풍류를 아는 사람을 이르는 말.

束手無策 속수무책

'손을 묶은 것처럼 어찌할 방책이 없다.'는 뜻으로, '어찌할 도리가 없어 꼼짝 못하고 있는 형편'을 이르는 말.

率先垂範 솔선수범

남보다 앞장서서 행동하여 몸소 다른 사람의 본보기가 됨.

首丘初心 수구초심

'여우가 죽을 때 살던 곳을 향해 머리를 두고 죽는다.'는 뜻으로, 고향을 그리워하는 마음을 일컫는 말.

守株待兎 수주대토

'그루터기를 지켜 토끼를 기다린다.'는 뜻으로, '노력은 하지도 않고 좋은 일이 다시 생기기를 기다리며 불가능한 일을 바라는 것'을 이르는 말.

宿虎衝鼻 숙호충비

'잠자는 호랑이의 코를 찌른다.'는 뜻으로, '공연히 건드려서 화를 입거나 일을 불리하게 만듦'을 이르는 말.

脣亡齒寒 순망치한

'입술이 없으면 이가 시리다.'는 뜻으로, '서로 돕던 사람이 망하면 다른 한쪽 사람도 함께 위험함', 또는 '서로 떨어질 수 없는 밀접한 관계'를 이르는 말.

脣齒輔車 순치보거

'입술과 이, 또는 수레의 덧방나무와 바퀴 중에서 어느 한쪽만 없어도 안 된다.'는 뜻으로, '서로 꼭 필요한 깊은 관계', 또는 '서로 없어서는 안 될 깊은 관계'를 이르는 말.

始終一貫 시종일관

일 따위를 처음부터 끝까지 변함없이 한결같이 함.

識字憂患 식자우환

'글자를 아는 것이 오히려 근심거리가 된다.'는 뜻으로, '너무 많이 알기 때문에 쓸데없는 걱정도 그만큼 많음'을 이르는 말.

信賞必罰 신상필벌

'공이 있는 자에게는 상을 주고, 죄가 있는 사람에게는 벌을 준다.'는 뜻으로, '상과 벌을 공정하고 엄중하게 하는 일'을 이르는 말.

身言書判 신언서판

'중국 당나라 때, 관리를 등용하는 시험에서 인물을 평가하는 기준'으로, '몸[體貌]·말씨[言辯]·글씨[筆跡]·판단[文理]'을 이르는 말.

實事求是 실사구시

'사실에 입각해서 일의 진상(眞相)을 탐구한다.'는 뜻으로, '보고 듣고 만져 보는 것과 같은 실험과 연구를 거쳐 부정할 수 없는 객관적 사실을 통하여 정확한 판단과 해답을 얻고자 하는 태도'를 이르는 말.

深思熟考 심사숙고

깊이 생각하고 고찰함. 심사숙려(深思熟慮).

安分知足 안분지족

편안한 마음으로 제 분수를 지키며 만족을 앎.

眼下無人 안하무인

'눈 아래에 사람이 없다.'는 뜻으로, '교만하여 남을 업신여김'을 이르는 말.

養虎遺患 양호유환

'범을 길러 근심을 남긴다.'는 뜻으로, '남을 도와주었다가 오히려 화근(禍根)을 남기게 됨'을 이르는 말.

羊頭狗肉 양두구육

'양(羊)의 머리를 내걸고 개고기를 판다.'는 뜻으로, '겉모양은 훌륭하나 속은 변변치 않음'을 이르는 말.

魚魯不辨 어로불변

'魚자와 魯자를 구별하지 못한다.'는 뜻으로, '간단한 것도 모르는 까막눈'을 이르는 말.

語不成說 어불성설

'말이 말로 이루어지지 않는다.'는 뜻으로, '말이 이치에 맞지 않음'을 이르는 말.

抑強扶弱 억강부약

강한 자를 누르고, 약한 자를 도와줌.

億兆蒼生 억조창생

수많은 백성.

焉敢生心 언감생심

감히 그런 마음을 품을 수 없음.

嚴冬雪寒 엄동설한

눈 내리는 겨울의 심한 추위. 융동설한(隆冬雪寒).

如鼓琴瑟 여고금슬

'거문고와 비파를 타는 것과 같다.'는 뜻으로, '부부 사이가 화락함'을 이르는 말.

如履薄氷 여리박빙

'살얼음을 밟는 것과 같다.'는 뜻으로, '아슬아슬하고 위험한 일'을 이르는 말.

易地思之 역지사지

처지를 바꾸어 생각함.

緣木求魚 연목구어

'나무에 올라가 고기를 구한다.'는 뜻으로, '목적과 수단이 맞지 않는데도 불가능한 일을 하려함'을 이르는 말.

榮枯盛衰 영고성쇠

'영화롭고 마르고 성하고 쇠한다.'는 뜻으로, '인생이나 사물의 번성함과 쇠락함이 서로 바뀜'을 이르는 말.

烏飛梨落 오비이락

'까마귀 날자 배 떨어진다.'는 뜻으로, '공교롭게도 어떤 일이 같은 때에 일어나 남의 의심을 받게 됨'을 이르는 말.

溫故知新 온고지신

'옛것을 익히고 미루어 새로운 것을 안다.'는 뜻으로, '옛것이나 새것 어느 한쪽에만 치우치지 말아야 함', 또는 '전통적인 것이나 새로운 것을 고루 알아야 스승 노릇을 할 수 있음'을 이르는 말.

瓦釜雷鳴 와부뇌명

'기왓가마가 우레와 같은 소리를 내면서 끓는다.'는 뜻으로, '별로 아는 것도 없는 사람이 과장해서 말함'을 이르는 말.

龍頭蛇尾 용두사미

'용의 머리에 뱀의 꼬리'라는 뜻으로, '야단스럽게 시작하여 흐지부지 끝남'을 이르는 말.

雲泥之差 운니지차

'구름과 진흙의 차이'라는 뜻으로, '서로의 사정이 크게 다름'을 이르는 말. 천지지차(天地之差).

韋編三絶 위편삼절

'책을 맨 가죽끈이 세 번이나 닳아 끊어졌다.'는 뜻으로, '독서에 힘씀'을 이르는 말.

柔能制剛 유능제강

'부드러운 것이 오히려 굳센 것을 이긴다.'는 뜻으로 '약한 것을 보여 적의 허술한 틈을 타 강한 것을 제압한다.'라는 중국 병서 삼략(三略)에 나오는 말.

有備無患 유비무환

'미리 준비가 되어 있으면 근심이 없다.'는 뜻으로, '평소에 준비가 철저하면 후에 근심이 없음'을 이르는 말.

唯我獨尊 유아독존

'세상에서 자기 혼자 잘났다고 뽐내는 태도', 또는 '자기만큼 잘난 사람은 없다고 자부하거나 그런 아집을 가진 사람'을 이르는 말.

隱忍自重 은인자중

마음속으로 참으며 몸가짐을 신중히 함.

異口同聲 이구동성

'여러 사람의 말이 한결같다.'는 뜻으로, '여러 사람이 똑같음'을 말함.

以心傳心 이심전심

'마음에서 마음으로 전한다.'는 뜻으로, '말이나 글을 쓰지 않고 마음에서 마음으로 서로 뜻을 전함'을 이르는 말.

泥田鬪狗 이전투구

'진흙탕에서 싸우는 개'라는 뜻으로, '강인한 성격의 함경도 사람', 또는 '자기의 이익을 위하여 비열하게 다툼'을 비유하여 이르는 말.

一擧兩得 일거양득

한 가지 일로써 두 가지 이익을 얻음.

一網打盡 일망타진

'한 번 그물을 쳐서 고기를 다 잡는다.'는 뜻으로, '한꺼번에 모조리 다 잡음'을 이르는 말.

一觸卽發 일촉즉발

조금 건드리기만 하여도 곧 폭발(爆發)할 것 같은 몹시 위험한 상태.

臨渴掘井 임갈굴정

'목이 마르고서야 우물을 판다.'는 뜻으로, '미리 준비하지 않고 있다가 일을 당하고 나서야 비로소 급히 서두르는 것'을 이르는 말.

自手削髮 자수삭발

'자기 손으로 자신의 머리털을 깎는다.'는 뜻으로, '어려운 일을 남의 힘을 빌리지 않고 자기 혼자의 힘으로 감당함', 또는 '본인의 뜻으로 머리를 깎고 중이 됨'을 이르는 말.

自暴自棄 자포자기

자기 자신을 스스로 버려서 돌아보지 않음.

張三李四 장삼이사

'장씨(張氏)의 삼남(三男)과 이씨(李氏)의 사남(四男)'이라는 뜻으로, '평범한 사람'을 이르는 말.

戰戰兢兢 전전긍긍

'戰戰은 겁을 먹고 떠는 모양, 兢兢은 몸을 삼가고 조심하는 것'을 뜻하는 말로, '몹시 두려워하며 몸을 움츠림'을 이르는 말.

轉禍爲福 전화위복

'화가 바뀌어 오히려 복이 된다.'는 뜻으로, '궂은 일을 당하였을 때 잘 처리하여서 좋은 일이 되게 하는 것'을 이르는 말.

切齒腐心 절치부심

'분을 못 이겨 이를 갈고 속을 썩인다.'는 뜻으로, '몹시 노함'을 이르는 말.

漸入佳境 점입가경

'경치나 문장, 또는 어떤 일의 상황이 갈수록 재미있게 전개됨'을 이르는 말.

朝令暮改 조령모개

'아침에 내린 명령을 저녁에 다시 고친다.'는 뜻으로, '법령을 자꾸 고쳐서 갈피를 잡기가 어려움', 또는 '일관성이 없이 갈팡질팡함'을 이르는 말.

朝三暮四 조삼모사

'아침에 세 개, 저녁에 네 개씩 주겠다.'는 뜻으로, '눈앞에 보이는 차이만 알고 결과가 같은 것을 모르는 것', 또는 '간사한 꾀로 남을 농락함'을 이르는 말.

左顧右眄 좌고우면

'이쪽저쪽을 돌아본다.'는 뜻으로, '앞뒤를 재고 망설임'을 이르는 말.

左之右之 좌지우지

'왼쪽으로 돌렸다 오른쪽으로 돌렸다 한다.'는 뜻으로, '제 마음대로 다루거나 처리함', 또는 '일이나 사람을 마음대로 지휘함'을 이르는 말.

竹馬故友 죽마고우

죽마를 타고 놀던 벗, 곧 어릴 때 같이 놀던 친한 친구를 이르는 말.

知己之友 지기지우

자기의 속마음과 가치를 잘 알아주는 참다운 친구.

指鹿爲馬 지록위마

'사슴을 가리켜 말이라고 한다.'는 뜻으로, '윗사람을 농락하고 권세를 마음대로 부리는 것'을 이르는 말.

此日彼日 차일피일

'오늘 내일 하며 기한을 자꾸 미루는 모양'을 이르는 말.

妻城子獄 처성자옥

'아내는 성(城)이고 자식은 감옥'이라는 뜻으로, '처자가 있는 사람은 거기에 얽매여 자유롭게 활동할 수 없음'을 이르는 말.

隻手空拳 척수공권

'외손과 외 주먹'이라는 뜻으로, '아무것도 가진 것이 없음'을 이르는 말. 적수공권(赤手空拳).

天壤之判 천양지판

'하늘과 땅처럼 큰 차이'라는 뜻으로, '사물이 서로 엄청나게 다름'을 이르는 말.

天佑神助 천우신조

하늘이 돕고 신령이 도움.

天衣無縫 천의무봉

'천사의 옷은 바느질한 흔적이 없다.'는 뜻으로, '문장이나 경관(景觀)이 훌륭하여 손댈 곳이 없을 만큼 잘 되었음'을 가리키는 말.

初志一貫 초지일관

처음 생각을 끝까지 바꾸지 않음.

取捨選擇 취사선택

가질 것은 가지고 버릴 것은 버려서 골라잡음.

醉生夢死 취생몽사

'술에 취하여 자는 동안에 꿈속에서 살고 죽는다.'는 뜻으로, '한평생을 아무 하는 일 없이 흐리멍덩하게 살아감'을 이르는 말.

快刀亂麻 쾌도난마

'잘 드는 칼로 뒤엉킨 삼 가닥을 단번에 잘라 버린다.'는 뜻으로, '복잡한 사안을 명쾌하게 처리함'을 이르는 말.

貪官汚吏 탐관오리

탐욕이 많고 마음이 깨끗하지 못한 관리(官吏).

破邪顯正 파사현정

'그릇된 것을 깨고 바른 것을 드러냄'을 이르는 말로, '부처의 가르침에 어긋나는 사악한 생각을 버리고 올바른 도리를 따름'을 이르는 말.

抱腹絶倒 포복절도

'배를 안고 넘어진다.'는 뜻으로, '몹시 웃음'을 이르는 말.

飽食暖衣 포식난의

'배부르게 먹고 따뜻하게 입는다.'는 뜻으로, '의식(衣食)이 넉넉하게 지냄'을 이르는 말.

風樹之歎 풍수지탄

'나무는 조용히 있고 싶어도 바람이 멎지 않으니 뜻대로 되지 않는다.'는 뜻으로, '효도를 하려고 해도 부모가 살아계시지 않음', 또는 '효도를 다하지 못한 채 부모를 잃은 자식의 슬픔'을 이르는 말.

- 鶴首苦待 학수고대

'학처럼 목을 빼고 기다린다.'는 뜻으로, '몹시 기다림'을 뜻하는 말.

- 汗牛充棟 한우충동

'수레에 실으면 소가 땀을 흘리고, 쌓으면 들보에까지 닿는다.'는 뜻으로, '책이 많음'을 이르는 말.

- 虛張聲勢 허장성세

'헛되이 과장된 형세로 소리를 낸다.'는 뜻으로, '실력이 없으면서 허세를 부림', 또는 '실제로는 약하지만 강한 것처럼 과장하여 큰소리를 치거나 헛소문과 허세로 떠벌림'을 이르는 말.

- 虎死留皮 호사유피

'호랑이가 죽으면 가죽을 남김과 같이 사람도 죽은 뒤 이름을 남겨야 함'을 이르는 말.

- 昊天罔極 호천망극

'어버이의 은혜가 넓고 하늘과 같이 다함이 없음'을 이르는 말.

- 昏定晨省 혼정신성

'저녁이면 부모님의 자리를 정해드리고 아침이면 주무신 자리를 돌보아 살핀다.'는 뜻으로, '부모에 대한 효심'을 이르는 말.

- 紅爐點雪 홍로점설

'벌겋게 단 화로에 떨어지는 한 점 눈'이라는 뜻으로, '풀리지 않던 이치가 눈 녹듯이 문득 깨쳐짐', 또는 '큰 힘 앞에 맥을 못 추는 매우 작은 힘'을 이르는 말.

- 畫蛇添足 화사첨족

'뱀을 그리는데 실물에 없는 발을 그렸다.'는 뜻으로, '쓸데없는 짓을 덧붙여 하다가 도리어 실패함'을 이르는 말.

- 換骨奪胎 환골탈태

'모든 뼈가 다시 맞추어지며 다시 태어난다.'는 뜻으로, '딴 사람이 된 듯이 용모가 환하게 트이어 아름다워짐', 또는 '남의 문장을 본떴으나 완전히 새로운 형식을 만들어 낸 것'을 이르는 말.

- 厚顔無恥 후안무치

'얼굴이 두껍고 부끄러움이 없다.'는 뜻으로, '뻔뻔스러워 부끄러움이 없음'을 이르는 말.

- 興亡盛衰 흥망성쇠

흥하고 망함과 성하고 쇠함.

- 興盡悲來 흥진비래

'즐거운 일이 다하면 슬픔이 온다.'는 뜻으로, '흥망과 성쇠가 엇바뀜'을 이르는 말.

약자(略字)

글자의 획수를 줄여서 쓴 글자를 말한다.

약자	정자	약자	정자
仮	假(거짓 가) 4Ⅱ	価	價(값 가) 5Ⅱ
覚	覺(깨달을 각) 4급	鑑	鑑(거울 감) 3Ⅱ
监	監(볼 감) 4Ⅱ	减	減(덜 감) 4Ⅱ
慨	慨(슬퍼할 개) 3급	概	槪(대개 개) 3Ⅱ
盖	蓋(덮을 개) 3Ⅱ	个	個(낱 개) 4Ⅱ
拠	據(근거 거) 4급	挙 擧	擧(들 거) 5급
剣	劍(칼 검) 3Ⅱ	倹	儉(검소할 검) 4급
検	檢(검사할 검) 4Ⅱ	撃	擊(칠 격) 4급
坚	堅(굳을 견) 4급	欠	缺(이지러질 결) 4Ⅱ
径	徑(지름길 경) 3Ⅱ	経	經(지날 경) 4Ⅱ
軽	輕(가벼울 경) 5급	繋	繫(맬 계) 3급
継	繼(이을 계) 4급	谷	穀(곡식 곡) 4급
寛	寬(너그러울 관) 3Ⅱ	舘	館(집 관) 3Ⅱ
观 観	觀(볼 관) 5Ⅱ	関	關(관계할 관) 5Ⅱ
鉱	鑛(쇳돌 광) 4급	広	廣(넓을 광) 5Ⅱ
壊	壞(무너질 괴) 3Ⅱ	欧	歐(구라파 구) 2급

약자	정자	약자	정자
亀	龜(거북 구) 3급	勾	句(글귀 구) 4Ⅱ
旧	舊(예 구) 5Ⅱ	区	區(구분할 구) 6급
国	國(나라 국) 8급	劝	勸(권할 권) 4급
权	權(권세 권) 4Ⅱ	帰	歸(돌아갈 귀) 4급
既	旣(이미 기) 3급	弃	棄(버릴 기) 3급
噐	器(그릇 기) 4Ⅱ	気	氣(기운 기) 7Ⅱ
紧	緊(긴할 긴) 3Ⅱ	寍 寗	寧(편안 녕) 3Ⅱ
悩	惱(번뇌할 뇌) 3급	脳	腦(골 뇌) 3Ⅱ
断	斷(끊을 단) 4Ⅱ	単	單(홑 단) 4Ⅱ
団	團(둥글 단) 5Ⅱ	胆	膽(쓸개 담) 2급
担	擔(멜 담) 4Ⅱ	党	黨(무리 당) 4Ⅱ
当	當(마땅 당) 5Ⅱ	台 臺	臺(터 대) 3Ⅱ
対	對(대할 대) 6Ⅱ	徳	德(큰 덕) 5Ⅱ
図	圖(그림 도) 6Ⅱ	毒	毒(독 독) 4Ⅱ
独	獨(홀로 독) 5Ⅱ	読	讀(읽을 독) 6Ⅱ
灯	燈(등 등) 4Ⅱ	楽	樂(즐길 락) 6Ⅱ
乱	亂(어지러울 란) 4급	篮	藍(쪽 람) 2급

滥	濫(넘칠 람) 3급	覧 覧	覽(볼 람) 4급
来	來(올 래) 7급	輌	輛(수레 량) 2급
凉	涼(서늘할 량) 3II	両	兩(두 량) 4II
庐	廬(농막집 려) 2급	励	勵(힘쓸 려) 3II
麗	麗(고울 려) 4II	恋	戀(그리워할 련) 3II
联	聯(연이을 련) 3II	錬	鍊(쇠불릴 련) 3II
練	練(익힐 련) 5II	猟	獵(사냥 렵) 3급
灵 霊	靈(신령 령) 3II	礼	禮(예도 례) 6급
芦	蘆(갈대 로) 2급	炉	爐(화로 로) 3II
劳	勞(일할 로) 5II	录	錄(기록할 록) 4II
篭	籠(대바구니 롱) 2급	竜	龍(용 룡) 4급
涙	淚(눈물 루) 3급	楼	樓(다락 루) 3II
难	離(떠날 리) 4급	临	臨(임할 림) 3II
湾	灣(물굽이 만) 2급	蛮	蠻(오랑캐 만) 2급
満	滿(찰 만) 4II	万	萬(일만 만) 8급
売	賣(팔 매) 5급	麦	麥(보리 맥) 3II
皃	貌(모양 모) 3II	梦	夢(꿈 몽) 3II
庿 庙	廟(사당 묘) 3급	墨	墨(먹 묵) 3II
黙	默(잠잠할 묵) 3II	弥	彌(미륵 미) 2급
廹	迫(핍박할 박) 3II	発	發(필 발) 6II

輩	輩(무리 배) 3II	拝	拜(절 배) 4II
繁	繁(번성할 번) 3II	辺 边	邊(가 변) 4II
変	變(변할 변) 5II	併	倂(아우를 병) 2급
屏	屛(병풍 병) 3급	並	竝(나란히 병) 3급
宝	寶(보배 보) 4II	旉	敷(펼 부) 2급
冨	富(부자 부) 4II	払	拂(떨칠 불) 3II
仏	佛(부처 불) 4II	辞	辭(말씀 사) 4급
师	師(스승 사) 4II	写 冩	寫(베낄 사) 5급
殺	殺(죽일 살) 4II	挿	揷(꽂을 삽) 2급
甞	嘗(맛볼 상) 3급	桒	桑(뽕나무 상) 3II
状	狀(형상 상) 4II	叙	敍(펼 서) 3급
緒	緖(실마리 서) 3II	釈	釋(풀 석) 3II
舩	船(배 선) 5급	禅	禪(선 선) 3II
繊	纖(가늘 섬) 2급	摂	攝(다스릴 섭) 3급
変	燮(불꽃 섭) 2급	声	聲(소리 성) 4II
歳	歲(해 세) 5II	焼	燒(사를 소) 3II
属	屬(붙일 속) 4급	続	續(이을 속) 4II
捜	搜(찾을 수) 3급	寿	壽(목숨 수) 3II
獣	獸(짐승 수) 3II	随	隨(따를 수) 3II
帅	帥(장수 수) 3II	収	收(거둘 수) 4II

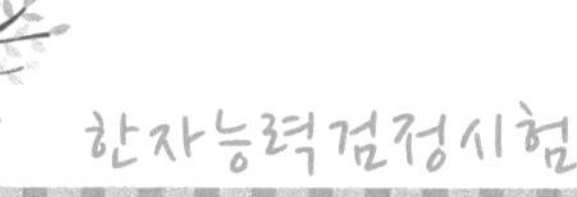

数	數(셈 수) 7급	粛 肃	肅(엄숙할 숙) 4급
湿	濕(젖을 습) 3II	縄	繩(노끈 승) 2급
乗	乘(탈 승) 3II	肾	腎(콩팥 신) 2급
実	實(열매 실) 5II	双	雙(두 쌍) 3II
亜	亞(버금 아) 3II	児	兒(아이 아) 5II
悪	惡(악할 악) 5II	岩	巖(바위 암) 3II
圧	壓(누를 압) 4II	碍	礙(거리낄 애) 2급
薬	藥(약 약) 6II	嬢	孃(아가씨 양) 2급
壌	壤(흙덩이 양) 3II	譲	讓(사양할 양) 3II
厳	嚴(엄할 엄) 4급	与	與(더불 여) 4급
余	餘(남을 여) 4II	訳	譯(번역할 역) 3II
駅	驛(역 역) 3II	渊 渕	淵(못 연) 2급
妍	姸(고울 연) 2급	鈆	鉛(납 연) 4급
研	硏(갈 연) 4II	塩	鹽(소금 염) 3II
営	營(경영할 영) 4급	栄	榮(영화 영) 4II
誉	譽(기릴 예) 3II	予	豫(미리 예) 4급
芸 蓺	藝(재주 예) 4II	穏 稳	穩(편안할 온) 2급
温	溫(따뜻할 온) 6급	尭	堯(요임금 요) 2급
遥	遙(멀 요) 3급	揺	搖(흔들 요) 3급

謡	謠(노래 요) 4II	欝	鬱(답답할 울) 2급
貟	員(인원 원) 4II	逺	遠(멀 원) 6급
囲	圍(에워쌀 위) 4급	偽	僞(거짓 위) 3II
為	爲(하 위) 4II	隠 隐	隱(숨을 은) 4급
応	應(응할 응) 4II	冝	宜(마땅할 의) 3급
医	醫(의원 의) 6급	弍 弐	貳(두 이) 2급
壱	壹(한 일) 2급	者	者(놈 자) 6급
残	殘(남을 잔) 4급	蚕	蠶(누에 잠) 2급
雑	雜(섞일 잡) 4급	蒋	蔣(성 장) 2급
臓	臟(오장 장) 3II	蔵	藏(감출 장) 3II
荘	莊(씩씩할 장) 3II	壮	壯(장할 장) 4급
奨	奬(장려할 장) 4급	装	裝(꾸밀 장) 4급
将	將(장수 장) 4II	𢦏	哉(어조사 재) 3급
争	爭(다툴 쟁) 5급	転	轉(구를 전) 4급
伝	傳(전할 전) 5급	战 戦	戰(싸움 전) 6II
銭	錢(돈 전) 4급	窃	竊(훔칠 절) 3급
節	節(마디 절) 5II	奌 点	點(점 점) 4급
浄	淨(깨끗할 정) 3II	㝎	定(정할 정) 6급
静	靜(고요할 정) 4급	剤	劑(약제 제) 2급

斉	齊(가지런할제) 3II	済	濟(건널 제) 4II
条	條(가지 조) 4급	卆	卒(마칠 졸) 5II
縦	縱(세로 종) 3II	从 従	從(좇을 종) 4급
鋳	鑄(쇠불릴 주) 3II	昼	晝(낮 주) 6급
凖	準(준할 준) 4II	即	卽(곧 즉) 3II
曽	曾(일찍 증) 3II	烝	蒸(찔 증) 3II
証	證(증거 증) 4급	増	增(더할 증) 4II
遅	遲(더딜 지) 3급	尽	盡(다할 진) 4급
珎	珍(보배 진) 4급	质	質(바탕 질) 5II
徴	徵(부를 징) 3II	瓉	瓚(옥잔 찬) 2급
鑚	鑽(뚫을 찬) 2급	賛	贊(도울 찬) 3II
讃	讚(기릴 찬) 4급	惨	慘(참혹할 참) 3급
参	參(참여할 참) 5II	処	處(곳 처) 4II
浅	淺(얕을 천) 3II	賎	賤(천할 천) 3II
践	踐(밟을 천) 3II	迁	遷(옮길 천) 3II
鉄	鐵(쇠 철) 5급	聴	聽(들을 청) 4급
庁	廳(관청 청) 4급	体	體(몸 체) 6II
逓	遞(갈릴 체) 3급	触	觸(닿을 촉) 3II
聡	聰(귀밝을 총) 3급	総 緫	總(다 총) 4II
冲	沖(화할 충) 2급	虫	蟲(벌레 충) 4II

酔	醉(취할 취) 3II	歯	齒(이 치) 4II
称	稱(일컬을 칭) 4급	堕	墮(떨어질 타) 3급
弾	彈(탄알 탄) 4급	兊	兌(바꿀 태) 2급
沢	澤(못 택) 3II	択	擇(가릴 택) 4급
兎	兔(토끼 토) 3II	覇	霸(으뜸 패) 2급
廃	廢(폐할 폐) 3II	学	學(배울 학) 8급
艦	艦(큰배 함) 2급	虚	虛(빌 허) 4II
献	獻(드릴 헌) 3II	険	險(험할 험) 4급
験	驗(시험 험) 4II	県	縣(고을 현) 3급
顕	顯(나타날 현) 4급	贒	賢(어질 현) 4II
陜	陜(좁을 협) 2급	蛍	螢(반딧불 형) 3급
恵	惠(은혜 혜) 4II	号	號(이름 호) 6급
画	畫(그림 화) 6급	拡	擴(넓힐 확) 3급
欢 歓	歡(기쁠 환) 4급	郷	鄕(시골 향) 4II
懐	懷(품을 회) 3II	会	會(모일 회) 6II
暁	曉(새벽 효) 3급	効	效(본받을 효) 5II
勲	勳(공 훈) 2급	黒	黑(검을 흑) 5급
兴	興(일 흥) 4II	戯 戱	戲(놀이 희) 3II

(사) 한국어문회 주관

한자능력검정시험

2급

예상문제

(1회 ~ 10회)

• 정답과 해설은 169 ~ 183쪽에 있습니다.

(사) 한국어문회 주관

예상문제

합격문항 : 105문항
시험시간 : 60분
정 답 : 169쪽

01~45번

1 다음 밑줄 친 또는 제시된 漢字語의 讀音을 쓰시오.

01 그들은 끊임없이 척후를 놓아 偵探을 하였다. .... [ ]

02 전문가에게 회사 운영을 委託하였다. .... [ ]

03 테러집단의 항공기 拉致 시도가 미수에 그쳤다. .... [ ]

04 흡연자가 喉頭암에 걸릴 확률이 비흡연자보다 훨씬 높은 것으로 나타났다. [ ]

05 그는 대중을 魅惑시키는 탁월한 웅변술의 소유자이다. .... [ ]

06 남이 보면 동냥중 같기도 한데 그는 여염에 내려가 托鉢을 하는 일이 없었다. .... [ ]

07 남북회담이 膠着상태에 빠졌다. .... [ ]

08 그는 임금께서 승하하신 뒤에 어린 임금을 輔佐하였다. .... [ ]

09 희선이는 '운이 나쁘면 접시 물에 자빠져도 溺死를 하는 법'이라고 투덜거렸다. .... [ ]

10 참모회의에서 파견부대의 撤收를 결정하였다. .... [ ]

11 밤에 내린 폭설로 시내로 가는 모든 길이 杜絶되었다. .... [ ]

12 옛날 堯舜시대에는 백성들이 태평성대를 구가하였다. .... [ ]

13 밀수를 단속하기 위하여 공항과 港灣의 검문 검색을 강화하였다. .... [ ]

14 거기에는 하늘을 찌르는 峻嶺이 있는가 하면 백조가 노는 호수도 있었다. [ ]

15 피해자 쪽에서 賠償을 요구해 왔다. .... [ ]

16 세종대왕 誕辰을 기념하는 행사가 열렸다. .... [ ]

17 폭력조직의 가담자들을 逮捕하라는 명령이 내려왔다. .... [ ]

18 雇傭 기회는 성별에 관계없이 평등하게 주어져야 한다. .... [ ]

19 제자들은 스승의 유언에 따라 시신을 茶毘하기로 하였다. .... [ ]

20 그는 診察도 하기 전에 좋지 않은 예후를 예감하였다. .... [ ]

21 殿閣 [ ] 22 挿入 [ ]
23 竊盜 [ ] 24 肺癌 [ ]
25 舒雁 [ ] 26 震怒 [ ]
27 卓越 [ ] 28 熊膽 [ ]
29 葛藤 [ ] 30 幼沖 [ ]
31 卵巢 [ ] 32 坑儒 [ ]
33 裸身 [ ] 34 鍛鍊 [ ]
35 俛仰 [ ] 36 閨閥 [ ]
37 遺憾 [ ] 38 盟誓 [ ]
39 購買 [ ] 40 訟隻 [ ]
41 偏僻 [ ] 42 贈呈 [ ]
43 掌握 [ ] 44 乳脂率[ ]
45 龜旨歌[ ]

2 다음 漢字의 訓과 音을 쓰시오.

46~72번

46 穫 [ ] 47 蝶 [ ]
48 衝 [ ] 49 塹 [ ]
50 蘆 [ ] 51 墮 [ ]
52 垂 [ ] 53 琢 [ ]
54 戴 [ ] 55 濁 [ ]
56 鞠 [ ] 57 遍 [ ]
58 帽 [ ] 59 挑 [ ]
60 匪 [ ] 61 梧 [ ]
62 歐 [ ] 63 簿 [ ]
64 浸 [ ] 65 誘 [ ]
66 諮 [ ] 67 遮 [ ]
68 噫 [ ] 69 汎 [ ]
70 潭 [ ] 71 藍 [ ]
72 秒 [ ]

3 다음 글을 읽고 밑줄 친 낱말을 漢字로 쓰시오.

73~102번

※ 아래 글은 '**초등**[73]학교 한자교육**추진**[74] 국민총궐기대회 **선언서**[75]'의 일부분을 옮긴 것이다.

우리 韓國語는 世界 어떤 民族의 言語와도 다른 **특수**[76]한 **구조**[77]를 가진 언어입니다. 곧 한국어는 **시각성**[78] 어휘와 **청각성**[79] 어휘로 **구성**[80]되어 있으며, 그 중 시각성 어휘인 한자 어휘가 **반수**[81] 이상을 차지하고 있기 때문에, 언어 구조 **자체**[82]가 한자와 한글을 **혼용**[83]하도록 되어 있다는 사실을 **인식**[84]해야 하겠습니다. 이러한 한국어의 특수구조를 **무시**[85]하고, 그동안 초등학교 **과정**[86]에서는 아예 한자를 敎育하지 않았으며, 중고등학교에서는 한문 **과목**[87]이 있기는 하지만 **입시**[88] **준비**[89]에 밀려 **소홀**[90]히 한 결과, 대학에 입학한 학생들이 **교재**[91]를 읽지 못하고, 신문도 제대로 **해독**[92]하지 못하는 **반문맹**[93]의 **심각**[94]한 **현실**[95]을 **초래**[96]하게 되었습니다.
(中略)

편리[97]한 文字生活을 **도모**[98]하려면, 우선 어려서부터 두 가지 문자를 모두 철저히 배워야 합니다. 곧 초등학교 과정부터 한자교육을 철저히 하되, 그 사용 **여부**[99]는 개인의 자유와 필요에 따라서 **선택**[100]한다면, '한글 **전용**[101]'이냐, '국한문혼용'이냐의 **시비**[102]를 굳이 가릴 필요도 없습니다. (省略)

73 초등 [ ] 74 추진 [ ]
75 선언서[ ] 76 특수 [ ]

77 구조 [ ] 78 시각성[ ]
79 청각성[ ] 80 구성 [ ]
81 반수 [ ] 82 자체 [ ]
83 혼용 [ ] 84 인식 [ ]
85 무시 [ ] 86 과정 [ ]
87 과목 [ ] 88 입시 [ ]
89 준비 [ ] 90 소홀 [ ]
91 교재 [ ] 92 해독 [ ]
93 반문맹[ ] 94 심각 [ ]
95 현실 [ ] 96 초래 [ ]
97 편리 [ ] 98 도모 [ ]
99 여부 [ ] 100 선택 [ ]
101 전용 [ ] 102 시비 [ ]

103~107번

4 다음 漢字語 중 앞 글자가 長音으로 소리 나는 漢字語를 골라 그 番號를 쓰시오.

103 ① 血族 ② 現實 ③ 源流 ④ 印象 .... [ ]

104 ① 回轉 ② 婚姻 ③ 半減 ④ 慰安 .... [ ]

105 ① 婦女 ② 部署 ③ 富裕 ④ 夫婦 .... [ ]

106 ① 積極 ② 理髮 ③ 絶唱 ④ 着席 .... [ ]

107 ① 朝鮮 ② 知德 ③ 貯金 ④ 政府 .... [ ]

108~112번

5 다음 漢字와 뜻이 反義 또는 相對되는 漢字[正字]를 써서 漢字語를 완성하시오.

108 禍 ↔ [ ] 109 [ ] ↔ 合
110 濃 ↔ [ ] 111 [ ] ↔ 沈
112 經 ↔ [ ]

113~117번

6 다음 漢字語의 反對語 또는 相對語를 2음절로 된 漢字[正字]로 쓰시오.

113 削減 ↔ [ ] 114 決定 ↔ [ ]
115 [ ] ↔ 承諾 116 絶對 ↔ [ ]
117 [ ] ↔ 扶桑

118~123번

7 다음 [ ] 안에 알맞은 漢字[正字]를 써넣어 四字成語를 완성하시오.

118 [ ]渴掘[ ] : 평소에 준비 없이 있다가 일을 당하여 허둥지둥 서두름.

119 [ ]手[ ]策 : 손을 묶은 것처럼 어찌할 도리가 없어 꼼짝 못함.

120 溫[ ][ ]新 : 옛것을 익히고 그것을 미루어서 새것을 앎.

121 [ ]上加[ ] : 난처한 일이나 불행한 일이 잇따라 일어남.

122 交[ ]以[ ] : 벗을 사귐에 믿음으로써 함.

123 韋編[ ][ ] : 책을 열심히 읽음.

124~127번

8 다음 漢字語의 同音異義語를 漢字[正字]로 쓰되, 제시된 뜻에 맞는 것으로 하시오.

124 架設 – [ ] : 사실을 설명하거나 이론 체계를 연역하기 위하여 설정한 가정.

125 大師 – [ ] : 연극이나 영화 따위에서 배우가 하는 말.

126 初代 – [ ] : 모임에 참가해 줄 것을 청함.

127 商號 – [ ] : 상대가 되는 이쪽과 저쪽 모두.

128~132번

9 다음 漢字의 部首를 쓰시오.

128 胸 – [ ] 129 塗 – [ ]

130 牽 – [ ] 131 盧 – [ ]

132 執 – [ ]

133~137번

10 다음 漢字와 비슷한 뜻을 가진 漢字[正字]를 [ ] 안에 써넣어 문장에 적합한 漢字語가 되게 하시오.

133 그들은 효자일 뿐만 아니라 형제 간의 우애도 그럴 수 없이 敦[ ]하고 깊었다.

134 우리 유격대는 갇혀 있던 애국자들을 모두 [ ]放하는 전투를 벌였다.

135 그는 健[ ]한 의지의 사나이라고 말할 수 있다.

136 한반도에는 많은 섬들이 [ ]屬되어 있다.

137 오늘의 영광은 각고 勉[ ]의 결과이다.

138~142번

11 다음 漢字에서 밑줄 친 音의 용례를 하나만 쓰시오.

보기 北 : 북, 배 – [敗北]

138 易 : 역, 이 – [ ]

139 糖 : 탕, 당 – [ ]

140 見 : 견, 현 – [ ]

141 索 : 삭, 색 – [ ]

142 於 : 어, 오 – [ ]

143~147번

12 다음 漢字語의 뜻과 같은 固有語를 쓰시오.

143 相互 : [ ]

144 近者 : [ ]

145 露天 : [ ]

146 脂汗 : [ ]

147 塵埃 : [ ]

148~150번

13 다음 漢字의 略字를 쓰시오.

148 龍 – [ ] 149 廳 – [ ]

150 鐵 – [ ]

(사) 한국어문회 주관

예상문제

합격문항 : 105문항
시험시간 : 60분
정　　답 : 170쪽

01~45번

1 다음 밑줄 친 또는 제시된 漢字語의 讀音을 쓰시오.

01 의원이 내린 처방에 따라 湯劑를 지었다. ………… [　　　]

02 사소한 일에 너무 拘礙되면 큰일을 그르치게 된다. ………… [　　　]

03 그는 자신의 잘못을 깨닫고 위증했던 사건 날 밤의 진술을 飜覆하였다. … [　　　]

04 국화는 윤택하고 豪傑 같은 풍치를 지녔다. ………… [　　　]

05 그의 시는 풍부한 수사를 선택하고 다면적인 押韻을 사용하였다. ………… [　　　]

06 그 학자는 실천이 이론을 따라오지 못하는 것에 대하여 輕蔑하였다. …… [　　　]

07 창덕궁의 祕苑은 자연경관과 조화를 이루며 선경에 가깝다. ………… [　　　]

08 그는 식구들 간의 和睦을 무엇보다도 중요시했다. ………… [　　　]

09 왜적에게 패했다는 소식을 들은 왕은 북으로 蒙塵을 떠났다. ………… [　　　]

10 그들의 부정과 부패를 보고 인간에 대한 嫌惡가 치솟았다. ………… [　　　]

11 오랫동안 고립된 탓인지 그들의 표정은 매우 沈鬱하였다. ………… [　　　]

12 "다시는 같은 일이 재발하지 않도록 단단히 措處해 주십시오." ………… [　　　]

13 그는 경학은 물론, 사학・음악・언어학 등 광범위한 분야를 涉獵하였다. [　　　]

14 징그러운 송충이를 본 것처럼 窒塞한 사람들은 괴상한 모습에 난리법석을 피웠다. ………… [　　　]

15 바다는 艦艇이 철통같이 봉쇄하고 있었다. ………… [　　　]

16 여름부터 초가을에 걸쳐 불어온 颱風은 내륙을 지나며 많은 비를 뿌렸다. ………… [　　　]

17 용맹도 중요하지만 작전의 우열이 승패의 關鍵이 된다. ………… [　　　]

18 언니의 교복을 修繕해서 입었다. ………… [　　　]

19 도시의 균형 있는 발전을 圖謀하기 위하여 인근 지역을 계획 도시로 지정하였다. ………… [　　　]

20 중국은 渤海를 '당나라의 지방 정권'이라고 하면서 그들의 역사 속에 편입시키려 하고 있다. ………… [　　　]

21 白鷺 [　　　　] 22 揭揚 [　　　　]
23 明晳 [　　　　] 24 睿智 [　　　　]
25 聚散 [　　　　] 26 尉官 [　　　　]
27 乞食 [　　　　] 28 端揆 [　　　　]
29 洞窟 [　　　　] 30 朱錫 [　　　　]
31 嘗膽 [　　　　] 32 溶液 [　　　　]
33 驛遞 [　　　　] 34 蠻勇 [　　　　]
35 碩望 [　　　　] 36 峽谷 [　　　　]
37 震幅 [　　　　] 38 圈點 [　　　　]
39 釋迦 [　　　　] 40 籠絡 [　　　　]
41 滯留 [　　　　] 42 蓬萊 [　　　　]
43 俸祿 [　　　　] 44 槿域 [　　　　]
45 鴨綠江 [　　　　]

46~72번

2 다음 漢字의 訓과 音을 쓰시오.

46 臨 [　　　　] 47 延 [　　　　]
48 柯 [　　　　] 49 繫 [　　　　]
50 凝 [　　　　] 51 棟 [　　　　]
52 岐 [　　　　] 53 倂 [　　　　]
54 軌 [　　　　] 55 析 [　　　　]
56 屛 [　　　　] 57 怡 [　　　　]
58 閥 [　　　　] 59 娛 [　　　　]
60 銳 [　　　　] 61 扉 [　　　　]
62 署 [　　　　] 63 靴 [　　　　]
64 盈 [　　　　] 65 弦 [　　　　]
66 纖 [　　　　] 67 隻 [　　　　]
68 融 [　　　　] 69 螢 [　　　　]
70 霸 [　　　　] 71 添 [　　　　]
72 祈 [　　　　]

73~102번

3 다음 글을 읽고 밑줄 친 낱말을 漢字로 쓰시오.

※ 아래 글은 '초등학교 한자교육추진 국민總蹶起 대회 선언서'의 일부분을 옮긴 것이다.

(省略)

정부[73]가 1948년 **공문서**[74]의 한글 **전용**[75]을 **시행**[76]한 것은 한자가 타이프라이터 **기능**[77]에 **부적합**[78]하였기 때문이었습니다. 그러나 오늘날 컴퓨터의 발달로 한자의 **기계화**[79]가 **실현**[80]되었으며, 더욱이 한글과 한자의 **조화**[81]로운 **결합**[82]은 **정보화**[83]시대를 앞장서 나갈 수 있게 되었습니다.

한글이 **문맹**[84]**퇴치**[85]나 **일반**[86] 지식의 **대중화**[87]에 **공헌**[88]한 것은 사실이지만, **무리**[89]한 전용으로 많은 **부작용**[90]과 **폐해**[91]를 끼쳐 한글 전용을 **단행**[92]하였던 북한조차도 1968년부터 초등학교 과정에서 대학에 이르기까지 3,000자의 한자를 철저히 교육하고 있는 **실정**[93]입니다. 세계화에 **부응**[94]하기 위하여 영어도 초등학교부터 가르치면서 엄연히 **국자**[95]일 뿐만 아니라, **지리적**[96]으로나 역사적으로도 더욱 **절실**[97]히 필요한 한자**문화권**[98]의 공용문자인 한자를 교육하지 않는다는 것은 스스로 **고립**[99]과 낙오(落伍)를 **자초**[100]하는 **모순**[101]된 문자**정책**[102]이 아닐 수 없습니다. (省略)

73 정부 [　　　　] 74 공문서 [　　　　]
75 전용 [　　　　] 76 시행 [　　　　]
77 기능 [　　　　] 78 부적합 [　　　　]

79 기계화[ ] 80 실현 [ ]

81 조화 [ ] 82 결합 [ ]

83 정보화[ ] 84 문맹 [ ]

85 퇴치 [ ] 86 일반 [ ]

87 대중화[ ] 88 공헌 [ ]

89 무리 [ ] 90 부작용[ ]

91 폐해 [ ] 92 단행 [ ]

93 실정 [ ] 94 부응 [ ]

95 국자 [ ] 96 지리적[ ]

97 절실 [ ] 98 문화권[ ]

99 고립 [ ] 100 자초 [ ]

101 모순 [ ] 102 정책 [ ]

103~107번

4 다음 漢字語 중 앞 글자가 長音으로 소리 나는 漢字語를 골라 그 番號를 쓰시오.

103 ① 德澤 ② 改良 ③ 獨立 ④ 名譽
.... [ ]

104 ① 盜掘 ② 圖書 ③ 逃避 ④ 道德
.... [ ]

105 ① 法規 ② 黨舍 ③ 論述 ④ 冷笑
.... [ ]

106 ① 安全 ② 不足 ③ 限定 ④ 認識
.... [ ]

107 ① 文化 ② 復舊 ③ 朗讀 ④ 同伴
.... [ ]

108~112번

5 다음 漢字와 뜻이 反義 또는 相對되는 漢字[正字]를 써서 漢字語를 완성하시오.

108 贊 ↔ [ ] 109 [ ] ↔ 愚

110 乾 ↔ [ ] 111 [ ] ↔ 弔

112 陟 ↔ [ ]

113~117번

6 다음 漢字語의 反對語 또는 相對語를 2음절로 된 漢字[正字]로 쓰시오.

113 複雜 ↔ [ ] 114 增加 ↔ [ ]

115 [ ] ↔ 釋放 116 記憶 ↔ [ ]

117 [ ] ↔ 過失

118~123번

7 다음 [ ] 안에 알맞은 漢字[正字]를 써넣어 四字成語를 완성하시오.

118 換[ ][ ]胎 : 사람이 보다 나은 방향으로 변하여 전혀 딴사람처럼 됨.

119 自[ ][ ]髮 : 어려운 일을 남의 힘을 빌리지 않고 자기 혼자의 힘으로 감당함.

120 [ ]學[ ]世 : 바른 길에서 벗어난 학문으로 세상 사람에게 아첨함.

121 [ ]不成[ ] : 말이 조금도 이치에 맞지 아니함.

122 [ ]禍爲[ ] : 재앙과 화난이 바뀌어 오히려 복이 됨.

123 [ ]下[ ]人 : 방자하고 교만하여 다른 사람을 업신여김.

124~127번

8 다음 漢字語의 同音異義語를 漢字[正字]로 쓰되, 제시된 뜻에 맞는 것으로 하시오.

124 警戒 – [ ] : 사물이 기준에 의하여 분간되는 한계.

125 至急 – [ ] : 돈이나 물품 따위를 정하여진 몫만큼 내줌.

126 地圖 – [ ] : 목적이나 방향으로 남을 가르쳐 이끎.

127 災禍 – [ ] : 사람이 바라는 바를 충족시켜 주는 모든 물건.

128~132번

9 다음 漢字의 部首를 쓰시오.

128 衝 – [ ] 129 亥 – [ ]

130 雉 – [ ] 131 幻 – [ ]

132 巷 – [ ]

133~137번

10 다음 漢字와 비슷한 뜻을 가진 漢字[正字]를 [ ] 안에 써넣어 문장에 적합한 漢字語가 되게 하시오.

133 상대국과 경제관계의 강화에 힘써 국운의 隆[ ]을 도모하였다.

134 지구의 심각한 환경오염은 궁극적으로는 인류의 [ ]亡을 초래할지도 모른다.

135 흐르는 물의 속도를 조절하기 위하여 일정한 間[ ]으로 낙차를 만들었다.

136 환경오염 및 핵 [ ]怖 등의 위협으로부터 벗어나야 한다.

137 그는 애정 어린 남편이면서 慈[ ]로운 아버지이고 동시에 효성스러운 아들이었다.

138~142번

11 다음 漢字에서 밑줄 친 音의 용례를 하나만 쓰시오.

보기 北 : 북, 배 – [敗北]

138 樂 : 락, 요 – [ ]

139 車 : 거, 차 – [ ]

140 殺 : 살, 쇄 – [ ]

141 暴 : 폭, 포 – [ ]

142 宿 : 숙, 수 – [ ]

143~147번

12 다음 漢字語의 뜻과 같은 固有語를 쓰시오.

143 揷植 : [ ]

144 傭賃 : [ ]

145 風箱 : [ ]

146 負債 : [ ]

147 況且 : [ ]

148~150번

13 다음 漢字의 略字를 쓰시오.

148 爐 – [ ] 149 雙 – [ ]

150 壓 – [ ]

(사) 한국어문회 주관

예상문제

합격문항 : 105문항
시험시간 : 60분
정　　답 : 172쪽

01~45번

1 다음 밑줄 친 또는 제시된 漢字語의 讀音을 쓰시오.

01 그들은 황무지를 沃畓으로 개간했다. [ ]

02 정부의 외교정책은 적대 세력과의 분쟁을 惹起하였다. [ ]

03 그는 다른 사람들의 蔑視와 냉대 속에서도 자신의 길을 꿋꿋이 걸어왔다. [ ]

04 그는 온갖 受侮를 당하면서 연행됐다. [ ]

05 그들은 전쟁을 통하여 殘虐한 무질서를 익혔다. [ ]

06 결승전에서 두 팀이 雌雄을 다투게 되었다. [ ]

07 개발도상국에서 선진국으로의 跳躍을 꿈꾸고 있다. [ ]

08 예나 지금이나 사랑방은 검소한 선비 방의 典型이었다. [ ]

09 수험생들은 焦燥하게 결과를 기다렸다. [ ]

10 훌륭한 구도를 갖춘 이 彫刻작품은 바로크 예술의 진수를 보여주었다. [ ]

11 다양한 정파를 網羅한 거국일치 내각을 구성하였다. [ ]

12 벼루 옆에는 잉어가 서있는 모양의 硯滴이 놓여 있다. [ ]

13 이번 措置는 상황을 오히려 나빠지게 하고 말았다. [ ]

14 영화 개봉을 앞두고 막바지 編輯 작업을 하였다. [ ]

15 경찰은 그를 사기嫌疑로 수배했다. [ ]

16 그의 皮膚는 해풍에 그을려 갈색으로 윤이 났다. [ ]

17 컴퓨터가 고장 나서 일 처리가 遲滯되었다. [ ]

18 공석이 된 의석을 補闕하는 선거가 있을 예정이다. [ ]

19 총리를 비롯한 주요 閣僚와 고위 당직자들이 회의에 참석하였다. [ ]

20 농어촌을 개발하여 도시와 均衡 있는 발전을 꾀하였다. [ ]

21 甄拔 [ ]　22 輔弼 [ ]

23 年俸 [ ]　24 陟罰 [ ]

25 穆然 [ ]　26 綜合 [ ]

27 麒麟 [ ] 28 秒忽 [ ]

29 筏夫 [ ] 30 把守 [ ]

31 雷震 [ ] 32 沮礙 [ ]

33 隆盛 [ ] 34 釣臺 [ ]

35 朝槿 [ ] 36 御苑 [ ]

37 丸劑 [ ] 38 哨所 [ ]

39 錫鑛 [ ] 40 濠洲 [ ]

41 窒素 [ ] 42 基址 [ ]

43 睿德 [ ] 44 覇權 [ ]

45 保佑 [ ]

2 다음 漢字의 訓과 音을 쓰시오.

46~72번

46 脚 [ ] 47 垈 [ ]

48 裁 [ ] 49 酸 [ ]

50 箱 [ ] 51 瓊 [ ]

52 卓 [ ] 53 敷 [ ]

54 芸 [ ] 55 彦 [ ]

56 紊 [ ] 57 扁 [ ]

58 孃 [ ] 59 佑 [ ]

60 拘 [ ] 61 突 [ ]

62 紹 [ ] 63 呂 [ ]

64 霧 [ ] 65 掛 [ ]

66 腐 [ ] 67 盾 [ ]

68 旨 [ ] 69 悼 [ ]

70 訴 [ ] 71 述 [ ]

72 貨 [ ]

3 다음 글을 읽고 밑줄 친 낱말을 漢字로 쓰시오.

73~102번

※ 아래 글은 '초등학교 한자교육추진 국민총蹶起 대회 선언서'의 일부분을 옮긴 것이다.

(省略)

우리나라 **무역**[73]의 주요 **대상국**[74]과 **관광객**[75]의 대부분이 한자문화권에 속하여 있는데, 거리의 **표지**[76]판이나 **간판**[77]을 한글로 **전용**[78]하고 있음은 마치 찾아온 손님을 내쫓는 격이니, 추락墜落한 **경제**[79] **회복**[80]을 위하여 **최선**[81]을 다하고 있는 국가 **시책**[82]에 **상반**[83]된 **현상**[84]이 아닐 수 없습니다.

한자교육의 **주장**[85]은 **단순**[86]히 국어 생활의 편리만을 **도모**[87]함이 아니라, 경제 **위기**[88] 회복의 근본적인 **대책**[89]을 **강구**[90]함이요, 21**세기**[91]를 **대비**[92]한 고급지식의 경제 **생산**[93]권을 이룩하기 위한 근본 바탕을 쌓는 일이기도 합니다.

과거 **여론**[94] **조사**[95]에서도 한자교육의 **지지**[96]가 **우세**[97]하였지만, 특히 최근 교육**방송**[98]에서 '50년 문자전쟁'이란 **난상토론**[99]을 통하여 전국적으로 여론조사를 실시한 결과 '초등학교에서 한자교육의 **의무화**[100]'를 지지한 국민이 76%나 되었음은 국민 여론의 **대세**[101]가 분명하여졌음을 **확증**[102]한 것입니다.

(省略)

73 무역 [ ] 74 대상국 [ ]

75 관광객 [ ] 76 표지 [ ]

77 간판 [ ] 78 전용 [ ]

79 경제 [ ] 80 회복 [ ]
81 최선 [ ] 82 시책 [ ]
83 상반 [ ] 84 현상 [ ]
85 주장 [ ] 86 단순 [ ]
87 도모 [ ] 88 위기 [ ]
89 대책 [ ] 90 강구 [ ]
91 세기 [ ] 92 대비 [ ]
93 생산 [ ] 94 여론 [ ]
95 조사 [ ] 96 지지 [ ]
97 우세 [ ] 98 방송 [ ]
99 난상토론[ ] 100 의무화 [ ]
101 대세 [ ] 102 확증 [ ]

103~107번

4 다음 漢字語 중 앞 글자가 長音으로 소리 나는 漢字語를 골라 그 番號를 쓰시오.

103 ① 放免 ② 防役 ③ 心理 ④ 密集 .... [ ]

104 ① 司正 ② 未達 ③ 橫斷 ④ 錯誤 .... [ ]

105 ① 飯饌 ② 郵便 ③ 引力 ④ 返還 .... [ ]

106 ① 華辭 ② 花壇 ③ 話術 ④ 火葬 .... [ ]

107 ① 查兄 ② 證明 ③ 住居 ④ 排出 .... [ ]

108~112번

5 다음 漢字와 뜻이 反義 또는 相對되는 漢字[正字]를 써서 漢字語를 완성하시오.

108 美 ↔ [ ] 109 [ ] ↔ 豊
110 首 ↔ [ ] 111 [ ] ↔ 此
112 高 ↔ [ ]

113~117번

6 다음 漢字語의 反對語 또는 相對語를 2음절로 된 漢字[正字]로 쓰시오.

113 偏頗 ↔ [ ] 114 樂天 ↔ [ ]
115 [ ] ↔ 暴騰 116 暗示 ↔ [ ]
117 [ ] ↔ 融解

118~123번

7 다음 [ ] 안에 알맞은 漢字[正字]를 써넣어 四字成語를 완성하시오.

118 不[ ]戴[ ] : 이 세상에서 같이 살 수 없을 만큼 큰 원한을 가짐.

119 [ ]冬雪[ ] : 매서운 겨울의 심한 추위.

120 [ ]衣[ ]縫 : 일부러 꾸민 데 없이 자연스럽고 아름다우면서 완전함.

121 興[ ][ ]來 : 세상만사가 늘 좋거나 나쁠 수는 없고 좋은 일과 나쁜 일이 차례로 일어남.

122 [ ][ ]兢兢 : 위기감에 절박해진 심정.

123 [ ]不識[ ] : 아주 까막눈인 사람.

8

124~127번

다음 漢字語의 同音異義語를 漢字[正字]로 쓰되, 제시된 뜻에 맞는 것으로 하시오.

124 敬老 – [ ] : 일이 진행되는 방법이나 순서.

125 人情 – [ ] : 확실히 그렇다고 여김.

126 壽石 – [ ] : 등급이나 직위 따위에서 맨 윗자리.

127 戰時 – [ ] : 한곳에 벌여 놓고 보임.

9

128~132번

다음 漢字의 部首를 쓰시오.

128 顧 – [ ] 129 貫 – [ ]

130 赦 – [ ] 131 畜 – [ ]

132 鹿 – [ ]

10

133~137번

다음 漢字와 비슷한 뜻을 가진 漢字[正字]를 [ ] 안에 써넣어 문장에 적합한 漢字語가 되게 하시오.

133 전쟁으로 수많은 사람이 飢[ ]와 궁핍에 시달리고 있다.

134 점차 階[ ] 간의 소득 불균형이 해소되어야 한다.

135 그 지역은 盜[ ]들이 돌출하는 곳으로 알려졌다.

136 그는 돈독한 신의와 [ ]睦을 매우 강조하였다.

137 전염병으로 飼[ ] 농가의 피해가 커지고 있다.

11

138~142번

다음 漢字에서 밑줄 친 音의 용례를 하나만 쓰시오.

보기 北 : 북, 배 – [敗北]

138 索 : 색, 삭 – [ ]

139 否 : 부, 비 – [ ]

140 差 : 차, 치 – [ ]

141 降 : 강, 항 – [ ]

142 切 : 절, 체 – [ ]

12

143~147번

다음의 뜻을 지닌 2音節의 漢字語를 반드시 漢字로 쓰시오.

143 [ ] : 남이 잃어버린 물건을 주워서 얻음.

144 [ ] : 서로 맞서서 힘을 겨루며 다툼.

145 [ ] : 조직이나 기능 따위가 무너져 흩어짐.

146 [ ] : 태워 버림.

147 [ ] : 어떤 일을 결정짓지 못하고 망설임.

13

148~150번

다음 漢字의 略字를 쓰시오.

148 寶 – [ ] 149 變 – [ ]

150 轉 – [ ]

(사) 한국어문회 주관

예상문제

합격문항 : 105문항
시험시간 : 60분
정　답 : 173쪽

01~45번

1 다음 밑줄 친 또는 제시된 漢字語의 讀音을 쓰시오.

01 그의 빠른 정세 把握 능력에 잠시 놀랐다. ………… [　　　]

02 최근 들어 수출은 계속 증가 趨勢를 보이고 있다. ………… [　　　]

03 두 가지를 대립적으로 보는 것은 지나친 논리의 飛躍으로 보인다. …… [　　　]

04 가난한 교사가 薄俸을 털어서 어려운 처지에 있는 제자를 도왔다. ……… [　　　]

05 물에 잘 溶解되는 가루약을 처방받았다. ………… [　　　]

06 양국이 서로 干戈를 교접하는 것은 원증만 돋울 뿐 아무런 유익함이 없을 것이다. ………… [　　　]

07 "무도한 제후가 나타나 社稷을 위태롭게 할 경우 새로운 어진 임금을 세워야 한다."고 주장하였다. ………… [　　　]

08 관현악단이 교향곡을 演奏하였다. ………… [　　　]

09 대비가 나이 어린 왕을 대신하여 攝政하였다. ………… [　　　]

10 빨치산으로 남아있던 지리산 지역의 共匪들을 토벌하였다. ………… [　　　]

11 남대문과 동대문 시장은 전국적인 商圈을 이루고 있다. ………… [　　　]

12 도로는 교외로 나들이 가는 차량으로 극심한 停滯를 이루었다. ………… [　　　]

13 그들은 늘 왕래하며 없는 것을 서로 融通하며 살아왔다. ………… [　　　]

14 오랫동안 사회로부터 隔離까지 당하여 모든 감정이 말라붙은 듯하였다. ………… [　　　]

15 다른 단체와의 連繫를 모색하다. ………… [　　　]

16 우리의 모든 역량을 凝集하면 그 일도 해낼 수 있다. ………… [　　　]

17 지진이 잦은 지역이라 耐震할 수 있도록 건물을 설계하였다. ………… [　　　]

18 그들의 방자한 행동은 이 나라의 宮闕까지 범하고 말았다. ………… [　　　]

19 회랑에 새겨진 浮彫 작품은 가장 초기 작품으로 알려져 있다. ………… [　　　]

20 삶의 질적 향상에 기여할 것으로 기대하고 철도 노선을 추가 敷設하기로 하였다. ………… [　　　]

21 校尉 [　　　]　22 紛糾 [　　　]

23 縫織 [　　　]　24 藥劑 [　　　]

25 類型 [ ] 26 偏頗 [ ]
27 侮蔑 [ ] 28 舊址 [ ]
29 赤錫 [ ] 30 旌門 [ ]
31 王后 [ ] 32 着帽 [ ]
33 牽引 [ ] 34 弗素 [ ]
35 纖維 [ ] 36 閱覽 [ ]
37 槿花 [ ] 38 軌道 [ ]
39 禁苑 [ ] 40 酷毒 [ ]
41 刑措 [ ] 42 胃液 [ ]
43 窒息 [ ] 44 醫療 [ ]
45 新灘津[ ]

46~72번

2 다음 漢字의 訓과 音을 쓰시오.

46 烋 [ ] 47 茂 [ ]
48 竸 [ ] 49 熹 [ ]
50 熔 [ ] 51 憩 [ ]
52 麥 [ ] 53 踏 [ ]
54 散 [ ] 55 瓜 [ ]
56 潘 [ ] 57 苗 [ ]
58 困 [ ] 59 弼 [ ]
60 輛 [ ] 61 鎖 [ ]
62 沼 [ ] 63 枚 [ ]
64 涼 [ ] 65 輿 [ ]
66 潛 [ ] 67 搜 [ ]
68 悽 [ ] 69 升 [ ]
70 播 [ ] 71 尼 [ ]
72 唆 [ ]

73~102번

3 다음 글을 읽고 밑줄 친 낱말을 漢字로 쓰시오.

※ 아래 글은 '초등학교 한자교육추진 국민총궐기 대회 선언서'의 일부분을 옮긴 것이다.

(省略)

한글 전용이 **국익**[73]에 **전연**[74] 도움이 되지 않을 뿐만 아니라, 오히려 우리의 젊은이들을 반문맹으로 만들었음이 **백일하**[75]에 드러났는데, 정부는 더 이상 주저(躊躇)할 필요가 없습니다. 이제는 시간을 끌지 말고, 즉시 초등학교 과정부터 한자를 **철저**[76]히 교육하는 **단안**[77]을 내려야 합니다.

이로써 국어교육은 **정상화**[78]될 수 있고, **극도**[79]로 **저하**[80]된 **인성**[81]교육은 회복될 수 있으며, **단절**[82]되다시피한 **전통**[83]문화는 **계승**[84]될 수 있고, 잿불처럼 시나브로 꺼져가는 문화위기를 **극복**[85]할 수 있는 **동시**[86]에, 다가오는 한자문화권 시대의 **주도국**[87]이 될 수 있음을 천명(闡明)하는 바입니다.

새 정부에서는 국민 대부분이 **우국**[88] **충정**[89]으로 **주장**[90]하는 올바른 문자정책의 여론을 수렴(收斂)해서, **즉시**[91] 초등학교 과정부터 한글과 한자를 철저히 교육하여, 21세기는 한국의 문화가 세계에 뚜렷이 **부상**[92]할 수 있도록 할 것을 **강력**[93]히 **건의**[94]하는 바입니다.

이는 시대의 **사명**[95]이며 민족의 **열망**[96]이므로 우리의 주장이 **관철**[97]될 때까지 **범국민**[98] **애국**[99] 운동으로서 **분투**[100]할 것을 밝히면서, **거국적**[101]으로 궐기대회를 **전개**[102]하는 바입니다.

73 국익 [ ] 74 전연 [ ]
75 백일하[ ] 76 철저 [ ]
77 단안 [ ] 78 정상화[ ]
79 극도 [ ] 80 저하 [ ]
81 인성 [ ] 82 단절 [ ]
83 전통 [ ] 84 계승 [ ]
85 극복 [ ] 86 동시 [ ]
87 주도국[ ] 88 우국 [ ]
89 충정 [ ] 90 주장 [ ]
91 즉시 [ ] 92 부상 [ ]
93 강력 [ ] 94 건의 [ ]
95 사명 [ ] 96 열망 [ ]
97 관철 [ ] 98 범국민[ ]
99 애국 [ ] 100 분투 [ ]
101 거국적[ ] 102 전개 [ ]

103~107번

4 다음 漢字語 중 앞 글자가 長音으로 소리 나는 漢字語를 골라 그 番號를 쓰시오.

103 ① 儀式 ② 依支 ③ 意思 ④ 疑問 .... [ ]

104 ① 無線 ② 無爲 ③ 無敗 ④ 無償 .... [ ]

105 ① 昨今 ② 傳來 ③ 淸淨 ④ 亞流 .... [ ]

106 ① 同苦 ② 童蒙 ③ 銅像 ④ 東洋 .... [ ]

107 ① 惡用 ② 廉恥 ③ 雅趣 ④ 逆接 .... [ ]

108~112번

5 다음 漢字와 뜻이 反對 또는 相對되는 漢字[正字]를 써서 漢字語를 완성하시오.

108 正 ↔ [ ] 109 [ ] ↔ 樂
110 伸 ↔ [ ] 111 [ ] ↔ 衰
112 尊 ↔ [ ]

113~117번

6 다음 漢字語의 反對語 또는 相對語를 2음절로 된 漢字[正字]로 쓰시오.

113 劣惡 ↔ [ ] 114 保守 ↔ [ ]
115 [ ] ↔ 義務 116 對話 ↔ [ ]
117 [ ] ↔ 縮小

118~123번

7 다음 [ ] 안에 알맞은 漢字[正字]를 써넣어 四字成語를 완성하시오.

118 [ ] 佑 神 [ ] : 하늘이 돕고 신령이 도움.

119 [ ] 心 [ ] 心 : 말이나 글로 전하지 않고 마음에서 마음으로 뜻이 통함.

120 [ ] 善 懲 [ ] : 착한 일을 권장하고 악한 일을 징계함.

121 口 [ ] [ ] 臭 : 말이나 행동이 유치함.

122 泥 [ ] 鬪 [ ] : 자기의 이익을 위하여 비열하게 다툼.

123 [ ] 樹 之 [ ] : 효도를 다하지 못한 채 어버이를 여읜 자식의 슬픔.

8

124~127번

다음 漢字語의 同音異義語를 漢字[正字]로 쓰되, 제시된 뜻에 맞는 것으로 하시오.

124 警備 – [ ] : 사업을 경영하는 데 필요한 비용.

125 辛苦 – [ ] : 규정에 따라 일정한 사실을 진술·보고함.

126 力說 – [ ] : 어떤 주장에 반대되는 이론이나 말.

127 遂行 – [ ] : 임무를 띠고 가는 사람을 따라감.

9

128~132번

다음 漢字의 部首를 쓰시오.

128 魯 – [ ] 129 叛 – [ ]

130 琴 – [ ] 131 頓 – [ ]

132 勵 – [ ]

10

133~137번

다음 漢字와 비슷한 뜻을 가진 漢字[正字]를 [ ] 안에 써넣어 문장에 적합한 漢字語가 되게 하시오.

133 풍류가 멋진 곡조에 식자층들은 欽[ ] 하지 않는 이가 없었다.

134 시위 [ ]衆은 역 광장으로 모여들었다.

135 꽤 넓은 공터를 개간하여 울타리를 치고 菜[ ]를 길렀다.

136 울산 장생포는 고래 [ ]獲이 금지된 1986년까지 고래잡이 기지 역할을 하였다.

137 "이웃에서 초상이 났으니 扶[ ]라도 보내야지."

11

138~142번

다음 漢字에서 밑줄 친 音의 용례를 하나만 쓰시오.

보기 北 : 북, <u>배</u> – [敗北]

138 布 : 포, <u>보</u> – [ ]

139 復 : 부, <u>복</u> – [ ]

140 說 : 설, <u>세</u> – [ ]

141 刺 : 자, <u>라</u> – [ ]

142 讀 : 독, <u>두</u> – [ ]

12

143~147번

다음 漢字語의 뜻과 같은 固有語를 쓰시오.

143 宜當 : [ ]

144 栗房 : [ ]

145 幾日 : [ ]

146 於焉間 : [ ]

147 甚至於 : [ ]

13

148~150번

다음 漢字의 略字를 쓰시오.

148 邊 – [ ] 149 晝 – [ ]

150 壹 – [ ]

(사) 한국어문회 주관

예상문제

합격문항 : 105문항
시험시간 : 60분
정　　답 : 175쪽

01~45번

1 다음 밑줄 친 또는 제시된 漢字語의 讀音을 쓰시오.

01 산속에서 물소리를 듣고 길을 尋覓하여 돌아왔다. ………… [ ]

02 토방 속이 琴瑟 좋은 부부의 규방처럼 편안해 보였다. ………… [ ]

03 타국 영토 안에 군대를 駐屯시켜 자국민의 생명과 재산을 보호하였다. … [ ]

04 팀의 主軸인 그의 부상으로 전력에 차질이 생겼다. ………… [ ]

05 당국의 檢閱에 저촉이 되어 조사를 받았다. ………… [ ]

06 그는 삶의 목표를 잃은 듯 밤낮으로 유락에 耽溺할 뿐이었다. ………… [ ]

07 회담이 결렬되자 양대 진영에서도 이 전쟁에 厭症과 초조감을 드러냈다. ………… [ ]

08 신입사원을 직원들 앞에 紹介하였다. ………… [ ]

09 남은 것이라곤 불타 버린 寺址의 주춧돌이나 기왓장 정도가 고작이었다. ………… [ ]

10 그는 문명사회에 幻滅을 느끼고 산으로 들어갔다. ………… [ ]

11 약사는 의사의 처방에 따라 정확한 양의 약을 調劑해야 한다. ………… [ ]

12 그곳은 물을 구하기 쉬워서 일찍부터 聚落이 발달하였다. ………… [ ]

13 그들의 노력에도 불구하고 공사는 별다른 進陟을 보이지 않았다. ………… [ ]

14 귀성 차표를 서둘러 豫買하였다. ………… [ ]

15 손님들을 접대할 茶菓를 준비했다. ………… [ ]

16 그는 유명 인사들을 초청하여 晩餐을 베풀었다. ………… [ ]

17 그는 아무 말도 하지 않은 채 멍하니 허공을 凝視하고 있었다. ………… [ ]

18 언론과 蹴球 전문가들도 그를 최고의 선수라고 극찬했다. ………… [ ]

19 선비들은 부패한 官僚들을 조정에서 몰아내라고 극간하였다. ………… [ ]

20 자녀가 부모로부터 독립해 나가는 것 역시 자연의 攝理이다. ………… [ ]

21 寵錫 [ ]　22 祿俸 [ ]

23 念珠 [ ]　24 週末 [ ]

25 准尉 [ ]　26 鐘鼎 [ ]

27 激震 [ ]　28 貳拾 [ ]

29 誤謬 [ ] 30 彫飾 [ ]

31 揭載 [ ] 32 書札 [ ]

33 師傅 [ ] 34 嫌忌 [ ]

35 琢磨 [ ] 36 建坪 [ ]

37 磁氣 [ ] 38 棋院 [ ]

39 圈選 [ ] 40 毘盧 [ ]

41 棟梁 [ ] 42 金融 [ ]

43 淚液 [ ] 44 抛物線[ ]

45 彌縫策[ ]

46~72번

2 다음 漢字의 訓과 音을 쓰시오.

46 坡 [ ] 47 杰 [ ]

48 僑 [ ] 49 施 [ ]

50 硫 [ ] 51 讓 [ ]

52 俳 [ ] 53 網 [ ]

54 甫 [ ] 55 敵 [ ]

56 馥 [ ] 57 雉 [ ]

58 巢 [ ] 59 恒 [ ]

60 紡 [ ] 61 貰 [ ]

62 矛 [ ] 63 赦 [ ]

64 釜 [ ] 65 匹 [ ]

66 蔘 [ ] 67 沮 [ ]

68 搬 [ ] 69 滄 [ ]

70 峽 [ ] 71 勳 [ ]

72 腎 [ ]

73~102번

3 다음 글을 읽고 밑줄 친 낱말을 漢字로 쓰시오.

과학기술이 현대사회의 모습을 크게 변화시키고 있음은 **주지**[73]의 사실이다. 특히 최근 **급속**[74]히 발전하고 있는 **전자공학**[75]은 정보**처리**[76], 통신, 생산 등의 각 **영역**[77]에 큰 변화를 일으키고 있다.

컴퓨터를 중심으로 한 **사무자동**[78]화, **통신망**[79]을 이용한 **효율**[80]적인 **정보교환**[81], 자동공작기계 및 로봇을 이용한 새로운 생산 **조직**[82]의 **출현**[83] 등은 공장, 사무실, 가정 할 것 없이 인간 생활의 모든 영역을 바꿔 놓았으며, 엄청난 생산성 **향상**[84]을 가능하게 해주었다. 이 같은 **고도**[85] 기술의 발전은 인류의 미래에 대하여 **낙관**[86]적 **전망**[87]을 열어 주는 것으로 보이기도 한다.

21세기의 직업 세계는 그와 같은 고도 기술의 발전에 **부응**[88]하는 **다양**[89]한 지식과 기능을 갖춘 전문인을 필요로 한다. 이러한 사회적 **요청**[90]에 발맞추어 각 대학들은 여러 가지 **혁신**[91]적 변화를 **시도**[92]하고 있는데, **직능**[93]교육의 **강화**[94]가 그 공통적 특징으로 나타난다. 그 결과 **교양**[95]교육, 인성교육 측면이 상대적으로 위축(萎縮)된다는 것이 **우려**[96]되기도 하지만, 대학은 교육과정을 **재조정**[97]하고 교육내용도 폭넓게 **개편**[98]해가고 있다. 특히 미래의 정보화, 기술화 시대에 **적응**[99]할 **전문**[100]지식과 기술을 익히게 하는 데에 가장 큰 **비중**[101]을 두고 있는 것이 오늘의 **추세**[102]이다.

— 중앙대학교 논술고사 中 —

73 주지 [ ] 74 급속 [ ]

75 전자공학[ ] 76 처리 [ ]

77 영역 [ ] 78 사무자동[ ]

79 통신망 [ ] 80 효율 [ ]

81 정보교환[ ] 82 조직 [ ]

83 출현 [ ] 84 향상 [ ]

85 고도 [ ] 86 낙관 [ ]

87 전망 [ ] 88 부응 [ ]

89 다양 [ ] 90 요청 [ ]

91 혁신 [ ] 92 시도 [ ]

93 직능 [ ] 94 강화 [ ]

95 교양 [ ] 96 우려 [ ]

97 재조정 [ ] 98 개편 [ ]

99 적응 [ ] 100 전문 [ ]

101 비중 [ ] 102 추세 [ ]

103~107번

4 다음 漢字語 중 앞 글자가 長音으로 소리 나는 漢字語를 골라 그 番號를 쓰시오.

103 ① 療養 ② 料理 ③ 吏讀 ④ 移轉 .... [ ]

104 ① 畜産 ② 栽培 ③ 充電 ④ 測量 .... [ ]

105 ① 梨花 ② 離脫 ③ 判斷 ④ 販路 .... [ ]

106 ① 復興 ② 埋藏 ③ 勞動 ④ 繁殖 .... [ ]

107 ① 轉換 ② 田園 ③ 傳染 ④ 全般 .... [ ]

108~112번

5 다음 漢字와 뜻이 反對 또는 相對되는 漢字[正字]를 써서 漢字語를 완성하시오.

108 昇 ↔ [ ] 109 [ ] ↔ 復

110 緩 ↔ [ ] 111 [ ] ↔ 薄

112 起 ↔ [ ]

113~117번

6 다음 漢字語의 反對語 또는 相對語를 2음절로 된 漢字[正字]로 쓰시오.

113 開放 ↔ [ ] 114 却下 ↔ [ ]

115 [ ] ↔ 極貧 116 偏頗 ↔ [ ]

117 [ ] ↔ 柔和

118~123번

7 다음 [ ] 안에 알맞은 漢字[正字]를 써넣어 四字成語를 완성하시오.

118 識[ ]憂[ ] : 학식이 있는 것이 오히려 근심을 사게 됨.

119 一[ ]卽[ ] : 건드리기만 해도 폭발할 것같이 몹시 위급한 상태.

120 [ ]先垂[ ] : 남보다 앞장서서 몸소 다른 사람의 본보기가 됨.

121 [ ]言書[ ] : 옛날, 관리를 선출하던 네 가지 표준.

122 焉[ ]生[ ] : 전혀 그런 마음을 품을 수 없었음.

123 [ ]木求[ ] : 도저히 불가능한 일을 굳이 하려 함.

124~127번

8 다음 漢字語의 同音異義語를 漢字[正字]로 쓰되, 제시된 뜻에 맞는 것으로 하시오.

124 款狀 – [ ] : 일을 맡아서 주관함.

125 婦人 – [ ] : 내용이나 사실을 옳거나 그러하다고 인정하지 아니함.

126 斯須 – [ ] : 대포나 총, 활 따위를 쏘는 사람.

127 僞裝 – [ ] : 위와 창자.

128~132번

9 다음 漢字의 部首를 쓰시오.

128 膚 – [ ] 129 奏 – [ ]

130 耐 – [ ] 131 雍 – [ ]

132 哭 – [ ]

133~137번

10 다음 漢字와 비슷한 뜻을 가진 漢字[正字]를 [ ] 안에 써넣어 문장에 적합한 漢字語가 되게 하시오.

133 결정된 것도 없이 논의만 茂[ ]하다.

134 문화의 [ ]潔을 지켜야 할 것은 더 말할 것도 없다.

135 모든 어려움을 같이한다는 覺[ ]를 다졌다.

136 부모님은 조상의 [ ]墓를 정성껏 관리하였다.

137 저간 사정을 商[ ]해보면 각자의 도리를 다하는 것이 최선책이다.

138~142번

11 다음 漢字에서 밑줄 친 音의 용례를 하나만 쓰시오.

보기 北 : 북, 배 – [敗北]

138 行 : 행, 항 – [ ]

139 更 : 갱, 경 – [ ]

140 塞 : 색, 새 – [ ]

141 讀 : 독, 두 – [ ]

142 率 : 솔, 률/율 – [ ]

143~147번

12 다음의 뜻을 지닌 2音節의 漢字語를 반드시 漢字로 쓰시오.

143 [ ] : 내버려두고 문제 삼지 않음.

144 [ ] : 점을 친 대가로 점쟁이에게 주는 돈.

145 [ ] : 일을 적절하게 잘 처리하는 능력.

146 [ ] : 속에 간직하여 드러나지 아니함.

147 [ ] : 남을 위하여 기꺼이 재물을 내놓음.

148~150번

13 다음 漢字의 略字를 쓰시오.

148 燈 – [ ] 149 鹽 – [ ]

150 藝 – [ ]

(사) 한국어문회 주관

예상문제

합격문항 : 105문항
시험시간 : 60분
정 답 : 176쪽

01~45번

1 다음 漢字語의 讀音을 쓰시오.

01 토론 때 나온 의견을 折衷하여 정리하였다. ………… [ ]

02 군관민이 나서서 실종자를 搜索하였다. ………… [ ]

03 대부분의 유명 寺刹들은 깊은 산 속에 위치하였다. ………… [ ]

04 신석기시대 토기는 우리 甕器의 기원을 이룬다. ………… [ ]

05 전사들이 쉬는 동안 哨兵들은 주변을 감시했다. ………… [ ]

06 그들의 농업보호정책은 우리에게도 示唆하는 바가 크다. ………… [ ]

07 보다 구체적으로 敷衍하여 설명하였다. ………… [ ]

08 그는 확실한 답변을 回避하고 어물쩍 넘어가려고 하였다. ………… [ ]

09 지표면의 경사는 餘震 중에 일어난다. ………… [ ]

10 이 곡은 마치 읊조리는 듯한 낭송과 실내악 伴奏로 이루어졌다. ………… [ ]

11 양자의 관점은 대립으로 보는 것이 穩當하다. ………… [ ]

12 균형 있는 식사로 충분한 영양분을 攝取해야 한다. ………… [ ]

13 예상되었던 障礙 요인들에 의해 제동을 받았다. ………… [ ]

14 소란한 장내를 整頓하기 위한 당부의 말이 있었다. ………… [ ]

15 매년 정기적으로 銃砲 소지를 단속하고 있다. ………… [ ]

16 영세한 자금을 預託 받아 이를 조합원에게 융자하였다. ………… [ ]

17 사회 계층의 갈등구조가 경제발전의 주요 沮害 요인으로 작용하였다. ………… [ ]

18 이번 사건의 범인이 경찰에게 붙잡혔다가 捕繩을 끊고 탈출하였다. ………… [ ]

19 국비를 덜어 재정을 潤滑하게 하였다. ………… [ ]

20 병풍에 落款이 없어 작가를 확인할 수 없다. ………… [ ]

21 諮問 [ ] 22 赦免 [ ]

23 補繕 [ ] 24 炊事 [ ]

25 憎嫌 [ ] 26 凝滯 [ ]

27 偏旁 [ ] 28 屍身 [ ]
29 淵博 [ ] 30 主宰 [ ]
31 徽章 [ ] 32 自彊 [ ]
33 銀杏 [ ] 34 屯聚 [ ]
35 津筏 [ ] 36 斬首 [ ]
37 鑄幣 [ ] 38 瞻視 [ ]
39 躍進 [ ] 40 怖伏 [ ]
41 蒸氣 [ ] 42 抱擁 [ ]
43 謄寫 [ ] 44 船舶 [ ]
45 鎔鑛爐[ ]

46~72번

2 다음 漢字의 訓과 音을 쓰시오.

46 杜 [ ] 47 揭 [ ]
48 祚 [ ] 49 妊 [ ]
50 紋 [ ] 51 埃 [ ]
52 胤 [ ] 53 籠 [ ]
54 憾 [ ] 55 隸 [ ]
56 傀 [ ] 57 鷹 [ ]
58 鍛 [ ] 59 鴨 [ ]
60 魯 [ ] 61 伽 [ ]
62 姬 [ ] 63 圈 [ ]
64 膽 [ ] 65 瑩 [ ]
66 晟 [ ] 67 招 [ ]
68 稅 [ ] 69 飼 [ ]
70 締 [ ] 71 探 [ ]
72 卯 [ ]

73~102번

3 다음 글을 읽고 밑줄 친 낱말을 漢字로 쓰시오.

관점1

과학이론은 **실재**[73]로 **존재**[74]하는 **자연계**[75]를 설명하고 **예측**[76]하는 데에 그 목적이 있다. 따라서 과학이론은 자연계를 제대로 설명하는가 혹은 그렇지 못한가에 따라 맞는 이론이 되고 아니면 틀린 이론인 것이다. 자연계를 설명하기 위해 과학자들은 '이론적 **실재**[77]'를 **상정**[78]한다. 예를 들어 모든 물질이 **원자**[79]로 이루어졌다는 **가정**[80]을 하면 자연 현상을 잘 설명할 수 있다. 이러한 **입장**[81]에서는, '책상' **개념**[82]이나 '의자' 개념에 **대응**[83]하는 물체가 **객관**[84] 세계에 존재하듯이, '원자'와 같은 이론적인 실재에도 그 대응물이 자연계에 실제로 존재한다고 본다.

관점2

과학이론은 그 자체로서 맞거나 틀리다고 **단정**[85]할 수 없다. 과학이론이란 단지 우리가 **경험**[86]한 자연현상을 **분류**[87]하는 **도구**[88]에 지나지 않는다. 즉, 과학이론의 **의의**[89]는 자연**현상**[90]들을 **체계**[91]적으로 분류하고, 이들 사이에서 **논리**[92]적인 **연관**[93]관계를 찾아내어 **일관성**[94] 있는 **해석**[95]을 가능하게 하는 데에 있다. 과학이론은 이러한 목적에 **유용**[96]할 때에만 받아들여질 수 있으며, 따라서 과학이론은 단지 **가설**[97]에 **불과**[98]하거나 **한시적**[99]인 진리일 뿐이다. 과학이론의 **가치**[100]는 자연현상을 체계적으로 분류하는 유용성이라는 **기준**[101]에 의해 **결정**[102]되는 것이다.

— 고려대학교 논술모의고사 中 —

73 실재 [ ] 74 존재 [ ]
75 자연계[ ] 76 예측 [ ]
77 실재 [ ] 78 상정 [ ]

79 원자 [ ] 80 가정 [ ]

81 입장 [ ] 82 개념 [ ]

83 대응 [ ] 84 객관 [ ]

85 단정 [ ] 86 경험 [ ]

87 분류 [ ] 88 도구 [ ]

89 의의 [ ] 90 현상 [ ]

91 체계 [ ] 92 논리 [ ]

93 연관 [ ] 94 일관성[ ]

95 해석 [ ] 96 유용 [ ]

97 가설 [ ] 98 불과 [ ]

99 한시적[ ] 100 가치 [ ]

101 기준 [ ] 102 결정 [ ]

103~107번

4 다음 漢字語 중 앞 글자가 長音으로 소리 나는 漢字語를 골라 그 番號를 쓰시오.

103 ① 全州 ② 孔子 ③ 權限 ④ 康寧
.... [ ]

104 ① 具備 ② 君臨 ③ 同鄕 ④ 對象
.... [ ]

105 ① 常識 ② 相續 ③ 上流 ④ 尙武
.... [ ]

106 ① 馬脚 ② 痲織 ③ 痲醉 ④ 魔術
.... [ ]

107 ① 總長 ② 徹夜 ③ 茶禮 ④ 眞品
.... [ ]

108~112번

5 다음 漢字와 뜻이 反對 또는 相對되는 漢字[正字]를 써서 漢字語를 완성하시오.

108 存 ↔ [ ] 109 [ ] ↔ 危

110 雌 ↔ [ ] 111 [ ] ↔ 婦

112 哀 ↔ [ ]

113~117번

6 다음 漢字語의 反對語 또는 相對語를 2음절로 된 漢字[正字]로 쓰시오.

113 寒冷 ↔ [ ] 114 創造 ↔ [ ]

115 敵對 ↔ [ ] 116 否認 ↔ [ ]

117 密集 ↔ [ ]

118~123번

7 다음 [ ] 안에 알맞은 漢字[正字]를 써넣어 四字成語를 완성하시오.

118 [ ]角[ ]牛 : 잘못된 점을 고치려다가 그 정도가 지나쳐 오히려 일을 그르침.

119 [ ]虎[ ]患 : 화근이 될 것을 길러서 후환을 당하게 됨.

120 擧[ ][ ]眉 : 아내가 남편을 깍듯이 공경함.

121 朝[ ]暮[ ] : 법령을 자꾸 고쳐서 갈피를 잡기가 어려움.

122 [ ]信半[ ] : 얼마쯤 믿으면서도 한편으로는 의심함.

123 明[ ][ ]火 : 불을 보듯 분명하고 뻔함.

124~127번

8 다음 漢字語의 同音異義語를 漢字[正字]로 쓰되, 제시된 뜻에 맞는 것으로 하시오.

124 校監 – [ ] : 서로 접촉하여 따라 움직이는 느낌.

125 副賞 – [ ] : 물 위로 떠오름.

126 端緖 – [ ] : 본문에 대한 조건이나 예외 따위를 나타내는 글.

127 詳述 – [ ] : 장사하는 재주나 꾀.

128~132번

9 다음 漢字의 部首를 쓰시오.

128 岡 – [ ] 129 興 – [ ]

130 秉 – [ ] 131 禹 – [ ]

132 哉 – [ ]

133~137번

10 다음 漢字와 비슷한 뜻을 가진 漢字[正字]를 [ ] 안에 써넣어 문장에 적합한 漢字語가 되게 하시오.

133 그는 매우 총명하고 호방하여 영웅이나 俊[ ]의 기상을 보여주었다.

134 이 책은 황제의 출생에 얽힌 여러 가지 [ ] 瑞로운 일을 기록한 것이다.

135 작업 장소는 분진이 많이 발생하여 공기가 混[ ] 하였다.

136 아군이 중과부적하여 [ ] 却할 수밖에 없었다.

137 겨울로 접어들면서부터 곡류 倉[ ] 는 바닥이 나 버렸다.

138~142번

11 다음 漢字에서 밑줄 친 音의 용례를 하나만 쓰시오.

보기 切 : 절, 체 – [一切]

138 皮 : 피, 비 – [ ]

139 狀 : 상, 장 – [ ]

140 惡 : 악, 오 – [ ]

141 內 : 내, 나 – [ ]

142 北 : 북, 배 – [ ]

143~147번

12 다음 漢字語의 뜻과 같은 固有語를 쓰시오.

143 礎盤 : [ ]

144 壹是 : [ ]

145 那邊 : [ ]

146 燈架 : [ ]

147 及其也 : [ ]

148~150번

13 다음 漢字의 略字를 쓰시오.

148 擧 – [ ] 149 拂 – [ ]

150 應 – [ ]

(사) 한국어문회 주관

예상문제

합격문항 : 105문항
시험시간 : 60분
정 답 : 178쪽

01~45번

1 다음 漢字語의 讀音을 쓰시오.

01 대통령 表彰을 수여하였다. … [ ]

02 안전 문제로 건물 撤去 계획을 세웠다. …… [ ]

03 상가에는 잡화 및 편의점 등의 店鋪가 들어와 있다. …… [ ]

04 우리 기술로 최초의 紡績 공장을 건설하였다. …… [ ]

05 두 사람은 직장 同僚로서 교유가 깊다. …… [ ]

06 저 俳優는 절절한 모성애를 잘 표현했다. …… [ ]

07 문화적 수준 차이가 懸隔하게 드러난다. …… [ ]

08 조약의 批准에 대하여 국회의 동의를 얻어야 한다. …… [ ]

09 초원에는 말들이 혈기 旺盛하게 뛰어다녔다. …… [ ]

10 수증기가 凝縮하여 큰 비를 내려 바다를 이루었다. …… [ ]

11 전쟁 영웅인 그는 적의 포위 공격을 沮止하였다. …… [ ]

12 괴석은 거의 渴筆로 된 구불구불한 필선을 이어갔다. …… [ ]

13 산기슭에 풀어놓은 꿩이 크게 繁殖하였다. …… [ ]

14 그는 모역사건에 연좌되어 유배지에서 絞殺되었다. …… [ ]

15 위변조를 방지할 수 있는 새로운 鑄貨를 발행하였다. …… [ ]

16 이 적금은 단기간을 預置해도 높은 수익을 얻을 수 있는 상품이다. …… [ ]

17 여러 적진을 급습하는 등 크게 活躍하였다. …… [ ]

18 화폐가치의 하락에 따라 물가가 暴騰하였다. …… [ ]

19 갑자기 천막 안은 恐怖와 두려움에 휩싸였다. …… [ ]

20 그는 수많은 적을 격파하는 殊勳을 세웠다. …… [ ]

21 裁縫 [ ] 22 狂亂 [ ]

23 鎔解 [ ] 24 管攝 [ ]

25 步哨 [ ] 26 漏液 [ ]

27 秉燭 [ ] 28 沐浴 [ ]

29 甄別 [ ] 30 放尿 [ ]

31 嫌怒 [ ] 32 凝滯 [ ]

33 陟降 [ ] 34 偏差 [ ]

35 微震 [ ] 36 分秒 [ ]

37 闕席 [ ] 38 胸膜 [ ]

39 僑胞 [ ] 40 急逝 [ ]

41 營繕 [ ] 42 紳商 [ ]

43 獐角 [ ] 44 脫帽 [ ]

45 度量衡 [ ]

2 다음 漢字의 訓과 音을 쓰시오.

46~72번

46 膠 [ ] 47 握 [ ]

48 癌 [ ] 49 汽 [ ]

50 訣 [ ] 51 呈 [ ]

52 翰 [ ] 53 鉉 [ ]

54 罔 [ ] 55 鍾 [ ]

56 侮 [ ] 57 晶 [ ]

58 煉 [ ] 59 柏 [ ]

60 傘 [ ] 61 偵 [ ]

62 阪 [ ] 63 購 [ ]

64 裸 [ ] 65 娩 [ ]

66 妖 [ ] 67 耕 [ ]

68 冒 [ ] 69 迎 [ ]

70 摩 [ ] 71 寅 [ ]

72 殿 [ ]

3 다음 글을 읽고 밑줄 친 낱말을 漢字로 쓰시오.

73~102번

원자력[73] 발전소의 건설은 각국에서 **찬성**[74]과 반대의 **첨예**[75]한 갈등을 빚어 왔다. 우리나라도 지역 주민들의 반대에 부딪쳐 발전소 건설 **부지**[76]의 **선정**[77]과 **핵폐기물**[78] 처리장 부지의 **확보**[79]에 큰 어려움을 겪고 있다.

원자력 발전은 적은 양의 핵물질에서 방대한 에너지를 얻을 수 있고 기술 자립도에 따라 에너지원의 해외 **의존도**[80]를 줄일 수 있다는 경제적·기술적 이점과 함께, **잠재**[81]적 핵자원을 확보함으로써 국제·**정치**[82]적 **위상**[83]도 높일 수 있다는 장점을 가진다. 그러나 이러한 이득에도 **불구**[84]하고, 원자력 발전은 안전성과 핵폐기물 처리의 문제점을 안고 있다. 단 한 번의 **실수**[85]가 **초래**[86]한 구소련 체르노빌의 **파국**[87]적 경험은 원자력 발전을 반대하는 **환경**[88]운동가들의 **주장**[89]을 더욱 **설득**[90]력 있게 만든다. 그리하여 그들은 풍력 발전이나 태양에너지 발전과 같은 **대체**[91] 에너지의 사용과, **생태계**[92]를 **파괴**[93]하지 않는 수준의 경제성장을 **제안**[94]한다.

한편 찬성론자들은 원자력 발전의 위험이 환경보호론자들에 의해 **과장**[95]되었다고 주장한다.

실제 사고의 **확률**[96]은 10만 내지는 100만분의 1밖에 되지 않으며, 최근에 개발된 비상노심냉각장치와 같은 자동제어시스템을 통해 얼마든지 **예방**[97]될 수 있다는 것이다. 그들은 또한 위의 대체 에너지 **수단**[98]들이 아직은 현실성이 없다고 말한다. 그리고 이 대체 에너지의 개발이 **지체**[99]되는 동안은 어쩔 수 없이 석유나 **석탄**[100] 등의 화석 **연료**[101]를 사용해야 하므로, 오히려 원자력 발전보다 더 큰 환경파괴를 야기할 수 있다고도 한다. 또 자본주의 체제의 속성상, 경제 성장이 **억제**[102]되면 공황과 실업 등 대규모 사회문제가 발생할 수 있다는 점도 문제이다.

– 성균관대 논술 제시문 中 –

73 원자력 [ ] 74 찬성 [ ]
75 첨예 [ ] 76 부지 [ ]
77 선정 [ ] 78 핵폐기물[ ]
79 확보 [ ] 80 의존도 [ ]
81 잠재 [ ] 82 정치 [ ]
83 위상 [ ] 84 불구 [ ]
85 실수 [ ] 86 초래 [ ]
87 파국 [ ] 88 환경 [ ]
89 주장 [ ] 90 설득 [ ]
91 대체 [ ] 92 생태계 [ ]
93 파괴 [ ] 94 제안 [ ]
95 과장 [ ] 96 확률 [ ]
97 예방 [ ] 98 수단 [ ]
99 지체 [ ] 100 석탄 [ ]
101 연료 [ ] 102 억제 [ ]

103~107번

4 다음 漢字語 중 앞 글자가 長音으로 소리 나는 漢字語를 골라 그 番號를 쓰시오.

103 ① 私物 ② 辭典 ③ 四物 ④ 思考 .... [ ]

104 ① 史記 ② 社交 ③ 詐欺 ④ 查頓 .... [ ]

105 ① 憎惡 ② 支配 ③ 職場 ④ 航空 .... [ ]

106 ① 聖域 ② 成熟 ③ 聲調 ④ 星霜 .... [ ]

107 ① 誘致 ② 禮讚 ③ 散策 ④ 當選 .... [ ]

108~112번

5 다음 漢字의 뜻에 反對 또는 相對되는 漢字를 쓰시오.

108 鈍 ↔ [ ] 109 [ ] ↔ 橫
110 早 ↔ [ ] 111 [ ] ↔ 借
112 收 ↔ [ ]

113~117번

6 다음 漢字語의 反對語 또는 相對語를 2음절로 된 漢字[正字]로 쓰시오.

113 鎭靜 ↔ [ ] 114 反目 ↔ [ ]
115 [ ] ↔ 流動 116 榮轉 ↔ [ ]
117 [ ] ↔ 正統

118~123번

7 다음 漢字語의 빈칸에 알맞은 漢字를 쓰시오.

118 白[ ]難[ ] : 남에게 큰 은덕을 입었을 때 고마움을 표시하는 말.

119 [ ]不[ ]軍 : 무슨 일이든 자기 생각대로 혼자서 처리하는 사람.

120 [ ]下不[ ] : 가까이에 있는 물건이나 사람을 잘 찾지 못함.

121 漸入[ ][ ] : 들어갈수록 점점 재미가 있음.

122 事必[ ][ ] : 모든 일은 반드시 바른길로 돌아감.

123 [ ][ ]回生 : 거의 죽을 뻔하다가 도로 살아남.

124~127번

8 다음 漢字語와 소리는 같으나 뜻이 다른 漢字語를 쓰시오.

124 結繩 – [ ] 125 錄音 – [ ]

126 香水 – [ ] 127 口號 – [ ]

128~132번

9 다음 漢字의 部首를 쓰시오.

128 脣 – [ ] 129 慈 – [ ]

130 衍 – [ ] 131 留 – [ ]

132 弄 – [ ]

133~137번

10 다음 漢字와 비슷한 뜻을 가진 漢字[正字]를 [ ] 안에 써넣어 문장에 적합한 漢字語가 되게 하시오.

133 그의 거동을 보니 庸[ ]치 않은 사람 같았다.

134 의지가 넓고 꿋꿋해서 [ ]竟 큰 업적을 이룰 것이다.

135 국민들은 그들의 매국행위에 憤[ ] 하였다.

136 수만 명의 군중이 몰려들어 [ ]悼를 표했다.

137 무단 주차할 경우에는 牽[ ] 조치할 수 있다.

138~142번

11 다음 漢字에서 밑줄 친 音의 용례를 하나만 쓰시오.

보기 北 : 북, 배 – [敗北]

138 省 : 성, 생 – [ ]

139 則 : 즉, 칙 – [ ]

140 數 : 수, 삭 – [ ]

141 宅 : 댁, 택 – [ ]

142 洞 : 동, 통 – [ ]

143~147번

12 다음의 뜻을 지닌 2音節의 漢字語를 漢字로 쓰시오.

143 [ ] : 한데서 밤을 지샘.

144 [ ] : 남의 죽음에 대하여 애도의 뜻을 표함.

145 [ ] : 남에게 입힌 손해를 돈 따위로 물어줌.

146 [ ] : 참고하여 알맞게 헤아림.

147 [ ] : 결원이 된 어떤 직위의 직무를 대신함.

148~150번

13 다음 漢字의 略字를 쓰시오.

148 團 – [ ] 149 壽 – [ ]

150 寫 – [ ]

(사) 한국어문회 주관

예상문제

합격문항 : 105문항
시험시간 : 60분
정 답 : 179쪽

01~45번

1 다음 漢字語의 讀音을 쓰시오.

01 시험관리가 疏忽하여 권위를 실추시켰다. .... [ ]

02 왕의 덕이 넓어 백성들이 태평을 讚頌하였다. .... [ ]

03 문장의 脈絡 안에서 낱말의 의미를 풀어야 한다. .... [ ]

04 이 소설은 철거민 촌의 索莫하고 황량한 풍경을 그렸다. .... [ ]

05 백성들은 눈물을 흘리며 장군의 죽음을 哀悼했다. .... [ ]

06 그는 중요한 사건들에 관여한 이후 探偵으로 유명해졌다. .... [ ]

07 재물에 눈이 멀어 돈의 奴隸가 되었다. .... [ ]

08 대규모 아파트 단지가 농경지를 蠶食하여 농업기반이 무너지고 있었다. .... [ ]

09 농어촌 지역을 순회하면서 무료 診療 활동을 펼쳤다. .... [ ]

10 산성우유는 두부와 같이 凝固되어 있다. .... [ ]

11 혈액순환이 잘되어야 두뇌에 혈액공급이 圓滑해진다. .... [ ]

12 각 분야의 협력을 위하여 협정을 締結하였다. .... [ ]

13 현실세계를 벗어나 幻想의 세계를 노래하였다. .... [ ]

14 그 국회의원의 양심선언은 정가에 波紋을 일으켰다. .... [ ]

15 중심지에는 일찍부터 絹織 공업이 발달하였다. .... [ ]

16 불에 잘 타지 않는 纖柔를 개발하였다. .... [ ]

17 비적들은 촌락을 습격하여 掠奪 행위를 자행하였다. .... [ ]

18 그는 살해를 敎唆한 혐의로 경찰에 체포되었다. .... [ ]

19 대표단은 협상의 歸趨를 주목하였다. .... [ ]

20 그는 감각적인 선으로 대중적인 揷畫를 그렸다. .... [ ]

21 妖魅 [ ] 22 鷗鷺 [ ]

23 慨歎 [ ] 24 濊貊 [ ]

25 徽琴 [ ] 26 忌祭 [ ]

27 濬潭 [ ] 28 氷晶 [ ]

29 徵候 [ ] 30 祕訣 [ ]

31 泌尿 [ ] 32 貰赦 [ ]

33 濕爛 [ ] 34 祥瑞 [ ]

35 遞信 [ ] 36 腎臟 [ ]

37 瓜滿 [ ] 38 肺炎 [ ]

39 閨秀 [ ] 40 間諜 [ ]

41 升麻 [ ] 42 歪曲 [ ]

43 虛誕 [ ] 44 廬幕 [ ]

45 赤裸裸 [ ]

46~72번

2 다음 漢字의 訓과 音을 쓰시오.

46 蓬 [ ] 47 址 [ ]

48 錫 [ ] 49 杓 [ ]

50 磁 [ ] 51 乃 [ ]

52 遵 [ ] 53 熙 [ ]

54 繩 [ ] 55 溺 [ ]

56 憎 [ ] 57 擊 [ ]

58 勵 [ ] 59 傅 [ ]

60 濃 [ ] 61 拉 [ ]

62 隣 [ ] 63 俸 [ ]

64 訂 [ ] 65 攝 [ ]

66 蠻 [ ] 67 娘 [ ]

68 津 [ ] 69 喉 [ ]

70 繕 [ ] 71 拙 [ ]

72 逝 [ ]

73~102번

3 다음 글을 읽고 밑줄 친 낱말을 漢字로 쓰시오.

풍자는 한 인물이 처한 입장에서 **부조리**[73], **불합리**[74], **부조화**[75]와 **과장**[76]을 **구체적**[77]으로 **표현**[78]하는 것인데, 이것은 **가면**[79]으로 나타난다. 이 가면은 그 **상태**[80]가 합리화되고 **정상적**[81]으로 변할 때 없어진다.

풍자는 **무해**[82] **무익**[83]한 **동양적**[84]인 골계(滑稽)나, 웃기는 해학(諧謔), 놀리는 **희롱**[85]과 **농담**[86], 그리고 남을 내리깎는 야유(揶揄), **재치**[87]와 재빠름이 **특징**[88]인 **기지**[89], 남을 꼬집는 보다 **지적**[90]인 익살, 말의 **재롱**[91] 등과 **구별**[92]되어 "너희들 중에서 죄 없는 사람이 제일 먼저 돌을 던져라."라는 생각이 깊은 웃음이어야 한다.

해학과 풍자는 사용하는 어휘의 **의미**[93]가 **실제적**[94]으로 東西가 다르다. 동양의 풍자는 자연과 **지혜**[95]에서 출발하여 부드러움으로 능히 강한 것을 **억제**[96]할 수 있는 힘이 있다. 왕에게는 직간(直諫)보다는 풍간으로, 그리고 스스로 깨달을 수 있게 하는 풍자적 **수법**[97]이 **발전**[98]했다.

세상살이에서도 풍자를 통하여 다치지 않고 所期의 **목적**[99]을 **달성**[100]했다. 해학과 풍자는 유머의 **개념**[101]에 모두 **포함**[102]된다.

73 부조리 [ ] 74 불합리 [ ]

75 부조화 [ ] 76 과장 [ ]

77 구체적 [ ] 78 표현 [ ]

79 가면 [ ] 80 상태 [ ]

81 정상적 [ ] 82 무해 [ ]

83 무익 [ ] 84 동양적 [ ]

85 희롱 [ ] 86 농담 [ ]
87 재치 [ ] 88 특징 [ ]
89 기지 [ ] 90 지적 [ ]
91 재롱 [ ] 92 구별 [ ]
93 의미 [ ] 94 실제적[ ]
95 지혜 [ ] 96 억제 [ ]
97 수법 [ ] 98 발전 [ ]
99 목적 [ ] 100 달성 [ ]
101 개념 [ ] 102 포함 [ ]

103~107번

4 다음 漢字語 중 앞 글자가 長音으로 소리 나는 漢字語를 골라 그 番號를 쓰시오.

103 ① 布木 ② 浦口 ③ 砲擊 ④ 捕手 .... [ ]

104 ① 根源 ② 筋骨 ③ 近代 ④ 勤勉 .... [ ]

105 ① 切品 ② 轉出 ③ 傳統 ④ 節次 .... [ ]

106 ① 豫算 ② 禮物 ③ 約束 ④ 弱者 .... [ ]

107 ① 腹痛 ② 複式 ③ 防犯 ④ 放射 .... [ ]

108~112번

5 다음 漢字의 뜻에 反對 또는 相對되는 漢字를 쓰시오.

108 貸 ↔ [ ] 109 屈 ↔ [ ]
110 慶 ↔ [ ] 111 硬 ↔ [ ]
112 干 ↔ [ ]

113~117번

6 다음 漢字語의 反對語 또는 相對語를 2음절로 된 漢字[正字]로 쓰시오.

113 遲鈍 ↔ [ ] 114 質疑 ↔ [ ]
115 分析 ↔ [ ] 116 乾燥 ↔ [ ]
117 革新 ↔ [ ]

118~127번

7 다음 漢字語의 빈칸에 알맞은 漢字를 쓰시오.

118 抑強[ ][ ] : 강한 자를 누르고 약한 자를 도와줌.

119 貪[ ][ ]吏 : 재물을 탐내고 행실이 바르지 못한 관리.

120 [ ]國[ ]民 : 나라를 맡아 다스리고 백성을 구제함.

121 [ ]爐點[ ] : 사욕이나 의혹이 일시에 없어짐.

122 [ ]過遷[ ] : 허물이나 잘못을 고쳐 올바르게 됨.

123 [ ]面[ ]生 : 한갓 글만 읽고 세상일에는 전혀 경험이 없는 사람.

124 烏[ ][ ]落 : 공교롭게도 때가 같아 억울하게 의심을 받거나 난처한 처지에 놓임.

125 [　　　] 首 [　　　] 待 : 간절히 기다림.

126 [　　　] 鹿爲 [　　　] : 윗사람을 농락하여 권세를 마음대로 함.

127 虎 [　　　] 留 [　　　] : 사람은 죽어서 명예를 남겨야 함.

128~132번

8 다음 漢字의 部首를 쓰시오.

128 耕 - [　　　] 129 朗 - [　　　]

130 戊 - [　　　] 131 鴻 - [　　　]

132 被 - [　　　]

133~137번

9 다음 漢字와 비슷한 뜻을 가진 漢字[正字]를 [　] 안에 써넣어 문장에 적합한 漢字語가 되게 하시오.

133 지엽이 繁 [　　　] 한 소나무의 꿋꿋한 자태.

134 해안에 거대한 艦 [　　　] 이 자주 출몰하였다.

135 시끌벅적하게 어울리는 것을 窒 [　　　] 하였다.

136 우리는 생각하는 것 이상으로 [　　　] 眠을 취한다.

137 실제로 통용지폐가 금으로 兌 [　　　] 되었다.

138~142번

10 다음 漢字에서 밑줄 친 音의 용례를 하나만 쓰시오(앞의 原音은 해당 없음).

보기 北 : 북, <u>배</u> - [敗北]

138 畫 : 화, <u>획</u> - [　　　]

139 行 : 행, <u>항</u> - [　　　]

140 識 : 식, <u>지</u> - [　　　]

141 辰 : 진, <u>신</u> - [　　　]

142 度 : 도, <u>탁</u> - [　　　]

143~147번

11 다음 漢字語의 뜻을 쓰시오.

143 諸位 : [　　　]

144 間或 : [　　　]

145 麥飯 : [　　　]

146 構內 : [　　　]

147 未嘗不 : [　　　]

148~150번

12 다음 漢字의 略字를 쓰시오.

148 壽 - [　　　] 149 齊 - [　　　]

150 轉 - [　　　]

(사) 한국어문회 주관

예상문제

합격문항 : 105문항
시험시간 : 60분
정　　답 : 181쪽

01~45번

1 다음 漢字語의 讀音을 쓰시오.

01 纖維 [ ] 02 冒險 [ ]
03 報聘 [ ] 04 獐血 [ ]
05 運搬 [ ] 06 誇張 [ ]
07 侮辱 [ ] 08 假裝 [ ]
09 降伏 [ ] 10 擊鼓 [ ]
11 搜查 [ ] 12 抑鬱 [ ]
13 敦篤 [ ] 14 飼育 [ ]
15 融資 [ ] 16 龜浦 [ ]
17 瀋陽 [ ] 18 升揚 [ ]
19 掛冠 [ ] 20 憩泊 [ ]
21 鑄物 [ ] 22 肯定 [ ]
23 冀願 [ ] 24 臺灣 [ ]
25 鵬鳥 [ ] 26 播遷 [ ]
27 惹端 [ ] 28 伽藍 [ ]
29 睿宗 [ ] 30 把捉 [ ]
31 拙速 [ ] 32 暴惡 [ ]
33 瓊姿 [ ] 34 陳列 [ ]
35 輯載 [ ] 36 桐油 [ ]
37 陜川 [ ] 38 姙婦 [ ]
39 枚擧 [ ] 40 東軒 [ ]
41 沂水 [ ] 42 阿膠 [ ]
43 遵守 [ ] 44 添削 [ ]
45 臟器 [ ]

46~72번

2 다음 漢字의 訓과 音을 쓰시오.

46 麟 [ ] 47 辨 [ ]
48 賠 [ ] 49 硯 [ ]
50 蜜 [ ] 51 膚 [ ]
52 罔 [ ] 53 聰 [ ]
54 覆 [ ] 55 誓 [ ]
56 軸 [ ] 57 俛 [ ]
58 揮 [ ] 59 雌 [ ]
60 暢 [ ] 61 刀 [ ]
62 衷 [ ] 63 酷 [ ]
64 患 [ ] 65 葛 [ ]
66 脂 [ ] 67 弗 [ ]
68 逮 [ ] 69 枯 [ ]
70 彰 [ ] 71 接 [ ]
72 珍 [ ]

※ 다음 글을 읽고 물음에 답하시오.

힘의 **총화**[73]는 오직 많은 사람들의 협력이 있어야만 이룩된다. 그런데 各自의 힘과 自由야말로 生存을 위한 가장 重要한 **수단**[74]이고보면 사람은 자기를 해치지 않고, 또 **자기**[100]에 대한 **의무**[75]를 게을리 함이 없이 어떻게 그것을 살리라고 할 수 있겠는가? 내 主題로 되돌아가서 생각하면, 이 **곤란**[76]은 다음과 같은 말로 표현할 수 있다. "全體的, 共同的인 힘으로써 각 **구성원**[77]의 人格과 財産을 지킬 수 있는 結合의 한 形式을 發見하는 것, 이로써 各自가 모든 사람과 結合하면서 자기 자신에게만 **복종**[78]하고 전과 마찬가지로 自由로울 것", 이것이야말로 根本的인 問題이며 社會**계약**[79]이 이를 解決해 준다. 이 계약의 **조항**[80]은 行爲의 性質에 따라서 매우 뚜렷이 정해져 있으므로, 조금이라도 고치면 **공허**[81]하고 **효력**[82] 없는 것이 되고 말 것이다. 그러므로 이 조항은 아마도 正式으로 **공포**[83]된 적은 한 번도 없었겠지만 到處에서 똑같았고, 到處에서 **암묵**[84] 속에 받아들여지고 **시인**[85]되고 있었다. 사회계약이 깨지고, 그래서 各自가 자기의 根源的인 **권리**[86]로 되돌아가, 계약에 **의거**[87]한 自由를 잃고 그 때문에 버린 自然의 自由를 되찾을 때까지는 … (中略)

이 조항들을 옳게 **이해**[101]하면 모두가 다음의 한 조항으로 **귀착**[88]한다. 즉, 각 구성원 및 그의 모든 권리들을 共同體의 全體에게 全面的으로 **양도**[89]하는 일로 … (中略)

왜냐하면 첫째, 各自는 자기를 完全히 주는 것이므로 모든 사람에게 조건은 똑같으며, 또 모든 사람에게 조건이 같은 이상 아무도 남의 조건을 嚴하게 하는 데 關心을 갖지 않기 때문이다. 더욱이 이 양도는 **유보**[90]없이 하는 것이므로 結合은 **최대한**[91]으로 完全하고, 어느 구성원도 어떤 것에 대해 더 이상 권리를 **주장**[92]하지 않는다. 만일 特定한 사람들 손에 어떤 권리가 남는다면, 그들과 **대중**[93] 사이에 서서 **판결**[94]을 내릴 수 있는 共通의 **지배자**[95]는 아무도 없고, 各自는 어느 점에서는 자기 자신의 **재판관**[96]이므로 이윽고 모든 일에 대해 재판관이 되겠다고 主張할 것이다. 그렇게 되면 自然 狀態가 **존속**[97]할 것이고, 또 **결함**[98]은 必然的으로 **압제적**[99]이 되거나 공허한 것이 될 것이다. 결국 各自는 자기를 모든 사람에게 주고, 그러면서 아무에게도 자기를 주지 않는다.

– 루소, 「사회 계약론」 中 –

73~99번

3 윗글의 밑줄 친 낱말을 漢字로 쓰시오.

73 총화 [ ]	74 수단 [ ]
75 의무 [ ]	76 곤란 [ ]
77 구성원 [ ]	78 복종 [ ]
79 계약 [ ]	80 조항 [ ]
81 공허 [ ]	82 효력 [ ]
83 공포 [ ]	84 암묵 [ ]
85 시인 [ ]	86 권리 [ ]
87 의거 [ ]	88 귀착 [ ]
89 양도 [ ]	90 유보 [ ]
91 최대한 [ ]	92 주장 [ ]
93 대중 [ ]	94 판결 [ ]
95 지배자 [ ]	96 재판관 [ ]
97 존속 [ ]	98 결함 [ ]
99 압제적 [ ]	

100~105번

4 윗글에서 밑줄 친 다음 漢字語의 同音異義語를 [ ] 안의 뜻을 참고하여 漢字로 쓰시오.

시인[85] 100 (그 당시의 사람들) .... [ ]

101 (시를 짓는 사람) .... [ ]

자기[100] 102 (자기 양심을 속임) .... [ ]

103 (스스로 기약함) .... [ ]

이해[101] 104 (이익과 손해) .... [ ]

105 (진창길) .... [ ]

106~109번

5 다음 漢字의 略字를 쓰시오.

106 釋 – [ ] 107 晝 – [ ]

108 晝 – [ ] 109 辭 – [ ]

110~117번

6 다음 漢字·漢字語의 뜻에 相對, 또는 反對되는 漢字·漢字語를 쓰시오.

110 深 ↔ [ ] 111 [ ] ↔ 免

112 表 ↔ [ ] 113 [ ] ↔ 慢

114 傍系 ↔ [ ] 115 [ ] ↔ 貧賤

116 重視 ↔ [ ] 117 [ ] ↔ 逆轉

118~123번

7 다음 漢字의 類義字를 漢字로 쓰시오.

118 遼 – [ ] 119 [ ] – 趣

120 超 – [ ] 121 [ ] – 潛

122 探 – [ ] 123 [ ] – 壞

124~127번

8 다음 漢字의 部首를 쓰시오.

124 翰 – [ ] 125 窮 – [ ]

126 輿 – [ ] 127 友 – [ ]

128~132번

9 다음 漢字語 중 첫소리가 長音인 單語를 골라 그 번호를 쓰시오.

128 ① 衆論 ② 中伏 ③ 主權 ④ 周到 ⑤ 週期 .... [ ]

129 ① 原色 ② 願書 ③ 元素 ④ 園藝 ⑤ 圓周 .... [ ]

130 ① 尋訪 ② 心腸 ③ 審査 ④ 心志 ⑤ 甚難 .... [ ]

131 ① 牧畜 ② 奔走 ③ 奮發 ④ 木雁 ⑤ 壁畫 .... [ ]

132 ① 滿期 ② 滿足 ③ 復舊 ④ 播種 ⑤ 播多 .... [ ]

133~134번

10 다음 짝지은 두 漢字 중에서 뜻의 연결이 다른 것 하나를 찾아 그 번호를 쓰시오.

133 [ ] ………… ① 增 − 減 ② 喜 − 努 ③ 矛 − 盾 ④ 疏 − 密

134 [ ] ………… ① 濃 − 淡 ② 收 − 枝 ③ 起 − 伏 ④ 貧 − 富

135~139번

11 다음 [ ] 안을 채워 아래 뜻의 四字成語를 완성하시오.

135 安[ ]知[ ] : 편안한 마음으로 제 분수를 지키며 만족을 앎.

136 [ ]丘[ ]心 : 고향을 그리워하는 마음을 일컫는 말.

137 [ ]火[ ]親 : 가을이 되어서 서늘하면 밤에 불을 가까이 하여 글읽기에 좋다는 말.

138 [ ]終一[ ] : 처음부터 끝까지 변함없이 한결같음.

139 [ ]不[ ]軍 : 무슨 일이든 제 생각대로 혼자 처리하는 사람을 일컫는 말.

140~142번

12 다음 漢字와 서로 어울려 뜻이 통하는 漢字를 [보기]에서 골라 漢字로 쓰시오.

보기 帳 誕 握 字 歎 諮 彈

140 [ ]問 141 掌[ ]

142 [ ]辰

143~146번

13 다음 漢字에서 밑줄친 音의 용례를 하나만 쓰시오.

보기 北 : 북, 배 − [敗北]

143 率 : 솔, 률 − [ ]

144 讀 : 독, 두 − [ ]

145 見 : 견, 현 − [ ]

146 易 : 역, 이 − [ ]

147~150번

14 다음 漢字語의 뜻을 한 두 단어의 순우리말로 옮기시오.

147 思料 : [ ]

148 具備 : [ ]

149 長姉 : [ ]

150 針線 : [ ]

(사) 한국어문회 주관

예상문제

합격문항 : 105문항
시험시간 : 60분
정　　답 : 182쪽

01~45번

1 다음 漢字語의 讀音을 쓰시오.

01 肝癌 [ ]　02 彌滿 [ ]
03 艮峴 [ ]　04 傭聘 [ ]
05 蔡邕 [ ]　06 破瓜 [ ]
07 瓊團 [ ]　08 麟筆 [ ]
09 枚擧 [ ]　10 障礙 [ ]
11 購販 [ ]　12 誤謬 [ ]
13 納徵 [ ]　14 逝去 [ ]
15 被拉 [ ]　16 纖細 [ ]
17 躍進 [ ]　18 曲阜 [ ]
19 勉勵 [ ]　20 比率 [ ]
21 放尿 [ ]　22 遵守 [ ]
23 潭深 [ ]　24 紊亂 [ ]
25 衣鉢 [ ]　26 祿俸 [ ]
27 星宿 [ ]　28 塵埃 [ ]
29 洗濯 [ ]　30 醉客 [ ]
31 巢窟 [ ]　32 技巧 [ ]
33 需要 [ ]　34 皐陶 [ ]
35 握手 [ ]　36 糖尿 [ ]
37 陽傘 [ ]　38 妙訣 [ ]
39 潔馨 [ ]　40 專貫 [ ]
41 赤裸 [ ]　42 囚繫 [ ]
43 旌善 [ ]　44 殺到 [ ]
45 隻眼 [ ]

46~72번

2 다음 漢字의 訓과 音을 쓰시오.

46 押 [ ]　47 僚 [ ]
48 狂 [ ]　49 獵 [ ]
50 槿 [ ]　51 獐 [ ]
52 耆 [ ]　53 騰 [ ]
54 擁 [ ]　55 疆 [ ]
56 塗 [ ]　57 輯 [ ]
58 廬 [ ]　59 瑞 [ ]
60 憫 [ ]　61 踰 [ ]
62 博 [ ]　63 慶 [ ]
64 蟾 [ ]　65 閨 [ ]
66 疏 [ ]　67 妄 [ ]
68 炎 [ ]　69 佐 [ ]
70 刃 [ ]　71 樑 [ ]
72 蠶 [ ]

※ 다음 글을 읽고 물음에 답하시오.

사람들은 개미가 냄새를 맡아 길을 찾는다고 말하고 있습니다. 쉴 새 없이 움직이는 더듬이로 냄새를 맡는다고 믿는 것입니다. 그러나 나는 개미의 더듬이에 냄새 맡는 **기능**[73]이 있다는 생각에 쉽사리 **동의**[74]할 수가 없었습니다. 또 어떤 사람은 개미가 개미**산**[75]과 같은 것을 길에 남겨 두었다가 나중에 그 냄새를 맡고 길을 찾는다고 말했지만, 그것도 믿기에는 너무 **근거**[76]가 없었습니다.

마침내 나는 **실험**[77]을 해 보기로 **결심**[78]했습니다. 그러나 **항상**[79] 시간에 쫓기는 내가 **병정**[80]개미의 행군을 지켜보기 위해 며칠씩이나 시간을 낼 수는 없었습니다. 나는 孫女 루시에게 나의 **계획**[81]을 말해 주고 그 일을 **付託**[82]했습니다. 루시는 **흥미**[83]를 느꼈는지 기꺼이 나를 돕겠다고 했습니다. 나의 **조수**[84]가 된 루시는 며칠 동안 **정원**[85]을 돌아다니며 병정개미의 행진을 지켜보았습니다.

어느 날, 서재에서 글을 쓰고 있는 나를 루시가 큰소리로 불렀습니다.

"할아버지, 지금 병정개미가 곰개미의 집을 **습격**[86] 하고 있어요. 빨리 나오세요!"

나는 정원으로 달려나가 루시에게 물었습니다.

"병정개미가 지나간 길을 **기억**[87]할 수 있겠니?"

"예, 잘 알고 있어요. **표시**[88]를 해 두었으니까요."

"그래? 참 잘했구나. 그런데 어떻게 표시를 했을까?"

"병정개미가 지나간 길에 돌을 얹어 놓았어요."

영리[100]한 나의 조수는 병정개미가 제 집에서 나오자마자 미리 **준비**[89]한 흰 돌을 가지고 뒤를 따르며 표시해 두었던 것입니다. 이윽고 병정개미들은 전투를 끝내고 루시가 표시해 놓은 흰 돌을 따라서 돌아오기 始作했습니다. 개미집까지의 거리는 1백 미터 가량 되었습니다. 그 정도면 내가 마음먹고 있던 실험을 해 볼 시간은 충분했습니다. 나는 루시에게 비를 가져오게 해서 개미가 지나간 길을 쓸어 내고 그 위에 새 흙을 깔아 놓았습니다. 萬若 많은 사람들이 믿고 있는 것처럼 개미가 냄새를 맡아 길을 찾는다면, 이제 병정개미는 길을 잃고 헤매게 될 것입니다.

나는 1백 미터나 되는 길을 모두 쓸어 내지는 않았습니다. 4미터 **간격**[90]으로 군데군데 길을 끊어 놓았습니다. 제각기 애벌레를 물고 집으로 돌아가던 병정개미들은 내가 끊어 놓은 첫 토막길에 **도착**[91]했습니다. **선두**[92]에 섰던 개미가 당황하여 어쩔 줄을 몰라했습니다. 뒷걸음질을 쳤다가 옆으로 나가 보기도 하고 다시 제 길로 와서는 쩔쩔맸습니다. 선두가 갈 길을 찾지 못하고 헤매는 사이에 뒤에 따라오던 개미들이 밀어닥쳐 길이 끊긴 **일대**[93]는 큰 **혼잡**[94]을 이루었습니다.

한참 동안 **우왕좌왕**[95]하던 선두 개미는 **용감**[96]하게 내가 새로 깔아 놓은 흙 위로 올라갔습니다. **행렬**[97]은 다시 질서 있게 한 줄로 **연결**[98]되었습니다. 병정개미들은 토막길이 나올 때마다 이와 똑같은 혼잡을 이루었지만, 결국 어려운 고비를 **극복**[99]하고 루시가 표시해 놓은 흰 돌을 따라 제 집으로 돌아갔습니다.

— 앙리 파브르, 「파브르 곤충기」 中 —

73~99번

3 윗글의 밑줄 친 낱말 중 漢字는 讀音으로, 낱말은 漢字로 고쳐 쓰시오.

73 기능 [ ]	74 동의 [ ]
75 산 [ ]	76 근거 [ ]
77 실험 [ ]	78 결심 [ ]

79 항상 [ ] 80 병정 [ ]

81 계획 [ ] 82 付託 [ ]

83 흥미 [ ] 84 조수 [ ]

85 정원 [ ] 86 습격 [ ]

87 기억 [ ] 88 표시 [ ]

89 준비 [ ] 90 간격 [ ]

91 도착 [ ] 92 선두 [ ]

93 일대 [ ] 94 혼잡 [ ]

95 우왕좌왕[ ] 96 용감 [ ]

97 행렬 [ ] 98 연결 [ ]

99 극복 [ ]

100~107번

4 윗글에서 밑줄 친 다음 漢字語의 同音異義語를 [ ] 안의 뜻을 참고하여 漢字로 쓰시오.

동의[74] 100 (회의 중에 토의할 안건을 제기함, 또는 그 안건) ········ [ ]

101 (같은 의견이나 논의) ········ [ ]

조수[84] 102 (새와 짐승) ········ [ ]

103 (밀물과 썰물) ········ [ ]

정원[85] 104 (규정에 의해 정한 인원) ········ [ ]

105 (완전히 둥근 원) ········ [ ]

영리[100] 106 (영리와 복리) ········ [ ]

107 (재산의 이익을 도모함) ········ [ ]

108~111번

5 다음 漢字語 중 첫소리가 長音인 單語를 골라 그 번호를 쓰시오.

108 ① 銃擊 ② 聰明 ③ 初婚 ④ 總額 ⑤ 超越 ········ [ ]

109 ① 致誠 ② 治國 ③ 恥事 ④ 齒牙 ⑤ 稚拙 ········ [ ]

110 ① 英才 ② 完備 ③ 緩急 ④ 迎接 ⑤ 年歲 ········ [ ]

111 ① 金融 ② 禁煙 ③ 禽鳥 ④ 今週 ⑤ 琴譜 ········ [ ]

112~115번

6 다음 漢字의 略字를 쓰시오.

112 歸 – [ ] 113 擴 – [ ]

114 轉 – [ ] 115 燈 – [ ]

116~120번

7 다음 漢字의 類義字를 漢字로 쓰시오.

116 憾 – [ ] 117 [ ] – 徹

118 踐 – [ ] 119 [ ] – 回

120 傾 – [ ]

121~128번

8 다음 漢字·漢字語의 뜻에 相對, 또는 反對 되는 漢字·漢字語를 쓰시오.

121 叔 ↔ [ ] 122 [ ] ↔ 譽

123 廢 ↔ [ ] 124 [ ] ↔ 望

125 取 ↔ [ ] 126 [ ] ↔ 發掘

127 濃厚 ↔ [ ] 128 [ ] ↔ 愼重

129~132번

9 다음 漢字에서 밑줄 친 音의 용례를 하나만 쓰시오.

보기 北 : 북, 배 – [敗北]

129 拾 : 십, 습 – [ ]

130 復 : 부, 복 – [ ]

131 說 : 설, 세 – [ ]

132 洞 : 동, 통 – [ ]

133~136번

10 다음 漢字語의 뜻을 순우리말로 쓰시오.

133 可憎 : [ ]

134 故意 : [ ]

135 但只 : [ ]

136 苦味 : [ ]

137~142번

11 다음 漢字의 部首를 쓰시오.

137 衡 – [ ] 138 狀 – [ ]

139 鷗 – [ ] 140 致 – [ ]

141 解 – [ ] 142 旨 – [ ]

143~144번

12 다음 짝지은 두 漢字 중에서 뜻의 연결이 다른 것 하나를 찾아 그 번호를 쓰시오.

143 [ ] ………… ① 贊 – 返 ② 姑 – 婦 ③ 勤 – 怠 ④ 動 – 靜

144 [ ] ………… ① 虛 – 實 ② 厚 – 博 ③ 乾 – 濕 ④ 單 – 複

145~150번

13 다음 [ ] 안을 채워 아래 뜻의 四字成語를 완성하시오.

145 [ ] 蜜 [ ] 劍 : 겉으로는 친절한 체하나 속으로는 해칠 생각을 지님을 비유하여 이르는 말.

146 龍 [ ] 蛇 [ ] : 야단스럽게 시작하여 흐지부지 끝남을 비유하여 이르는 말.

147 難 [ ] 不 [ ] : 공격하기가 어려워 좀처럼 함락되지 아니함.

148 結 [ ] [ ] 之 : 일을 시작한 사람이 끝맺음 또는 원인을 제공한 사람이 해결을 해야 한다는 말.

149 改 [ ] [ ] 善 : 지나간 잘못을 고치고 착하게 됨.

150 苦 [ ] 之 [ ] : 어려운 사태에서 벗어나기 위한 수단으로 제 몸을 괴롭히면서까지 짜내는 계책.

■ 사단법인 한국어문회 201

수험번호 □□□-□□-□□□□□ 성명 □□□□□

생년월일 □□□□□□ ※ 주민등록번호 앞 6자리 숫자를 기입하십시오. ※ 성명은 한글로 작성

※ 필기구는 검정색 볼펜만 가능

※ 답안지는 컴퓨터로 처리되므로 구기거나 더럽히지 마시고, 정답 칸 안에만 쓰십시오. 글씨가 채점란으로 들어오면 오답처리가 됩니다.

공인민간자격 전국한자능력검정시험 2급 답안지(1) (시험시간 : 60분)

답안란		채점란		답안란		채점란		답안란		채점란	
번호	정답	1검	2검	번호	정답	1검	2검	번호	정답	1검	2검
1				24				47			
2				25				48			
3				26				49			
4				27				50			
5				28				51			
6				29				52			
7				30				53			
8				31				54			
9				32				55			
10				33				56			
11				34				57			
12				35				58			
13				36				59			
14				37				60			
15				38				61			
16				39				62			
17				40				63			
18				41				64			
19				42				65			
20				43				66			
21				44				67			
22				45				68			
23				46				69			

감독위원	채점위원(1)		채점위원(2)		채점위원(3)	
(서명)	(득점)	(서명)	(득점)	(서명)	(득점)	(서명)

※뒷면으로 이어짐

※ 답안지는 컴퓨터로 처리되므로 구기거나 더럽히지 마시고, 정답 칸 안에만 쓰십시오. 글씨가 채점란으로 들어오면 오답처리가 됩니다.

공인민간자격 전국한자능력검정시험 2급 답안지(2) (시험시간 : 60분)

답안란		채점란		답안란		채점란		답안란		채점란	
번호	정답	1검	2검	번호	정답	1검	2검	번호	정답	1검	2검
70				97				124			
71				98				125			
72				99				126			
73				100				127			
74				101				128			
75				102				129			
76				103				130			
77				104				131			
78				105				132			
79				106				133			
80				107				134			
81				108				135			
82				109				136			
83				110				137			
84				111				138			
85				112				139			
86				113				140			
87				114				141			
88				115				142			
89				116				143			
90				117				144			
91				118				145			
92				119				146			
93				120				147			
94				121				148			
95				122				149			
96				123				150			

■ 사단법인 한국어문회 201 ■

수험번호 □□□-□□-□□□□□ 성명 □□□□□

생년월일 □□□□□□ ※ 주민등록번호 앞 6자리 숫자를 기입하십시오. ※ 성명은 한글로 작성

※ 필기구는 검정색 볼펜만 가능

※ 답안지는 컴퓨터로 처리되므로 구기거나 더럽히지 마시고, 정답 칸 안에만 쓰십시오. 글씨가 채점란으로 들어오면 오답처리가 됩니다.

공인민간자격 전국한자능력검정시험 2급 답안지(1) (시험시간 : 60분)

답안란		채점란		답안란		채점란		답안란		채점란	
번호	정답	1검	2검	번호	정답	1검	2검	번호	정답	1검	2검
1				24				47			
2				25				48			
3				26				49			
4				27				50			
5				28				51			
6				29				52			
7				30				53			
8				31				54			
9				32				55			
10				33				56			
11				34				57			
12				35				58			
13				36				59			
14				37				60			
15				38				61			
16				39				62			
17				40				63			
18				41				64			
19				42				65			
20				43				66			
21				44				67			
22				45				68			
23				46				69			

감독위원	채점위원(1)		채점위원(2)		채점위원(3)	
(서명)	(득점)	(서명)	(득점)	(서명)	(득점)	(서명)

■ ※뒷면으로 이어짐 ■

※ 답안지는 컴퓨터로 처리되므로 구기거나 더럽히지 마시고, 정답 칸 안에만 쓰십시오. 글씨가 채점란으로 들어오면 오답처리가 됩니다.

공인민간자격 전국한자능력검정시험 2급 답안지(2) (시험시간 : 60분)

답안란		채점란		답안란		채점란		답안란		채점란	
번호	정답	1검	2검	번호	정답	1검	2검	번호	정답	1검	2검
70				97				124			
71				98				125			
72				99				126			
73				100				127			
74				101				128			
75				102				129			
76				103				130			
77				104				131			
78				105				132			
79				106				133			
80				107				134			
81				108				135			
82				109				136			
83				110				137			
84				111				138			
85				112				139			
86				113				140			
87				114				141			
88				115				142			
89				116				143			
90				117				144			
91				118				145			
92				119				146			
93				120				147			
94				121				148			
95				122				149			
96				123				150			

■ ■

■ 사단법인 한국어문회 201

수험번호 □□□-□□-□□□□ 성명 □□□□□

생년월일 □□□□□□ ※ 주민등록번호 앞 6자리 숫자를 기입하십시오. ※성명은 한글로 작성
※ 필기구는 검정색 볼펜만 가능

※ 답안지는 컴퓨터로 처리되므로 구기거나 더럽히지 마시고, 정답 칸 안에만 쓰십시오. 글씨가 채점란으로 들어오면 오답처리가 됩니다.

공인민간자격 전국한자능력검정시험 2급 답안지(1) (시험시간 : 60분)

답안란		채점란		답안란		채점란		답안란		채점란	
번호	정답	1검	2검	번호	정답	1검	2검	번호	정답	1검	2검
1				24				47			
2				25				48			
3				26				49			
4				27				50			
5				28				51			
6				29				52			
7				30				53			
8				31				54			
9				32				55			
10				33				56			
11				34				57			
12				35				58			
13				36				59			
14				37				60			
15				38				61			
16				39				62			
17				40				63			
18				41				64			
19				42				65			
20				43				66			
21				44				67			
22				45				68			
23				46				69			

감독위원	채점위원(1)		채점위원(2)		채점위원(3)	
(서명)	(득점)	(서명)	(득점)	(서명)	(득점)	(서명)

※뒷면으로 이어짐

※ 답안지는 컴퓨터로 처리되므로 구기거나 더럽히지 마시고, 정답 칸 안에만 쓰십시오. 글씨가 채점란으로 들어오면 오답처리가 됩니다.

공인민간자격 전국한자능력검정시험 2급 답안지(2) (시험시간 : 60분)

답안란		채점란		답안란		채점란		답안란		채점란	
번호	정답	1검	2검	번호	정답	1검	2검	번호	정답	1검	2검
70				97				124			
71				98				125			
72				99				126			
73				100				127			
74				101				128			
75				102				129			
76				103				130			
77				104				131			
78				105				132			
79				106				133			
80				107				134			
81				108				135			
82				109				136			
83				110				137			
84				111				138			
85				112				139			
86				113				140			
87				114				141			
88				115				142			
89				116				143			
90				117				144			
91				118				145			
92				119				146			
93				120				147			
94				121				148			
95				122				149			
96				123				150			

■ 사단법인 한국어문회 2 0 1 ■

수험번호 □□□-□□-□□□□□ 성명 □□□□□

생년월일 □□□□□□ ※ 주민등록번호 앞 6자리 숫자를 기입하십시오. ※ 성명은 한글로 작성
※ 필기구는 검정색 볼펜만 가능

※ 답안지는 컴퓨터로 처리되므로 구기거나 더럽히지 마시고, 정답 칸 안에만 쓰십시오. 글씨가 채점란으로 들어오면 오답처리가 됩니다.

공인민간자격 전국한자능력검정시험 2급 답안지(1) (시험시간 : 60분)

답안란		채점란		답안란		채점란		답안란		채점란	
번호	정답	1검	2검	번호	정답	1검	2검	번호	정답	1검	2검
1				24				47			
2				25				48			
3				26				49			
4				27				50			
5				28				51			
6				29				52			
7				30				53			
8				31				54			
9				32				55			
10				33				56			
11				34				57			
12				35				58			
13				36				59			
14				37				60			
15				38				61			
16				39				62			
17				40				63			
18				41				64			
19				42				65			
20				43				66			
21				44				67			
22				45				68			
23				46				69			

감독위원	채점위원(1)		채점위원(2)		채점위원(3)	
(서명)	(득점)	(서명)	(득점)	(서명)	(득점)	(서명)

■ ※뒷면으로 이어짐 ■

※ 답안지는 컴퓨터로 처리되므로 구기거나 더럽히지 마시고, 정답 칸 안에만 쓰십시오. 글씨가 채점란으로 들어오면 오답처리가 됩니다.

공인민간자격 전국한자능력검정시험 2급 답안지(2) (시험시간 : 60분)

답안란		채점란		답안란		채점란		답안란		채점란	
번호	정답	1검	2검	번호	정답	1검	2검	번호	정답	1검	2검
70				97				124			
71				98				125			
72				99				126			
73				100				127			
74				101				128			
75				102				129			
76				103				130			
77				104				131			
78				105				132			
79				106				133			
80				107				134			
81				108				135			
82				109				136			
83				110				137			
84				111				138			
85				112				139			
86				113				140			
87				114				141			
88				115				142			
89				116				143			
90				117				144			
91				118				145			
92				119				146			
93				120				147			
94				121				148			
95				122				149			
96				123				150			

■ 사단법인 한국어문회 2 0 1 ■

수험번호 □□□-□□-□□□□□ 성명 □□□□□

생년월일 □□□□□□ ※ 주민등록번호 앞 6자리 숫자를 기입하십시오. ※ 성명은 한글로 작성
※ 필기구는 검정색 볼펜만 가능

※ 답안지는 컴퓨터로 처리되므로 구기거나 더럽히지 마시고, 정답 칸 안에만 쓰십시오. 글씨가 채점란으로 들어오면 오답처리가 됩니다.

공인민간자격 전국한자능력검정시험 2급 답안지(1) (시험시간 : 60분)

답안란		채점란		답안란		채점란		답안란		채점란	
번호	정답	1검	2검	번호	정답	1검	2검	번호	정답	1검	2검
1				24				47			
2				25				48			
3				26				49			
4				27				50			
5				28				51			
6				29				52			
7				30				53			
8				31				54			
9				32				55			
10				33				56			
11				34				57			
12				35				58			
13				36				59			
14				37				60			
15				38				61			
16				39				62			
17				40				63			
18				41				64			
19				42				65			
20				43				66			
21				44				67			
22				45				68			
23				46				69			

감독위원	채점위원(1)		채점위원(2)		채점위원(3)	
(서명)	(득점)	(서명)	(득점)	(서명)	(득점)	(서명)

■ ※뒷면으로 이어짐 ■

※ 답안지는 컴퓨터로 처리되므로 구기거나 더럽히지 마시고, 정답 칸 안에만 쓰십시오. 글씨가 채점란으로 들어오면 오답처리가 됩니다.

공인민간자격 전국한자능력검정시험 2급 답안지(2) (시험시간 : 60분)

답안란		채점란		답안란		채점란		답안란		채점란	
번호	정답	1검	2검	번호	정답	1검	2검	번호	정답	1검	2검
70				97				124			
71				98				125			
72				99				126			
73				100				127			
74				101				128			
75				102				129			
76				103				130			
77				104				131			
78				105				132			
79				106				133			
80				107				134			
81				108				135			
82				109				136			
83				110				137			
84				111				138			
85				112				139			
86				113				140			
87				114				141			
88				115				142			
89				116				143			
90				117				144			
91				118				145			
92				119				146			
93				120				147			
94				121				148			
95				122				149			
96				123				150			

■ 사단법인 한국어문회 2 0 1 ■

수험번호 □□□-□□-□□□□ 성명 □□□□□

생년월일 □□□□□□ ※ 주민등록번호 앞 6자리 숫자를 기입하십시오. ※ 성명은 한글로 작성

※ 필기구는 검정색 볼펜만 가능

※ 답안지는 컴퓨터로 처리되므로 구기거나 더럽히지 마시고, 정답 칸 안에만 쓰십시오. 글씨가 채점란으로 들어오면 오답처리가 됩니다.

공인민간자격 전국한자능력검정시험 2급 답안지(1) (시험시간 : 60분)

답안란		채점란		답안란		채점란		답안란		채점란	
번호	정답	1검	2검	번호	정답	1검	2검	번호	정답	1검	2검
1				24				47			
2				25				48			
3				26				49			
4				27				50			
5				28				51			
6				29				52			
7				30				53			
8				31				54			
9				32				55			
10				33				56			
11				34				57			
12				35				58			
13				36				59			
14				37				60			
15				38				61			
16				39				62			
17				40				63			
18				41				64			
19				42				65			
20				43				66			
21				44				67			
22				45				68			
23				46				69			

감독위원	채점위원(1)		채점위원(2)		채점위원(3)	
(서명)	(득점)	(서명)	(득점)	(서명)	(득점)	(서명)

■ ※뒷면으로 이어짐 ■

※ 답안지는 컴퓨터로 처리되므로 구기거나 더럽히지 마시고, 정답 칸 안에만 쓰십시오. 글씨가 채점란으로 들어오면 오답처리가 됩니다.

공인민간자격 전국한자능력검정시험 2급 답안지(2) (시험시간 : 60분)

답안란		채점란		답안란		채점란		답안란		채점란	
번호	정답	1검	2검	번호	정답	1검	2검	번호	정답	1검	2검
70				97				124			
71				98				125			
72				99				126			
73				100				127			
74				101				128			
75				102				129			
76				103				130			
77				104				131			
78				105				132			
79				106				133			
80				107				134			
81				108				135			
82				109				136			
83				110				137			
84				111				138			
85				112				139			
86				113				140			
87				114				141			
88				115				142			
89				116				143			
90				117				144			
91				118				145			
92				119				146			
93				120				147			
94				121				148			
95				122				149			
96				123				150			

■ 사단법인 한국어문회 2 0 1 ■

수험번호 □□□-□□-□□□□ 성명 □□□□□

생년월일 □□□□□□ ※ 주민등록번호 앞 6자리 숫자를 기입하십시오. ※ 성명은 한글로 작성
※ 필기구는 검정색 볼펜만 가능

※ 답안지는 컴퓨터로 처리되므로 구기거나 더럽히지 마시고, 정답 칸 안에만 쓰십시오. 글씨가 채점란으로 들어오면 오답처리가 됩니다.

공인민간자격 전국한자능력검정시험 2급 답안지(1) (시험시간 : 60분)

답안란		채점란		답안란		채점란		답안란		채점란	
번호	정답	1검	2검	번호	정답	1검	2검	번호	정답	1검	2검
1				24				47			
2				25				48			
3				26				49			
4				27				50			
5				28				51			
6				29				52			
7				30				53			
8				31				54			
9				32				55			
10				33				56			
11				34				57			
12				35				58			
13				36				59			
14				37				60			
15				38				61			
16				39				62			
17				40				63			
18				41				64			
19				42				65			
20				43				66			
21				44				67			
22				45				68			
23				46				69			

감독위원	채점위원(1)		채점위원(2)		채점위원(3)	
(서명)	(득점)	(서명)	(득점)	(서명)	(득점)	(서명)

■ ※뒷면으로 이어짐 ■

※ 답안지는 컴퓨터로 처리되므로 구기거나 더럽히지 마시고, 정답 칸 안에만 쓰십시오. 글씨가 채점란으로 들어오면 오답처리가 됩니다.

공인민간자격 전국한자능력검정시험 2급 답안지(2) (시험시간 : 60분)

답안란		채점란		답안란		채점란		답안란		채점란	
번호	정답	1검	2검	번호	정답	1검	2검	번호	정답	1검	2검
70				97				124			
71				98				125			
72				99				126			
73				100				127			
74				101				128			
75				102				129			
76				103				130			
77				104				131			
78				105				132			
79				106				133			
80				107				134			
81				108				135			
82				109				136			
83				110				137			
84				111				138			
85				112				139			
86				113				140			
87				114				141			
88				115				142			
89				116				143			
90				117				144			
91				118				145			
92				119				146			
93				120				147			
94				121				148			
95				122				149			
96				123				150			

■ ■

■ 사단법인 한국어문회 201 ■

수험번호 □□□-□□-□□□□□ 성명 □□□□□

생년월일 □□□□□□ ※ 주민등록번호 앞 6자리 숫자를 기입하십시오. ※성명은 한글로 작성 ※ 필기구는 검정색 볼펜만 가능

※ 답안지는 컴퓨터로 처리되므로 구기거나 더럽히지 마시고, 정답 칸 안에만 쓰십시오. 글씨가 채점란으로 들어오면 오답처리가 됩니다.

공인민간자격 전국한자능력검정시험 2급 답안지(1) (시험시간 : 60분)

답안란		채점란		답안란		채점란		답안란		채점란	
번호	정답	1검	2검	번호	정답	1검	2검	번호	정답	1검	2검
1				24				47			
2				25				48			
3				26				49			
4				27				50			
5				28				51			
6				29				52			
7				30				53			
8				31				54			
9				32				55			
10				33				56			
11				34				57			
12				35				58			
13				36				59			
14				37				60			
15				38				61			
16				39				62			
17				40				63			
18				41				64			
19				42				65			
20				43				66			
21				44				67			
22				45				68			
23				46				69			

감독위원	채점위원(1)		채점위원(2)		채점위원(3)	
(서명)	(득점)	(서명)	(득점)	(서명)	(득점)	(서명)

※뒷면으로 이어짐

※ 답안지는 컴퓨터로 처리되므로 구기거나 더럽히지 마시고, 정답 칸 안에만 쓰십시오. 글씨가 채점란으로 들어오면 오답처리가 됩니다.

공인민간자격 전국한자능력검정시험 2급 답안지(2) (시험시간 : 60분)

답안란		채점란		답안란		채점란		답안란		채점란	
번호	정답	1검	2검	번호	정답	1검	2검	번호	정답	1검	2검
70				97				124			
71				98				125			
72				99				126			
73				100				127			
74				101				128			
75				102				129			
76				103				130			
77				104				131			
78				105				132			
79				106				133			
80				107				134			
81				108				135			
82				109				136			
83				110				137			
84				111				138			
85				112				139			
86				113				140			
87				114				141			
88				115				142			
89				116				143			
90				117				144			
91				118				145			
92				119				146			
93				120				147			
94				121				148			
95				122				149			
96				123				150			

■ 사단법인 한국어문회 201 ■

수험번호 □□□-□□-□□□□□ 성명 □□□□□

생년월일 □□□□□□ ※ 주민등록번호 앞 6자리 숫자를 기입하십시오. ※성명은 한글로 작성

※ 필기구는 검정색 볼펜만 가능

※ 답안지는 컴퓨터로 처리되므로 구기거나 더럽히지 마시고, 정답 칸 안에만 쓰십시오. 글씨가 채점란으로 들어오면 오답처리가 됩니다.

공인민간자격 전국한자능력검정시험 2급 답안지(1) (시험시간 : 60분)

답안란		채점란		답안란		채점란		답안란		채점란	
번호	정답	1검	2검	번호	정답	1검	2검	번호	정답	1검	2검
1				24				47			
2				25				48			
3				26				49			
4				27				50			
5				28				51			
6				29				52			
7				30				53			
8				31				54			
9				32				55			
10				33				56			
11				34				57			
12				35				58			
13				36				59			
14				37				60			
15				38				61			
16				39				62			
17				40				63			
18				41				64			
19				42				65			
20				43				66			
21				44				67			
22				45				68			
23				46				69			

감독위원	채점위원(1)		채점위원(2)		채점위원(3)	
(서명)	(득점)	(서명)	(득점)	(서명)	(득점)	(서명)

■ ※뒷면으로 이어짐 ■

※ 답안지는 컴퓨터로 처리되므로 구기거나 더럽히지 마시고, 정답 칸 안에만 쓰십시오. 글씨가 채점란으로 들어오면 오답처리가 됩니다.

공인민간자격 전국한자능력검정시험 2급 답안지(2) (시험시간 : 60분)

답안란		채점란		답안란		채점란		답안란		채점란	
번호	정답	1검	2검	번호	정답	1검	2검	번호	정답	1검	2검
70				97				124			
71				98				125			
72				99				126			
73				100				127			
74				101				128			
75				102				129			
76				103				130			
77				104				131			
78				105				132			
79				106				133			
80				107				134			
81				108				135			
82				109				136			
83				110				137			
84				111				138			
85				112				139			
86				113				140			
87				114				141			
88				115				142			
89				116				143			
90				117				144			
91				118				145			
92				119				146			
93				120				147			
94				121				148			
95				122				149			
96				123				150			

■ 사단법인 한국어문회 201 ■

수험번호 □□□-□□-□□□□ 성명 □□□□□

생년월일 □□□□□□ ※ 주민등록번호 앞 6자리 숫자를 기입하십시오. ※성명은 한글로 작성

※ 필기구는 검정색 볼펜만 가능

※ 답안지는 컴퓨터로 처리되므로 구기거나 더럽히지 마시고, 정답 칸 안에만 쓰십시오. 글씨가 채점란으로 들어오면 오답처리가 됩니다.

공인민간자격 전국한자능력검정시험 2급 답안지(1) (시험시간 : 60분)

답안란		채점란		답안란		채점란		답안란		채점란	
번호	정답	1검	2검	번호	정답	1검	2검	번호	정답	1검	2검
1				24				47			
2				25				48			
3				26				49			
4				27				50			
5				28				51			
6				29				52			
7				30				53			
8				31				54			
9				32				55			
10				33				56			
11				34				57			
12				35				58			
13				36				59			
14				37				60			
15				38				61			
16				39				62			
17				40				63			
18				41				64			
19				42				65			
20				43				66			
21				44				67			
22				45				68			
23				46				69			

감독위원	채점위원(1)		채점위원(2)		채점위원(3)	
(서명)	(득점)	(서명)	(득점)	(서명)	(득점)	(서명)

■ ※뒷면으로 이어짐 ■

※ 답안지는 컴퓨터로 처리되므로 구기거나 더럽히지 마시고, 정답 칸 안에만 쓰십시오. 글씨가 채점란으로 들어오면 오답처리가 됩니다.

공인민간자격 전국한자능력검정시험 2급 답안지(2) (시험시간 : 60분)

답안란		채점란		답안란		채점란		답안란		채점란	
번호	정답	1검	2검	번호	정답	1검	2검	번호	정답	1검	2검
70				97				124			
71				98				125			
72				99				126			
73				100				127			
74				101				128			
75				102				129			
76				103				130			
77				104				131			
78				105				132			
79				106				133			
80				107				134			
81				108				135			
82				109				136			
83				110				137			
84				111				138			
85				112				139			
86				113				140			
87				114				141			
88				115				142			
89				116				143			
90				117				144			
91				118				145			
92				119				146			
93				120				147			
94				121				148			
95				122				149			
96				123				150			

■ ■

(사) 한국어문회 주관

한자능력검정시험

2급

기출 · 예상문제

(1회 ~ 5회)

• 정답과 해설은 184 ~ 191쪽에 있습니다.

(사) 한국어문회 주관

제 01 회 기출 · 예상문제

합격문항 : 105문항
시험시간 : 60분
정　　답 : 184쪽

01~45번

1 다음 밑줄 친 또는 제시한 漢字語의 讀音을 쓰시오.

01 이런 趨勢라면 올해 무역 흑자가 예상된다. …………………… [　　　]

02 자율적인 시민을 육성하는 것이 민주주의의 발전에 큰 關鍵이다. ……… [　　　]

03 그는 숨이 막히는 窒息의 고통 속에서 울부짖었다. …………………… [　　　]

04 뇌물을 당연한 일로 여기는 그들의 橫暴에 분노를 금할 길이 없었다. ….. [　　　]

05 현관에는 단정한 해서체로 쓴 扁額이 걸려 있었다. …………………… [　　　]

06 이번 기회에 모든 弊端을 잘라 버리기로 하였다. …………………… [　　　]

07 주말이면 도로가 극심한 滯症을 빚고 있다. …………………… [　　　]

08 그는 부하들에게 폭력을 敎唆한 혐의로 검거되었다. …………………… [　　　]

09 그의 집은 지붕의 경사가 급한 일본식 構造의 기와집이었다. ……………… [　　　]

10 그들의 가장 시급한 문제는 민족 紛糾를 해결하는 것이다. ……………… [　　　]

11 향기는 물론 맛도 比較가 되지 않았다. …………………… [　　　]

12 국기를 揭揚하는 동안 모두 경건하게 국기를 향했다. …………………… [　　　]

13 그는 지나치게 偏僻한 성품이라 사람들이 쉽게 범접할 수 없었다. ………… [　　　]

14 노동자들은 解雇 통지를 받고 극도의 절망감에 빠졌다. …………………… [　　　]

15 땅굴은 坑道처럼 굵은 말뚝들이 촘촘하게 박혀 있었다. …………………… [　　　]

16 조각품에서 옥돌을 彫琢한 장인의 숨결이 느껴졌다. …………………… [　　　]

17 과거시험에 급제하여 임금을 拜謁하였다. …………………… [　　　]

18 선수들은 세계 선수권 대회의 制霸를 염원하였다. …………………… [　　　]

19 주차 금지 구역에 주차한 차량을 牽引하였다. …………………… [　　　]

20 토지는 肥沃하여서 한 사람이 지어서 열 사람이 먹을 만하다. ……………… [　　　]

21 扈衛 [　　　]　22 許諾 [　　　]

23 遮斷 [　　　]　24 杏花 [　　　]

25 閥閱 [　　　]　26 海諒 [　　　]

27 保佑 [　　　]　28 配慮 [　　　]

29 穩健 [　　　]　30 邊疆 [　　　]

31 逝去 [　　　]　32 阿膠 [　　　]

33 淳朴 [　　　]　34 滄浪 [　　　]

35 籠城 [　　　]　36 火魔 [　　　]

37 爆藥 [　　　]　38 借款 [　　　]

39 胤玉 [　　　]　40 焦燥 [　　　]

41 徽章 [ ] 42 停頓 [ ]

43 孟軻 [ ] 44 簡札 [ ]

45 揷畫 [ ]

46~72번

2 다음 漢字의 訓과 音을 쓰시오.

46 楞 [ ] 47 沮 [ ]

48 敞 [ ] 49 蟾 [ ]

50 遞 [ ] 51 爀 [ ]

52 甄 [ ] 53 膽 [ ]

54 闇 [ ] 55 傘 [ ]

56 庚 [ ] 57 佾 [ ]

58 揆 [ ] 59 弁 [ ]

60 蒸 [ ] 61 憩 [ ]

62 鉢 [ ] 63 隻 [ ]

64 惹 [ ] 65 墺 [ ]

66 姚 [ ] 67 礙 [ ]

68 邕 [ ] 69 釣 [ ]

70 珏 [ ] 71 衷 [ ]

72 翰 [ ]

73~77번

3 다음 漢字語 중 첫 音節이 長音으로 발음되는 것의 번호를 쓰시오.

73 ① 輸出 ② 指數 ③ 脈絡 ④ 累積

………………………………………… [ ]

74 ① 試案 ② 手續 ③ 博覽 ④ 虛像

………………………………………… [ ]

75 ① 授受 ② 體育 ③ 衣冠 ④ 讓渡

………………………………………… [ ]

76 ① 派遣 ② 假裝 ③ 原因 ④ 人類

………………………………………… [ ]

77 ① 週末 ② 婚事 ③ 命令 ④ 睡眠

………………………………………… [ ]

78~107번

4 다음 밑줄 친 漢字語를 漢字[正字]로 쓰시오.

78 지역 간의 <u>균형</u> 있는 발전에 이바지하였다.

………………………………………… [ ]

79 저녁 <u>황혼</u> 속을 몇 마리의 새들이 날아올랐다.

………………………………………… [ ]

80 새벽 공기는 상쾌하게 <u>심장</u>에 스며들었다.

………………………………………… [ ]

81 유네스코가 창덕궁을 세계문화유산으로 <u>등재</u>하였다. ………………………… [ ]

82 남북 간의 문제는 대화와 <u>타협</u>으로 풀어야 한다. ………………………… [ ]

83 르네상스 운동은 유럽의 여러 나라로 <u>전파</u>되었다. ………………………… [ ]

84 달빛이 가득한 집안에는 짙은 <u>정적</u>만이 감돌고 있다. ………………………… [ ]

85 30년 만에 만난 두 사람은 <u>포옹</u>한 채 흐느껴 울었다. ………………………… [ ]

86 은혜를 저버리는 사람은 <u>금수</u>만도 못하다.

………………………………………… [ ]

87 "장래를 위하여"라며 <u>건배</u>를 제의하였다.

………………………………………… [ ]

88 서까래의 자연스런 곡선은 한옥의 <u>운치</u>를 더해 주었다. ………………………… [ ]

89 돌보지 않은 정원에 잡초가 <u>무성</u>하게 자라 있었다. ………………………… [ ]

90 그는 이야기를 듣는 **순간** 가슴이 먹먹했다. ………… [ ]

91 그는 인생과 자연을 해석하고 **사색**하기를 좋아하였다. ………… [ ]

92 그들의 마음속에는 핏줄이 터질 것 같은 **증오**가 들끓었다. ………… [ ]

93 양국 간에 군사적 **긴장**이 높아 가고 있다. ………… [ ]

94 그는 온갖 어려움을 겪으면서도 사회발전에 크게 **기여**하였다. ………… [ ]

95 할아버지의 병이 위중하여 **경각**도 지체할 수 없었다. ………… [ ]

96 성난 군중은 진압대의 저지선을 **돌파**하였다. ………… [ ]

97 국민들은 이번 선거를 비교적 공정했던 것으로 **인식**하였다. ………… [ ]

98 어느 사회에서나 중년세대는 중추적인 **역할**을 해왔다. ………… [ ]

99 그들은 새로운 희망과 **환희**에 들떠 있었다. ………… [ ]

100 친환경에너지 시장을 둘러싼 업체의 **각축**은 더욱 치열해질 것이다. ………… [ ]

101 그는 이번 등반을 새로운 **도전**의 계기로 삼았다. ………… [ ]

102 이번 지진의 **참상**은 차마 눈을 뜨고 볼 수가 없을 정도였다. ………… [ ]

103 그는 이익에 눈이 멀어 **지조**를 팽개치고 말았다. ………… [ ]

104 국제대회에서 금메달을 따내는 **쾌거**를 이뤄냈다. ………… [ ]

105 왜적의 침입으로 백성들의 **비통**한 분노는 형언할 수가 없었다. ………… [ ]

106 따뜻한 봄 햇살이 우리들을 바깥으로 **유혹**했다. ………… [ ]

107 젊은이들의 순수한 **정열**을 긍정적으로 평가하였다. ………… [ ]

108~112번

5 다음 漢字와 비슷한 뜻을 가진 漢字[正字]를 [ ] 안에 써넣어 문장에 적합한 漢字語가 되게 하시오.

108 소고기 가격이 갑자기 떨어져 돼지고기 판매업자가 큰 打[ ]을 입었다.

109 그 형상은 전통적으로 承[ ]되어 민족적인 특성을 잘 보존하고 있다.

110 보고서에는 맞춤법 [ ]謬가 많았다.

111 그녀는 나이에 비하여 고운 [ ]態를 지니고 있었다.

112 아무리 가난해도 남을 救[ ]할 생각만 있다면 얼마간이라도 도와줄 것은 있을 것이다.

113~117번

6 다음 漢字와 뜻이 反義 또는 相對되는 漢字[正字]를 써서 漢字語를 완성하시오.

113 雌 ↔ [ ] 114 經 ↔ [ ]

115 寒 ↔ [ ] 116 慶 ↔ [ ]

117 浮 ↔ [ ]

118~122번

7 다음 漢字語의 反對語 또는 相對語를 2음절로 된 漢字[正字]로 쓰시오.

118 模倣 ↔ [ ] 119 忘却 ↔ [ ]

120 需要 ↔ [ ] 121 內包 ↔ [ ]

122 加入 ↔ [ ]

123~132번

8 다음 [ ] 안에 알맞은 漢字[正字]를 써넣어 四字成語를 완성하시오.

123 泥[ ][ ]狗 : 자기의 이익을 위하여 비열하게 다툼.

124 [ ]人[ ]客 : 시문과 서화를 일삼는 풍류객.

125 如[ ]薄[ ] : 아슬아슬하고 위험한 일.

126 切齒[ ][ ] : 몹시 분하여 이를 갈고 속을 썩임.

127 [ ]膽相[ ] : 서로 속마음을 터놓고 친하게 사귐.

128 三[ ][ ]廬 : 인재를 맞아들이기 위하여 참을성 있게 예를 다함.

129 乘[ ]長[ ] : 싸움에 이긴 형세를 타고 계속 몰아침.

130 四[ ]五[ ] : 여러 갈래로 갈기갈기 찢어지거나 어지럽게 흩어짐.

131 同[ ]相[ ] : 어려운 처지에 있는 사람끼리 서로 가엾게 여김.

132 [ ]雪之[ ] : 고생하면서도 꾸준하게 학문을 닦는 자세.

133~137번

9 다음 漢字語의 同音異義語를 漢字[正字]로 쓰되, 제시된 뜻에 맞는 것으로 하시오.

133 訴願 – [ ] : 지내는 사이가 두텁지 않고 서먹서먹함.

134 飛上 – [ ] : 뜻밖의 긴급한 상태.

135 匹敵 – [ ] : 글씨의 모양이나 솜씨.

136 善書 – [ ] : 여러 사람 앞에서 맹세함.

137 修辭 – [ ] : 범인을 확보하고 범죄에 관한 증거를 수집하는 수사 기관의 활동.

138~142번

10 다음 漢字의 部首를 쓰시오.

138 尤 – [ ] 139 鹽 – [ ]

140 豫 – [ ] 141 串 – [ ]

142 卨 – [ ]

143~145번

11 다음 漢字의 略字를 쓰시오.

143 夢 – [ ] 144 壽 – [ ]

145 龜 – [ ]

146~150번

12 다음 漢字語의 뜻을 각각 10음절 내외로 쓰시오.

146 駿足 : [ ]

147 逸品 : [ ]

148 刹那 : [ ]

149 隷屬 : [ ]

150 古稀 : [ ]

(사) 한국어문회 주관

기출 · 예상문제

합격문항 : 105문항
시험시간 : 60분
정 답 : 185쪽

01~20번

1 다음 밑줄 친 漢字語의 讀音을 쓰시오.

01 왕건을 推戴하여 고려 개국의 대업을 이루었다. [ ]

02 서로의 생각을 折衷하여 좋은 안을 마련하였다. [ ]

03 세균이 繁殖하기 쉬운 조건은 적당한 온도와 수분이다. [ ]

04 권농정책으로 토지 제도를 정비하고 개간 사업을 獎勵하였다. [ ]

05 각 공구의 공사는 순조롭게 進陟되었다. [ ]

06 그의 성품은 比肩할 수 없는 본보기로서 존경을 받았다. [ ]

07 구릉지 주변에 彫刻공원을 조성하였다. [ ]

08 그림을 그린 뒤 시를 짓고 落款을 찍었다. [ ]

09 향리제도를 마련하여 지방 세력을 牽制하였다. [ ]

10 잘못된 정책 등으로 정치적 분쟁과 혼란을 惹起시켰다. [ ]

11 아주 보잘것없는 풀 한 포기에서도 자연의 攝理를 배운다. [ ]

12 임금의 덕을 찬양하기 위해 여러 책을 獻呈하였다. [ ]

13 생활양식과 달리 그의 글은 아주 소박하고 穩健하다. [ ]

14 감염을 확실히 판단하기 위해 다시 確診 검사를 해야 한다. [ ]

15 나도 모르게 그 아름다움에 魅了되고 말았다. [ ]

16 인적 誤謬는 사람이 수행하는 모든 업무에서 발생할 수 있다. [ ]

17 사소한 실수가 歪曲된 사실을 이끌 수도 있다. [ ]

18 외부의 상이 網膜에 비쳐 물체의 모양을 알 수 있다. [ ]

19 임명동의안 표결을 통한 국회의 認准 절차를 거쳐야 한다. [ ]

20 "椿府丈께서는 별고 없으신가?" [ ]

21~45번

2 다음 漢字語의 讀音을 쓰시오.

21 鑄型 [ ] 22 勳爵 [ ]

23 威脅 [ ] 24 災殃 [ ]

25 噫嗚 [ ] 26 餘址 [ ]

27 令孃 [ ] 28 號俸 [ ]

29 冕服 [ ] 30 隋唐 [ ]

31 韋編 [ ] 32 池塘 [ ]

33 拉致 [ ] 34 謄本 [ ]

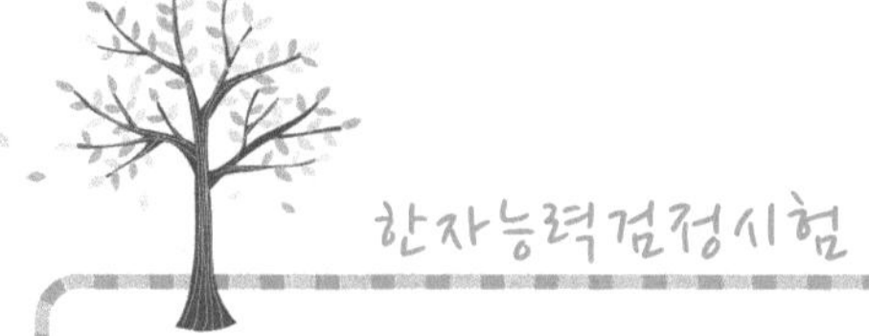

35 沮止 [ ] 36 颱風 [ ]

37 拘礙 [ ] 38 抛棄 [ ]

39 巡廻 [ ] 40 鴨爐 [ ]

41 鞦韆 [ ] 42 敞麗 [ ]

43 沐浴 [ ] 44 寺刹 [ ]

45 醫療 [ ]

46~72번

3 다음 漢字의 訓과 音을 쓰시오.

46 衍 [ ] 47 稷 [ ]

48 遮 [ ] 49 斬 [ ]

50 販 [ ] 51 霸 [ ]

52 樑 [ ] 53 膺 [ ]

54 祐 [ ] 55 賠 [ ]

56 鈺 [ ] 57 暢 [ ]

58 敷 [ ] 59 闇 [ ]

60 峴 [ ] 61 溺 [ ]

62 睿 [ ] 63 鮑 [ ]

64 揷 [ ] 65 閻 [ ]

66 酉 [ ] 67 蠻 [ ]

68 芸 [ ] 69 滉 [ ]

70 昱 [ ] 71 沃 [ ]

72 台 [ ]

73~77번

4 다음 漢字語 중 첫 音節이 長音으로 발음되는 것의 번호를 쓰시오.

73 ① 例示 ② 通話 ③ 自給 ④ 虐待
······································· [ ]

74 ① 固有 ② 貿易 ③ 財貨 ④ 時急
······································· [ ]

75 ① 浮氷 ② 桃李 ③ 忠信 ④ 背叛
······································· [ ]

76 ① 不幸 ② 享年 ③ 獨自 ④ 壽命
······································· [ ]

77 ① 收支 ② 完遂 ③ 希望 ④ 洗禮
······································· [ ]

78~107번

5 다음 밑줄 친 漢字語를 漢字[正字]로 쓰시오.

78 그곳은 위도상으로 대략 **북위** 33° ~ 37°에 해당한다. ······························ [ ]

79 명나라에 가서 세조의 왕위는 찬탈이 아니라 **양위**라고 설득시켰다. ··········· [ ]

80 마을에서 공동부담으로 신에게 바치는 **제수**를 마련하였다. ························· [ ]

81 그들은 예의도 **염치**도 없이 사리사욕에 따라 불의를 일삼았다. ··················· [ ]

82 창덕궁에 정조가 쓴 글씨가 **현판**으로 전해진다.
······································· [ ]

83 서해안 간척지를 이용한 천일**염전**을 만들었다.
······································· [ ]

84 각종 인쇄물을 **우송**하거나 배달하는 업무를 수행하였다. ························· [ ]

85 궤양을 오래 앓은 탓으로 정해진 때에 **위통**이 잘 일어났다. ······················· [ ]

86 모든 **인척**들이 그를 어진 사람이라고 칭찬하였다. ··································· [ ]

87 아이의 웃는 얼굴을 보니 하루의 **피로**가 모두 사라졌다. ···························· [ ]

88 관리들은 대부분 스스로 청렴한 생활을 하고 **근신**했다. ………………………… [ ]

89 동고동락을 함께 했던 **정예** 병사들이 전투에서 희생되었다. ………………… [ ]

90 후반부에는 원문 자료를 **영인**하여 수록하였다. ………………………………… [ ]

91 사립문 밖에서 **노숙**까지 하면서 드디어 허락을 얻었다. ………………………… [ ]

92 화물이 손상되어도 수입자는 **운임**의 책임을 부담한다. ………………………… [ ]

93 궁중에 들어가서 임금으로부터 정치적 실권을 **위임**받았다. ………………… [ ]

94 화려한 패키지 구성에도 불구하고 판매율은 **저조**했다. ………………………… [ ]

95 군사 면에 뛰어난 능력을 가지며 축성술의 지식이 **해박**하다. ………………… [ ]

96 오존층이 **파괴**되면 자외선이 많아져 피부암 등을 유발하게 된다. ………… [ ]

97 자본주의 정신을 내세워 이윤추구의 행위를 **옹호**하였다. ……………………… [ ]

98 재산 싸움을 **중재**하지 못한 책임을 들어 파직을 자청하였다. ………………… [ ]

99 칸트에 따르면 **철학**적 이성 인식은 '개념'에 기초한다. ………………………… [ ]

100 학교 차원의 기대와 **규칙**을 다양한 방법으로 가르쳤다. ……………………… [ ]

101 이별의 정한과 재회에 대한 간절한 **기원**을 진솔하게 표현하였다. ………… [ ]

102 일제강점기에는 모든 글에 **단기**를 사용하여 주체사상을 고취하였다. …… [ ]

103 감염병이 신고되면 빠른 시일 내에 **방역** 대책을 세워야 한다. …………… [ ]

104 수난당한 신부나 교도들은 곧 **순교**의 길을 밟은 것이다. …………………… [ ]

105 종의 내면은 비어 있는 것이 아니라 **침묵**으로 가득 차 있다. ……………… [ ]

106 자극에 대한 반응은 **순식간**에 일어났다. ………………………………………… [ ]

107 비가 그치자, 하늘을 뚫고 태양의 **자외선**이 강하게 내리쬐었다. …………… [ ]

108~112번

6 다음 漢字와 비슷한 뜻을 가진 漢字[正字]를 [ ] 안에 써넣어 문장에 적합한 漢字語가 되게 하시오.

108 타국민을 자국민과 차별 없이 同[ ]하게 대우하였다.

109 호국선열들의 崇[ ]한 정신을 계승하였다.

110 옛 모습을 원형 그대로 간직하고 있어 그 價[ ]가 높다.

111 시공간적으로 遙[ ]한 세계를 꿈꾸었다.

112 사람들 사이에 茂[ ]한 추측이 나돌았다.

113~117번

7 다음 漢字와 뜻이 反對 또는 相對되는 漢字[正字]를 써서 漢字語를 완성하시오.

113 優 ↔ [ ] 114 [ ] ↔ 僞

115 添 ↔ [ ] 116 皮 ↔ [ ]

117 昇 ↔ [ ]

118~122번

8 다음 漢字語의 反義語 또는 相對語를 2음절로 된 다른 漢字[正字]로 쓰시오.

118 集合 ↔ [ ] 119 義務 ↔ [ ]

120 重厚 ↔ [ ] 121 興奮 ↔ [ ]

122 [ ] ↔ 紅塵

123~132번

9 다음 [ ] 안에 알맞은 漢字[正字]를 써넣어 四字成語를 완성하시오.

123 鵬[ ]萬里 : 앞날이 한없이 넓어 발전의 여지가 많은 장래.

124 恒[ ]飯事 : 보통 있는 일.

125 美[ ]麗句 : 아름다운 말로 듣기 좋게 꾸민 글귀.

126 手不釋[ ] : 손에서 책을 놓지 않고 늘 글을 읽음.

127 食少事[ ] : 먹을 것은 적은데 할 일은 많음.

128 目不[ ]見 : 눈앞에 벌어진 일을 눈을 뜨고 차마 볼 수 없음.

129 [ ]上添花 : 좋은 일 위에 또 좋은 일이 더하여짐.

130 [ ]卵之勢 : 달걀을 쌓아 놓은 것과 같은 몹시 위태로운 형세.

131 醉生[ ]死 : 한평생 아무 하는 일 없이 흐리멍덩하게 보냄.

132 千[ ]一得 : 어리석은 사람도 많은 생각을 하면 그 가운데 한가지쯤 좋은 생각이 나올 수 있음.

133~137번

10 다음 漢字語의 同音異義語를 漢字[正字]로 쓰되, 제시된 뜻에 맞는 것으로 하시오.

133 穩定 – [ ] : 따뜻한 사랑이나 인정.

134 虎患 – [ ] : 서로 교환함.

135 父喪 – [ ] : 상처를 입음.

136 收米 – [ ] : 근심에 찌그린 눈썹.

137 私募 – [ ] : 애틋하게 생각하고 그리워함.

138~142번

11 다음 漢字의 部首를 쓰시오.

138 尿 – [ ] 139 閔 – [ ]

140 妥 – [ ] 141 卞 – [ ]

142 彦 – [ ]

143~145번

12 다음 漢字의 略字를 쓰시오.

143 區 – [ ] 144 縣 – [ ]

145 雙 – [ ]

146~150번

13 다음 漢字語의 뜻을 각각 10음절 이내로 쓰시오.

146 宗孫 : [ ]

147 畢竟 : [ ]

148 暗誦 : [ ]

149 熟眠 : [ ]

150 掌握 : [ ]

(사) 한국어문회 주관

제03회 기출 · 예상문제

합격문항 : 105문항
시험시간 : 60분
정 답 : 187쪽

01~20번

1 다음 漢字語의 讀音을 쓰시오.

01 특수교육을 받은 일부는 諜報 임무를 수행하였다. [ ]

02 그에게 정직원 전환 대신 돌아온 건 解雇 통보였다. [ ]

03 경박한 어투로 작중 인물의 행위를 조롱하고 輕蔑하였다. [ ]

04 그는 기도를 마치던 날 옥황상제를 拜謁하는 꿈을 꾸었다. [ ]

05 그의 공적을 기리고 哀悼의 뜻을 표하였다. [ ]

06 고려시대 때 약 100년간 무신들이 정권을 掌握했다. [ ]

07 홍국영은 정조가 세손일 때 가장 가까이서 輔弼하였다. [ ]

08 타고난 자품이 영민하고 風采가 매우 헌칠하였다. [ ]

09 재임할 당시 주민들의 苦衷을 덜어 주고 어려운 일을 풀어주었다. [ ]

10 세도를 잡아 국권을 籠絡하자 이를 탄핵하였다. [ ]

11 초저금리 기조가 굳어지면서 債券 발행 금리도 낮아지고 있다. [ ]

12 공로가 없는 자에게 상을 주면 사람들이 필시 落膽할 것이다. [ ]

13 작품의 주인공은 淳朴하다 못해 어리숙해 보였다. [ ]

14 인생의 본질문제를 해결하기 위해 철학 서적을 耽讀하였다. [ ]

15 최근에 남성의 肺癌 발생이 급격히 증가하고 있다. [ ]

16 산마루에는 나무가 울창하고, 바위틈에는 온갖 꽃이 燦爛하다. [ ]

17 자산의 일부를 지불준비금의 형태로 預置하였다. [ ]

18 유명 브랜드를 앞세워 빠른 속도로 시장을 蠶食해 들어갔다. [ ]

19 그는 두 손이 수갑에 채워지고 捕繩에 묶여 지검에 송치됐다. [ ]

20 살아있는 식물의 뿌리는 토양에서 양분과 수분을 흡수하는 반면 각종의 유기물을 分泌한다. [ ]

21~45번

2 다음 漢字語의 讀音을 쓰시오.

21 乳酸 [ ] 22 稱頌 [ ]

23 扁桃 [ ] 24 瓜菜 [ ]

25 薰陶 [ ] 26 被拉 [ ]

27 艦載 [ ] 28 峻嚴 [ ]

29 聚合 [ ] 30 祕苑 [ ]

31 研鑽 [ ] 32 港灣 [ ]

33 勉礪 [ ] 34 傭役 [ ]

35 檢屍 [ ] 36 御札 [ ]
37 濃霧 [ ] 38 付託 [ ]
39 擁立 [ ] 40 閨秀 [ ]
41 奇僻 [ ] 42 堤防 [ ]
43 汗蒸 [ ] 44 濫獲 [ ]
45 樹脂 [ ]

46~72번

3 다음 漢字의 訓과 音을 쓰시오.

46 域 [ ] 47 硯 [ ]
48 劑 [ ] 49 綜 [ ]
50 怡 [ ] 51 胤 [ ]
52 燦 [ ] 53 駐 [ ]
54 撤 [ ] 55 欽 [ ]
56 憾 [ ] 57 釧 [ ]
58 翰 [ ] 59 墺 [ ]
60 燁 [ ] 61 熹 [ ]
62 怖 [ ] 63 購 [ ]
64 穆 [ ] 65 旺 [ ]
66 殖 [ ] 67 杰 [ ]
68 謬 [ ] 69 后 [ ]
70 腎 [ ] 71 旨 [ ]
72 兮 [ ]

73~77번

4 다음 漢字語 중 첫 音節이 長音으로 발음되는 것의 번호를 쓰시오.

73 ① 慈悲 ② 汚染 ③ 招待 ④ 溶液 ………… [ ]

74 ① 德談 ② 箱子 ③ 鍊磨 ④ 罰則 ………… [ ]

75 ① 休養 ② 昨年 ③ 幽興 ④ 耐久 ………… [ ]

76 ① 赦罪 ② 槐木 ③ 茶菓 ④ 締結 ………… [ ]

77 ① 紀念 ② 表情 ③ 去就 ④ 模型 ………… [ ]

78~107번

5 다음 문장에서 밑줄 친 漢字語를 漢字[正字]로 쓰시오.

78 그의 작품은 **근래**에 와서 재평가되고 환영을 받았다. ………… [ ]

79 선수들은 정치적 상황 때문에 **기권**을 선언하였다. ………… [ ]

80 수입과 지출 내역이 계산되어 최종 **잔액**을 확인하였다. ………… [ ]

81 기술혁신으로 저예산 **영화**의 제작과 창작 실험이 증가했다. ………… [ ]

82 옛날 우리나라에서는 **상중**에 소복을 입었다. ………… [ ]

83 신규 고객을 유치하기 위해 **할인** 혜택 등을 부여하였다. ………… [ ]

84 수뇌부는 진상 발표를 거부하고 사건을 **은폐**하려 하였다. ………… [ ]

85 지구 **생태** 환경 유지에 작은 생물의 역할은 매우 중요하다. ………… [ ]

86 소련 **연방** 해체로 수많은 나라들이 독립해 나갔다. ………… [ ]

87 수납공간이 부족하다면 **침대** 밑 공간을 활용하는 것도 좋다. ………… [ ]

88 모든 권리를 포기하는 조건으로 양가의 **혼사**가 이루어졌다. ………… [ ]

89 장군의 **지휘** 아래 백성들과 관군이 죽을 각오로 싸웠다. ………………………… [ ]

90 농림부에서 농지목적으로 **간척**사업을 진행하였다. ……………………………… [ ]

91 탐탁하게 여기지 않자, 그는 **체모**를 제대로 갖추었다. ………………………… [ ]

92 비가 내리지 않아 **한해**를 입었으니 농사가 염려스럽다. ………………………… [ ]

93 장군은 소수정예로 적을 섬멸하는 게릴라전의 **귀재**로 통했다. …………… [ ]

94 우리의 문화를 형성하고 **축적**시키면서 수준 높은 문헌을 후세에 남겼다. [ ]

95 그는 가야국을 멸망시킨 신라의 왕족으로 **편입**되었다. ………………………… [ ]

96 16세의 나이로 200미터 **접영**에서 세계 신기록을 세웠다. …………………… [ ]

97 오례송편을 빚어 한 해의 **수확**에 감사하며 차례상을 올렸다. ……………… [ ]

98 독학으로 문학공부를 하며 틈틈이 **원고**를 집필하였다. ………………………… [ ]

99 목돈 마련을 위한 **통장**을 만들었다. ……………………………………………… [ ]

100 관직에 회의를 느껴 벼슬을 버리고 산천을 **유람**하였다. ……………………… [ ]

101 보름달을 보며 간절한 마음으로 **소원**을 빌었다. ……………………………… [ ]

102 눈과 얼음으로 뒤덮인 도시에는 **정적**이 흘렀다. ……………………………… [ ]

103 노송이 울창했던 숲은 무분별한 **벌채**로 사라지고 말았다. …………………… [ ]

104 고통을 알아주는 사람 없이 오히려 작업 **독촉**이 성화같다. ………………… [ ]

105 충무공의 생일에 전공을 기념하는 **탄신**기념제를 올렸다. …………………… [ ]

106 경제가 악화되어 은행에 **저금**한 돈을 돌려받지 못할까 우려하였다. ……… [ ]

107 과열됐던 선거 운동과는 달리 전국 **투표율**은 매우 낮았다. ………………… [ ]

108~112번

6 다음 漢字와 비슷한 뜻을 가진 漢字[正字]를 [ ] 안에 써넣어 문장에 적합한 漢字語가 되게 하시오.

108 목 좋은 사거리에 [ ] 鋪를 내어 장사가 잘된다.

109 그들의 파괴와 掠 [ ] 행위는 너무나도 큰 후유증을 남겼다.

110 개발도상국에서 선진국으로 跳 [ ] 하였다.

111 우리 극단은 전국 [ ] 廻 공연에 나섰다.

112 인공적으로 둑을 쌓아 [ ] 固한 제방을 구축하였다.

113~117번

7 다음 漢字와 뜻이 反對또는 相對되는 漢字[正字]를 써서 漢字語를 완성하시오.

113 端 ↔ [ ] 114 胸 ↔ [ ]

115 [ ] ↔ 伸 116 贈 ↔ [ ]

117 師 ↔ [ ]

118~122번

8 다음 漢字語의 反義語 또는 相對語를 2음절로 된 漢字[正字]로 쓰시오.

118 [ ] ↔ 放免 119 [ ] ↔ 深夜

120 外柔 ↔ [ ] 121 惡化 ↔ [ ]

122 許可 ↔ [ ]

123~132번

9 다음 [ ] 안에 알맞은 漢字[正字]를 써넣어 四字成語를 완성하시오.

123 虛張[ ]勢 : 실속이 없으면서 허세만 부림.

124 賢母[ ]妻 : 어진 어머니이면서 착한 아내.

125 曲學[ ]世 : 왜곡된 학문으로 세상 사람들에게 아부함.

126 [ ]本塞源 : 폐단의 근본 원인이 되는 요소를 완전히 없애버림.

127 群[ ]一鶴 : 많은 사람 가운데서 뛰어난 인물.

128 山[ ]水明 : 산수의 경치가 아름다움.

129 [ ]然自失 : 멍하니 정신을 잃고 어리둥절함.

130 如履薄[ ] : 아슬아슬하고 불안한 지경.

131 金蘭之[ ] : 친구 사이의 매우 두터운 정을 이르는 말.

132 乞人[ ]天 : '거지가 하늘을 불쌍히 여긴다'는 뜻에서, '격에 맞지 않는 걱정을 하는 것'을 이르는 말.

133~137번

10 다음 漢字語의 同音異義語를 漢字[正字]로 쓰되, 제시된 뜻에 맞는 것으로 하시오.

133 補便 – [ ] : 모든 것에 공통되거나 들어맞음 또는 그런 것.

134 陽地 – [ ] : 살피어 앎.

135 射技 – [ ] : 나쁜 꾀로 남을 속임.

136 進攻 – [ ] : 물질 입자가 존재하지 않는 공간.

137 康津 – [ ] : 진도 5 이상에 해당하는 강한 지진.

138~142번

11 다음 漢字의 部首를 쓰시오.

138 縣 – [ ] 139 衍 – [ ]

140 甫 – [ ] 141 黐 – [ ]

142 昴 – [ ]

143~145번

12 다음 漢字의 略字를 쓰시오.

143 團 – [ ] 144 鹽 – [ ]

145 螢 – [ ]

146~150번

13 다음 漢字語의 뜻을 쓰시오.

146 胎兒 : [ ]

147 類似 : [ ]

148 殆半 : [ ]

149 幾微 : [ ]

150 未決囚 : [ ]

(사) 한국어문회 주관

기출 · 예상문제

합격문항 : 105문항
시험시간 : 60분
정 답 : 188쪽

01~20번

1 다음 문장에서 밑줄 친 漢字語의 讀音을 쓰시오.

01 한국의 민속예술 대부분이 그 淵源과 유래가 불분명하다. ………………………… [ ]

02 공원 안에는 각종 편의 시설과 체력 鍛鍊 시설을 갖추고 있다. …………………… [ ]

03 빙하의 변화가 생태계에 어떤 영향을 미칠지도 焦眉의 관심사이다. ………… [ ]

04 역사적 교훈을 통해 반성을 촉구하려 했다는 점에서 많은 示唆를 던져 주고 있다. ………………………………………… [ ]

05 춘추시대 중기부터 세력을 잡은 霸者들은 작은 제후국들을 멸망시켜 나갔다. ………………………………………… [ ]

06 그의 예술 세계는 온갖 辛酸을 겪으며 한결 무르익고 원만해졌다. ……………… [ ]

07 쿠폰북은 언제 어디서든 할인이 가능하도록 妖術을 부리는 듯하였다. ……… [ ]

08 우주는 일호의 빈틈도 없이 彌滿하나 잡으려면 텅 비어 아무것도 없다. … [ ]

09 그의 필법은 송설을 본받아 奪胎 자득한 교묘함이 있었다. ……………………… [ ]

10 마라톤 대회에는 세계의 駿足이 다 참가했다. ………………………………………… [ ]

11 비록 척박하였지만 그는 언제나 肥土라고 여기며 밭을 일구었다. …………… [ ]

12 몇 번의 滄桑에 친구도 많이 없어졌으나 어찌 인생무상을 탓하겠는가? ……… [ ]

13 그는 본인의 의사와 상관없이 魔法에 걸린 사람처럼 행동했다. ………………… [ ]

14 환자의 형편을 생각하여 따뜻한 醫療 혜택을 받을 수 있도록 힘쓰고 있다. ………………………………………… [ ]

15 통신망 시설 障礙에 대한 해결책을 모색하고 신속하게 복구를 실시하였다. ………………………………………… [ ]

16 맑고 깨끗한 蟾光은 숲속을 지나 나의 창을 밝혀 주었다. ………………………… [ ]

17 아무도 예상하지 못했던 刹那에 그녀는 분위기를 전환하고 압도하였다. … [ ]

18 유둣날에는 맑은 개울물을 찾아가서 沐浴을 하고 머리를 감으며 하루를 즐긴다. ………………………………………… [ ]

19 평생 벼슬길이 순탄하지 못해 은일과 漂泊의 생활로 점철되었다. ……………… [ ]

20 수졸들이 장군의 거룩한 덕을 欽慕하기 위하여 비를 세웠다. …………………… [ ]

21~45번

2 다음 漢字語의 讀音을 쓰시오.

21 甄陶 [ ]	22 跳躍 [ ]
23 黃菊 [ ]	24 汽管 [ ]
25 溫突 [ ]	26 融解 [ ]
27 炭坑 [ ]	28 呈券 [ ]

29 寒炅 [ ] 30 揭載 [ ]

31 耐熱 [ ] 32 氷菓 [ ]

33 抄錄 [ ] 34 肝腎 [ ]

35 桂窟 [ ] 36 奎宿 [ ]

37 膠沙 [ ] 38 旦暮 [ ]

39 杜隔 [ ] 40 癸丑 [ ]

41 鞅鞨 [ ] 42 猛禽 [ ]

43 絹紡 [ ] 44 僑胞 [ ]

45 貸付 [ ]

3 다음 漢字의 訓과 音을 쓰시오.

46~72번

46 珏 [ ] 47 紛 [ ]

48 賃 [ ] 49 弄 [ ]

50 癌 [ ] 51 睛 [ ]

52 湍 [ ] 53 頻 [ ]

54 軟 [ ] 55 販 [ ]

56 磨 [ ] 57 惹 [ ]

58 燭 [ ] 59 豚 [ ]

60 蔘 [ ] 61 照 [ ]

62 亨 [ ] 63 架 [ ]

64 倣 [ ] 65 翁 [ ]

66 濁 [ ] 67 騷 [ ]

68 搜 [ ] 69 捉 [ ]

70 伽 [ ] 71 碧 [ ]

72 惟 [ ]

4 다음 漢字語 중 첫 음절이 長音으로 발음되는 것의 번호를 쓰시오.

73~77번

73 ① 行動 ② 茂盛 ③ 孫女 ④ 欄干 .... [ ]

74 ① 家計 ② 邊情 ③ 僅少 ④ 徐氏 .... [ ]

75 ① 開講 ② 援助 ③ 固守 ④ 思考 .... [ ]

76 ① 爛漫 ② 藍色 ③ 樓閣 ④ 綿織 .... [ ]

77 ① 帳幕 ② 書籍 ③ 充電 ④ 懇曲 .... [ ]

5 다음 문장에서 밑줄 친 漢字語를 漢字[正字]로 쓰시오.

78~107번

78 양반 지배 체제의 타락성과 신분제 지배의 모순을 <u>비판</u>하였다. .... [ ]

79 경국대전 편찬은 조선 초기의 법률 제도를 <u>정리</u>하는데 크게 기여했다. .... [ ]

80 베스트11에는 지난 주말 각 팀에서 맹활약한 선수들이 대거 <u>포함</u>됐다. .... [ ]

81 임시국회가 예정됨에 따라 경제 관련 법안들의 운명에 <u>관심</u>이 모아졌다. .... [ ]

82 신제품이 성공할 수 있었던 비밀의 열쇠는 <u>발상</u>의 전환에 있었다. .... [ ]

83 선거에서 허위사실을 유포한 혐의로 당선인 자격 <u>상실</u> 위기에 처했다. .... [ ]

84 변화를 둘러싼 내부의 갈등과 <u>외세</u>의 간섭이 상황을 복잡하게 만들었다. .... [ ]

85 백성과 소통하기 위해 훈민정음의 <u>보급</u>에 힘썼다. .... [ ]

86 낮은 경쟁률로 마음의 <u>부담</u>을 한층 덜 수 있었다. .... [ ]

87 잘못 시공된 다리는 **하중**을 견디지 못해 심각한 균열이 발생했다. ………… [ ]

88 그의 딱한 신세타령을 듣게 되자 **연민**의 정을 느끼게 되었다. ………………… [ ]

89 정부는 독자적 제재 조치를 마련하며 대북 **압박**에 박차를 가했다. ………… [ ]

90 시민단체 일각에서는 판결에 수긍할 수 없다는 **여론**이 들끓었다. ………… [ ]

91 비록 당장의 **위기**는 모면했다고는 하나 앞으로 살아갈 길이 막막했다. …· [ ]

92 국민소득 **증가** 추세는 경제위기를 기점으로 하여 둔화되어 가고 있다. … [ ]

93 어려운 형편에도 불구하고 자식 교육에 **지극**한 정성을 쏟았다. …………… [ ]

94 오페라는 16세기 르네상스 시대 이탈리아에서 **탄생**했다. ……………………… [ ]

95 논리적인 언어 **구사** 능력과 글쓰기 능력을 강조하였다. ………………………… [ ]

96 그의 작품은 정서적 울림이 깊고 감정이 **풍부**하다. ……………………………… [ ]

97 종유석 등 내부 동굴 생성물은 학술적 **가치**가 높다. ……………………………… [ ]

98 농약 등이 잔류 허용 **기준**을 초과한 농산물은 시장에 출하할 수 없다. …… [ ]

99 중앙과 지방에 완벽한 **통치** 기구를 갖추어 국가의 초석을 공고히 다졌다.
……………………………………… [ ]

100 국가의 **주권**을 상징하는 사직단에서 국가와 민생의 안정을 기원하는 제를 올렸다.
……………………………………… [ ]

101 작전은 시종 철저한 기밀 속에 한 치의 **착오**도 없이 정밀하게 진행되었다.
……………………………………… [ ]

102 제국주의와 맞서 싸워온 민족해방의 과정은 실로 **험난**한 시련의 길이었다.
……………………………………… [ ]

103 북한 경제가 세계와 고립되면서 점차 **한계**를 드러냈다. ………………………… [ ]

104 문살에 여러 가지 꽃이나 **추상** 문양을 새겨 장식성을 높였다. …………… [ ]

105 교육 토론에서는 실제 토론만큼 토론을 준비하는 **과정**도 중요하다. ……· [ ]

106 양반광대는 서민들의 가면극에 풍자의 대상으로 **등장**하였다. …………… [ ]

107 자실체는 종에 따라 **형태**가 복잡하여 분류의 중요한 기준이 된다. ……… [ ]

108~112번

6 다음 漢字와 비슷한 뜻을 가진 漢字[正字]를 [ ] 안에 써넣어 문장에 적합한 漢字語가 되게 하시오.

108 손님 맞을 준비에 [ ]走하다.

109 소장품을 국가에 [ ]納하였다.

110 작품에는 [ ]愁가 짙게 배어있었다.

111 두 사람은 만나 그간의 懷[ ]를 풀었다.

112 마을이 물에 잠겨 酷[ ]한 피해를 입었다.

113~117번

7 다음 漢字와 뜻이 反對 또는 相對되는 漢字[正字]를 써서 漢字語를 완성하시오.

113 근로자의 [ ]怠 상황을 파악하였다.

114 개개인의 역량에는 巧[ ]이 있다.

115 판매량은 浮[ ]을 거듭하였다.

116 공문서의 [ ] 簡을 시찰하였다.

117 단색 표현은 농담과 乾[ ]을 조절하는 것이 중요하다.

8

118~122번

다음 漢字語의 反對語 또는 相對語를 2음절로 된 漢字[正字]로 쓰시오.

118 興奮 ↔ [ ] 119 借用 ↔ [ ]

120 卑俗 ↔ [ ] 121 急激 ↔ [ ]

122 結果 ↔ [ ]

9

123~127번

다음 漢字語의 同音異義語를 漢字[正字]로 쓰되, 제시된 뜻에 맞는 것으로 하시오.

123 事記 – [ ] : 나쁜 꾀로 남을 속임.

124 變說 – [ ] : 말을 잘하는 재주.

125 年幼 – [ ] : 잔치를 베풀어 즐겁게 놂.

126 轉派 – [ ] : 전하여 널리 퍼뜨림.

127 婚前 – [ ] : 뒤섞여서 치열하게 다툼.

10

128~137번

다음 [ ] 안에 알맞은 漢字[正字]를 써넣어 四字成語를 완성하시오.

128 [ ] 官 汚 吏 : 재물을 탐하고 행실이 깨끗하지 못한 관리.

129 取[ ] 選 擇 : 쓸 것은 취하고 버릴 것은 버림.

130 父 爲 子 [ ] : 부모와 자식 사이에 마땅히 지켜야 할 도리.

131 拍[ ] 大 笑 : 손뼉을 치며 크게 웃음.

132 始 終 一 [ ] : 처음부터 끝까지 변하지 않고 한결같음.

133 四[ ] 無 親 : 사방을 둘러보아도 의지할 만한 사람이 없음.

134 怒 氣[ ] 天 : 성이 하늘을 찌를 듯이 치받쳐 있음.

135 克 己[ ] 禮 : 사욕을 누르고 예의범절을 따름.

136 丹[ ] 皓 齒 : 미인의 얼굴.

137 萬 頃[ ] 波 : 끝이 보이지 않을 정도로 넓고 푸른 바다.

11

138~142번

다음 漢字의 部首를 쓰시오.

138 航 – [ ] 139 且 – [ ]

140 冤 – [ ] 141 薰 – [ ]

142 徽 – [ ]

12

143~145번

다음 漢字의 略字를 쓰시오.

143 墮 – [ ] 144 雜 – [ ]

145 嘗 – [ ]

13

146~150번

다음 漢字語의 뜻을 쓰시오.

146 畫伯 : [ ]

147 防腐 : [ ]

148 蠶農 : [ ]

149 周知 : [ ]

150 貞節 : [ ]

(사) 한국어문회 주관

기출 · 예상문제

합격문항 : 105문항
시험시간 : 60분
정　　답 : 190쪽

01~45번

1 다음 밑줄 친 漢字語의 讀音을 쓰시오.

서양의 傳統[01]예술과 문학은 대체로 결과 지향성이 강하다면 동양에는 순환적이고 미로 같은 예술을 추구하는 悠久[02]한 傳統이 있다.

01 [ ] 02 [ ]

그는 작품에서 소박하고 직접적인 시어로 이별의 정한과 재회에 대한 懇切[03]한 祈願[04]을 진솔하게 표현하였다.

03 [ ] 04 [ ]

좋은 벼루 머리에 운치 있는 硯滴[05]을 두어 선비의 고상한 翰墨[06]의 정취를 돋우었다.

05 [ ] 06 [ ]

유비 · 관우 · 장비 · 조조 등과 함께 또 한 명의 英雄[07]으로 추앙받는 諸葛亮[08]은 뛰어난 지략과 신출귀몰한 병법으로 유명하다.

07 [ ] 08 [ ]

의원들은 "지도부의 인신공격성 暴言[09]에 개탄을 금할 길이 없다"고 말하고 아울러 "의장의 입지를 흔드는 의도에 심히 遺憾[10]을 표한다"고 말했다.

09 [ ] 10 [ ]

그는 다른 儒生[11]과는 달리 科擧[12] 공부는 아예 하지 않고 오로지 학문과 수신에 전념하며 살면서 상소를 통하여 정치를 비판하였다.

11 [ ] 12 [ ]

그의 나이 겨우 17, 18세쯤 되어 보였으나 기개가 뛰어나 非凡[13]하였으므로 사람들이 청년에 將帥[14]가 되는 것을 매우 부러워하였다.

13 [ ] 14 [ ]

비록 窮僻[15]하나 산천이 그윽하고 조용함을 사랑하였고 나약하고 庸劣[16] 비루하여 구차하게 세상에 영합하는 자를 멀리하였다.

15 [ ] 16 [ ]

그는 일심으로 삶을 忍耐[17]하며 정신을 집중하여 수도 생활에 精進[18]하여 경학이 높은 경지에 이르렀다.

17 [ ] 18 [ ]

H광업사가 석회석을 採掘[19]하면서 생긴 坑陷[20]으로 인해 崩壞[21] 事故[22]가 우려되는 가운데 坑道 안에 있던 화약과 화학약품 등이 인근 하천으로 흘러들었다.

19 [ ] 20 [ ]
21 [ ] 22 [ ]

현충일에는 관공서와 각 가정, 민간 기업, 각종 단체에서 弔旗[23]를 揭揚[24]하고, 殉國先烈[25]에 대한 追慕[26]와 哀悼[27]의 默念[28]을 올린다.

23 [ ] 24 [ ]
25 [ ] 26 [ ]
27 [ ] 28 [ ]

시골에 隱居[29]하는 절행이 뛰어난 선비가 구름 덮인 산기슭에 밭이랑을 갈고 이내 낀 강가에서 낚시를 하며 산림처사를 自處[30]하였다.

29 [ ] 30 [ ]

國史를 硏鑽[31]하여 민족정기를 不朽[32]에 남겨두는 것이 지고한 사명임을 자임하였다.

31 [ ] 32 [ ]

그는 군사들의 사기 振作策[33]으로 泣斬[34]馬謖을 하였다.

33 [ ] 34 [ ]

35 박물관에서 식민지 시대의 유물과 奴隸들의 유물을 전시하였다. ……………… [ ]

36 승리한 군대는 儉朴하고 조용한 고도에 풍요와 자유의 물결을 가져왔다. ‥ [ ]

37 소나기가 세차게 퍼붓자, 농민들은 歡喜의 함성을 터트렸다. ……………………… [ ]

38 중국에서 최초로 나침반을 사용한 시기는 기원전 4世紀로 추정된다. ………… [ ]

39 갈 길은 멀었지만 憩息하는 여유를 갖기로 하였다. …………………………………… [ ]

40 건물 안은 대들보 높이로 천장을 낮게 하여 安穩한 분위기가 느껴졌다. ……… [ ]

41 오랫동안 병권을 장악하고 백성들의 재물을 약탈하여 원망이 滋甚했다. …. [ ]

42 작품에서 필요 이상으로 감탄사를 濫發하여 신파조의 감상성을 자아냈다.
…………………………………………… [ ]

43 폐렴은 열이 나고 기침과 담이 나오며 胸痛과 호흡곤란 등의 증세를 일으킨다.
…………………………………………… [ ]

44 민생의 파탄은 윗사람들이 예의도 廉恥도 없이 불의를 일삼았기 때문이다.
…………………………………………… [ ]

45 두 회사는 상호간의 提携 관계를 설정하고 의무 준수를 약속하였다. ………… [ ]

46~72번

2 다음 漢字의 訓과 音을 쓰시오.

46 淚 [ ] 47 殿 [ ]
48 窒 [ ] 49 顧 [ ]
50 飯 [ ] 51 襲 [ ]
52 楓 [ ] 53 露 [ ]
54 沮 [ ] 55 呈 [ ]
56 溺 [ ] 57 冥 [ ]
58 恕 [ ] 59 何 [ ]
60 戴 [ ] 61 融 [ ]
62 仲 [ ] 63 矛 [ ]
64 膚 [ ] 65 疏 [ ]
66 蔽 [ ] 67 棄 [ ]
68 愚 [ ] 69 逮 [ ]
70 憐 [ ] 71 蒙 [ ]
72 哨 [ ]

73~77번

3 다음 漢字語 중 첫 音節이 長音으로 발음되는 單語의 번호를 쓰시오.

73 ① 瞬間 ② 循環 ③ 純潔 ④ 順理
…………………………………………… [ ]

74 ① 賣上 ② 妹夫 ③ 埋葬 ④ 賣買
…………………………………………… [ ]

75 ① 文章 ② 紋石 ③ 問答 ④ 門前
…………………………………………… [ ]

76 ① 銅鏡 ② 動搖 ③ 東西 ④ 同一
…………………………………………… [ ]

77 ① 需要 ② 手足 ③ 數學 ④ 隨時
…………………………………………… [ ]

78~107번

4 다음 문장에서 밑줄 친 漢字語를 漢字[正字]로 바꾸어 쓰시오.

복식 유행[78]의 확산[79]은 빠른 속도로 외모의 변화를 가져 왔다.

78 [ ] 79 [ ]

도깨비불은 논농사와 관련되어 적절한 비의 공급 여부를 **확인**[80]하는 **근거**[81]로 활용되었다.

80 [ ] 81 [ ]

출발부터 **난관**[82]에 부딪혔지만 진취적 교육 풍토가 조성되는 **계기**[83]가 되었다.

82 [ ] 83 [ ]

우리 의식이 강한 **집단**[84]일수록 그들의 결정에 동조하지 않는 것을 **배척**[85]하는 경향이 있다.

84 [ ] 85 [ ]

제자들이 건립한 문화공간에서 선생의 **미수**[86]를 기리기 위해 **하연**[87]을 베풀었다.

86 [ ] 87 [ ]

두 사람은 서로의 재능을 알아보고 신분을 뛰어넘어 **격의**[88] 없는 **우정**[89]을 나누었다.

88 [ ] 89 [ ]

한국의 절식 풍속은 인간과 자연과의 **지혜**[90]로운 **조화**[91]를 이룬 것으로 영양상으로도 지극히 과학적인 것이 많다.

90 [ ] 91 [ ]

작품 전체에 걸쳐 화자는 자신의 삶을 반성하고 **성찰**[92]하는 **태도**[93]를 보였다.

92 [ ] 93 [ ]

회의론은 확실성을 얻는 데 **절망**[94]하고 결국은 진리 탐구를 포기하는 결과를 **초래**[95]한다.

94 [ ] 95 [ ]

늦가을이면 **낙엽**[96]과 단풍물결로 **만추**[97]의 서정을 빚어내어 찾는 이들이 감동하였다.

96 [ ] 97 [ ]

"무엇이 괴로워서 **현명**[98]하고 지혜롭게 되려 하지 않고 하늘이 **부여**[99]한 본성을 훼손하는가?"

98 [ ] 99 [ ]

그는 형제의 우애가 **돈독**[100]하였고 **비속**[101]한 말을 들으면 자신이 더럽혀질 듯이 여겼다.

100 [ ] 101 [ ]

102 사물의 정교하고 **미세**한 바탕은 다만 통찰력으로 깨칠 수 있을 뿐이다. …… [ ]

103 백자 항아리에 담긴 국화는 **고적**한 분위기를 자아냈다. ………………………… [ ]

104 고전문학과 현대문학 사이에 전통의 **연면**한 맥락을 잇는 작업을 하였다. …· [ ]

105 음소는 한 언어에서 의미를 **변별**하는 구실을 수행한다. ………………………… [ ]

106 고대인들은 자연과의 **유사성** 속에서 예술을 생각하였다. ……………………… [ ]

107 제2차 세계대전에서 연합국은 적대 제국가에 **무조건** 항복을 요구하였다.
……………………………………………… [ ]

108~112번

5 다음 漢字와 뜻이 비슷한 漢字[正字]를 써넣어 漢字語를 완성하시오.

108 자식의 무사 歸 [ ]을 기원하였다.

109 복잡한 모양의 [ ] 飾을 덧붙였다.

110 의료용 [ ] 端 로봇에 대한 관심이 높다.

111 그는 자신이 최고라고 [ ] 慢을 떨었다.

112 의병과 함께 왜적을 討 [ ]하였다.

113~117번

6 다음 漢字와 뜻이 反對 또는 相對되는 漢字[正字]를 써서 漢字語를 완성하시오.

113 날이 갈수록 신분의 貴 [ ]이 없어졌다.

114 대문 밖까지 나가서 손님을 迎[ ]하였다.

115 자유자재로 緩[ ]을 조절하였다.

116 기온에 따라 [ ]軟의 변화가 있었다.

117 먹의 濃[ ]으로 뛰어난 격조를 나타냈다.

118~122번

7 다음 漢字語의 反對語 또는 相對語를 2음절로 된 漢字[正字]로 쓰시오.

118 深夜 ↔ [ ] 119 濕潤 ↔ [ ]

120 需要 ↔ [ ] 121 破壞 ↔ [ ]

122 添加 ↔ [ ]

123~127번

8 다음 漢字語의 同音異義語를 漢字로 쓰되, 제시된 뜻에 맞추시오.

123 口金 – [ ] : 가두어 신체의 자유를 구속하는 강제 처분.

124 暖國 – [ ] : 일이 어지러운 판국.

125 銅像 – [ ] : 심한 추위로 피부가 얼어서 상하는 일.

126 轉補 – [ ] : 전신으로 단시간에 보내는 통보.

127 舟船 – [ ] : 일이 잘되도록 두루 힘씀.

128~137번

9 다음 [ ] 안에 알맞은 漢字[正字]를 써 넣어 四字成語를 완성하시오.

128 [ ]木求魚 : 불가능한 일을 굳이 하려고 함.

129 百家爭[ ] : 각자 자기주장을 펴고 활발하게 논쟁함.

130 夫唱[ ]隨 : 부부 사이의 화합된 도리.

131 街談[ ]說 : 뜬소문.

132 榮[ ]盛衰 : 세월이 흐름에 따라 번영과 쇠락함이 서로 바뀜.

133 信賞必[ ] : 상과 벌을 공정하고 엄격하게 줌.

134 指[ ]爲馬 : 윗사람을 농락하여 권세를 제 마음대로 함.

135 群鷄一[ ] : 많은 사람 중에서 뛰어난 인물.

136 [ ]私奉公 : 사욕을 버리고 공익을 위하여 힘써 일함.

137 堂[ ]風月 : 어떤 분야에 오래 있으면 얼마간의 지식과 경험을 갖게 됨.

138~142번

10 다음 漢字의 部首를 쓰시오.

138 府 – [ ] 139 毁 – [ ]

140 獨 – [ ] 141 貨 – [ ]

142 席 – [ ]

143~145번

11 다음 漢字의 略字를 쓰시오.

143 龜 – [ ] 144 賣 – [ ]

145 興 – [ ]

146~150번

12 다음 漢字語의 뜻을 간단히 쓰시오.

146 推仰 : [ ]

147 標示 : [ ]

148 頭髮 : [ ]

149 猛獸 : [ ]

150 災殃 : [ ]

(사) 한국어문회 주관

한자능력검정시험

2급

정답 및 해설

- 예상문제 정답 및 해설(1회 ~ 10회)
- 기출 · 예상문제 정답 및 해설(1회 ~ 5회)

한자능력검정시험

예상문제 정답 및 해설

01회 2급 예상문제

85쪽~88쪽

번호	정답	번호	정답	번호	정답	번호	정답
01	정탐	02	위탁	03	납치	04	후두
05	매혹	06	탁발	07	교착	08	보좌
09	익사	10	철수	11	두절	12	요순
13	항만	14	준령	15	배상	16	탄신
17	체포	18	고용	19	다비	20	진찰
21	전각	22	삽입	23	절도	24	폐암
25	서안	26	진노	27	탁월	28	웅담
29	갈등	30	유충	31	난소	32	갱유
33	나신	34	단련	35	면앙	36	규벌
37	유감	38	맹세	39	구매	40	송척
41	편벽	42	증정	43	장악	44	유지율
45	구지가	46	거둘 확	47	나비 접	48	찌를 충
49	부끄러울 참	50	갈대 로	51	떨어질 타	52	드리울 수
53	다듬을 탁	54	일 대	55	흐릴 탁	56	성姓 국 기를 국
57	두루 편	58	모자 모	59	돋울 도		
60	비적 비	61	오동나무 오	62	칠 구 / 구라파 구		
63	문서 부	64	잠길 침	65	꾈 유	66	물을 자
67	가릴 차	68	한숨쉴 희	69	넓을 범	70	못 담 깊을 담
71	쪽 람	72	분초 초	73	初等		
74	推進	75	宣言書	76	特殊	77	構造
78	視覺性	79	聽覺性	80	構成	81	半數
82	自體	83	混用	84	認識	85	無視
86	課程	87	科目	88	入試	89	準備
90	疏忽=疎忽	91	教材	92	解讀	93	半文盲
94	深刻	95	現實	96	招來	97	便利
98	圖謀	99	與否	100	選擇	101	專用
102	是非	103	②	104	③	105	③
106	②	107	③	108	福	109	離 / 分
110	薄	111	浮	112	緯	113	添加
114	留保	115	拒絶 / 拒否	116	相對	117	咸池
118	臨, 井	119	束, 無	120	故, 知	121	雪, 霜
122	友, 信	123	三, 絶	124	假說	125	臺詞 / 臺辭
126	招待	127	相互	128	肉	129	土
130	牛	131	皿	132	土	133	篤
134	釋	135	剛	136	附	137	勵
138	簡易(간이) / 難易(난이) / 難易度(난이도) / 容易(용이)						
139	糖尿(당뇨)	140	謁見(알현)	141	索出(색출) / 索引(색인)		
142	於乎(오호)	143	서로	144	요사이	145	한데
146	진땀 / 비지땀			147	티끌 / 먼지	148	竜
149	庁	150	鉄				

해설

04 喉頭(후두) : 인두(咽頭)와 기관(氣管) 사이에 있는 호흡 및 발성 기관.
☞ 여기에서 '頭'자는 '첫, 맨 앞'을 뜻한다.

06 托鉢(탁발) : ① 승려가 경문을 외면서 집집마다 다니며 보시를 받는 일. ② 절에서 식사 때 승려들이 바리때를 들고 식당에 가는 일.
☞ 여기에서 '托'자는 '받치다'를 뜻한다.

07 膠着(교착) : ① 아주 단단히 달라붙음. ② 어떤 상태가 굳어 조금도 변동이나 진전이 없는 상태로 머묾.
☞ 여기에서 '膠'자는 '굳다, 단단하다'를 뜻한다.

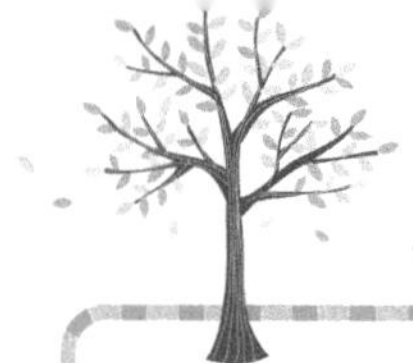
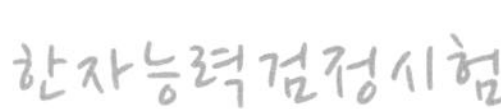

19 荼毘(다비) : '불에 태우다'는 뜻의 범어(梵語) 자피타(Jha-pita)를 음역한 말로, 시체를 화장(火葬)하는 일을 이르는 말. (불교에서) '육신을 원래 이루어진 곳으로 돌려보낸다'는 의미가 담겨있다.

25 舒雁(서안) : 거위.

29 葛藤(갈등) : '칡'을 뜻하는 '갈(葛)'과 '등나무'를 뜻하는 '등(藤)'이 합쳐서 된 말로, '칡'은 왼쪽으로 감아 올라가고, '등나무'는 오른쪽으로 감아 올라가며 서로 함께 얽혀버리듯이 이해관계가 뒤엉켜버린다면 해결의 실마리를 찾는다는 것은 사실상 어려운 일임을 말한 것이다.

30 幼沖(유충)하다 : 나이가 어리다.
☞ 여기에서 '沖'자는 '어리다'를 뜻한다.

38 '盟誓'의 독음은 '맹세'이며, '맹서'는 '맹세'의 원말이다.

40 訟隻(송척) : 송사(訟事)하는 상대자.
☞ 여기에서 '隻'자는 '쪽, 짝'을 뜻한다.

45 '龜'자는 쓰임에 따라 訓音의 변화가 다양하므로 주의하여야 한다. 참 龜(거북 귀(구), 나라이름 구, 틀·터질 균) 참 '龜旨'는 가락국(駕洛國) 추장들이 김수로왕(金首露王)을 맞이하기 위해 모여서 노래를 불렀다는 구지봉(龜旨峰)을 뜻함.

112 經緯(경위) : ① 직물(織物)의 날과 씨. ② 일이 진행되어 온 과정. ③ 경도(經度)와 위도(緯度).

120 '溫故知新'에서 '溫'자는 '익히다'를 뜻한다.

124 '架設'은 '전깃줄이나 전화선, 교량 따위를 공중에 가로질러 설치하는 것'을 뜻하는 말이다.
참 假說(가설) : 어떤 사실을 설명하거나 어떤 이론 체계를 연역하기 위하여 설정한 가정(假定).
참 假設(가설) : 임시로 설치함, 또는 실제로 없는 것을 있는 것으로 침.

125 '臺詞'에서 '臺'자는 '무대(舞臺)'를 뜻한다.

145 '露天'에서 '露'자는 '드러내다'를 뜻한다.

02회 2급 예상문제

89쪽~92쪽

01	탕제	02	구애	03	번복	04	호걸
05	압운	06	경멸	07	비원	08	화목
09	몽진	10	혐오	11	침울	12	조처
13	섭렵	14	질색	15	함정	16	태풍
17	관건	18	수선	19	도모	20	발해
21	백로	22	게양	23	명석	24	예지
25	취산	26	위관	27	걸식	28	단규
29	동굴	30	주석	31	상담	32	용액
33	역체	34	만용	35	석망	36	협곡
37	진폭	38	권점	39	석가	40	농락
41	체류	42	봉래	43	봉록	44	근역
45	압록강	46	임할 림	47	늘일 연	48	가지 가
49	맬 계	50	엉길 응	51	마룻대 동	52	갈림길 기
53	아우를 병	54	바퀴자국 궤	55	쪼갤 석	56	병풍 병
57	기쁠 이	58	문벌 벌	59	즐길 오	60	날카로울 예
61	품팔 고	62	마을 서	63	신 화	64	찰 영
65	시위 현	66	가늘 섬	67	외짝 척	68	녹을 융
69	반딧불 형	70	으뜸 패	71	더할 첨	72	빌 기
73	政府	74	公文書	75	專用	76	施行
77	機能	78	不適合	79	機械化	80	實現
81	調和	82	結合	83	情報化	84	文盲
85	退治	86	一般	87	大衆化	88	貢獻
89	無理	90	副作用	91	弊害	92	斷行
93	實情	94	副應	95	國字	96	地理的
97	切實	98	文化圈	99	孤立	100	自招
101	矛盾	102	政策	103	②	104	④
105	④	106	③	107	③	108	反
109	智 / 賢	110	坤 / 濕	111	慶	112	降
113	單純	114	減少	115	拘禁	116	忘却
117	故意	118	骨, 奪	119	手, 削	120	曲, 阿

121	語, 說	122	轉, 福	123	眼, 無	124	境界
125	支給	126	指導	127	財貨	128	行
129	亠	130	隹	131	幺	132	己
133	盛	134	滅	135	隔	136	恐
137	愛	138	樂山樂水(요산요수)				
139	汽車(기차) / 車道(차도)			140	殺到(쇄도) / 相殺(상쇄)		
141	暴惡(포악) / 橫暴(횡포)			142	星宿(성수)	143	꺾꽂이
144	품삯	145	풀무	146	빗	147	하물며
148	炉	149	双	150	圧		

해설

05 押韻(압운) : 시가(詩歌)에서, 시행(詩行)의 일정한 자리에 같은 운을 규칙적으로 다는 일.
☞ 여기에서 '押'자는 '운자를 맞추다'를 뜻한다.

13 涉獵(섭렵) : '물을 건너 찾아다닌다'는 뜻에서, '책을 널리 읽거나 다양한 경험을 쌓음'을 이르는 말.
☞ 여기에서 '獵'자는 '대충 훑어보다'를 뜻한다.

18 修善(수선) : 낡거나 헌 물건을 고침.
☞ 여기에서 '修'자는 '고치다, 손질하다'를 뜻한다.

19 '圖謀'의 '圖'자는 대표 훈이 '그림'이나 여기에서는 '꾀하다, 도모하다'를 뜻한다.

28 端揆(단규) : ① 재상(宰相). 임금을 돕고 모든 관원을 지휘하고 감독하는 일을 맡아보던 이품 이상의 벼슬. ② 우의정(右議政).
☞ 여기에서 '揆'자는 '재상, 대신(大臣)'을 뜻한다.

34 蠻勇(만용) : 분별없이 함부로 날뛰는 용맹.
☞ 여기에서 '蠻'자는 '난폭하다'를 뜻한다.

38 圈點(권점) : ① 글을 맺는 끝에 찍는 동그라미 형상의 둥근 점. ② 글이 잘된 곳 또는 중요한 부분에 찍는 둥근 점.
☞ 여기에서 '圈'자는 '동그라미'를 뜻한다.

40 籠絡(농락) : '새장과 고삐'라는 뜻에서, '남을 교묘한 꾀로 속여 제 마음대로 놀리거나 이용함'을 이르는 말. 뇌롱(牢籠).

43 俸祿(봉록) : 벼슬아치에게 일 년, 또는 계절 단위로 나누어 주던 곡식·피륙·돈 따위. 녹봉(祿俸).

78 不適合(부적합) : 일이나 조건 따위에 꼭 알맞지 아니함.
☞ 부(不)는 '아님', '아니함', '어긋남'의 뜻을 더하는 접두사. 참 90. 부작용.

92 斷行(단행) : 결단하여 실행함.
☞ 여기에서 '斷'자는 '결단(決斷)'을 뜻한다.

94 副應(부응) : 어떤 요구나 기대 따위에 좇아서 응함.
☞ 여기에서 '副'자는 '곁따르다'를 뜻한다.

95 國字(국자) : ① '우리나라의 글자'라는 뜻으로, '한글'을 이르는 말. ② 한 나라의 국어를 표기하는 전통적인 공용 문자.

110 乾坤(건곤) : ① 하늘과 땅. ② 음양(陰陽).
乾濕(건습) : 마름과 젖음.
☞ '乾坤'에서 '乾'자는 '하늘'을 뜻하고, '乾濕'에서 '乾'자는 '마르다'를 뜻한다. 예전에 '乾'자는 '마르다'를 뜻할 때에는 '간'으로 발음하였으나 오늘날에는 '간' 발음이 없어져서 '건'으로 발음한다.

117 故意(고의) : 일부러 하는 생각이나 태도.
☞ 여기에서 '故'자는 '일부러'를 뜻한다.

122 轉禍爲福(전화위복) ☞ 여기에서 '爲'자는 '…으로 변[변화]하다', '…이 되다'를 뜻한다.

125 支給(지급) : 돈이나 물품 따위를 정하여진 몫만큼 내줌.
☞ 여기에서 '支'자는 '지출(支出)'을 뜻한다.

137 慈愛(자애) : 아랫사람에게 베푸는 도타운 사랑.
☞ 여기에서 '慈'자는 '윗사람이 아랫사람에게 베푸는 사랑'을 뜻하고, '愛'자는 '보편적 사랑'을 뜻한다.

140 殺到(쇄도) : 한곳을 향하여 세차게 달려듦.
相殺(상쇄) : 셈을 서로 비김.
☞ '殺到'에서 '殺'자는 '빠르다'를 뜻하고, '相殺'에서 '殺'자는 '감하다'를 뜻한다.

146 '負債(부채)'에서 '負'자는 '지다, 빚지다'를 뜻한다.

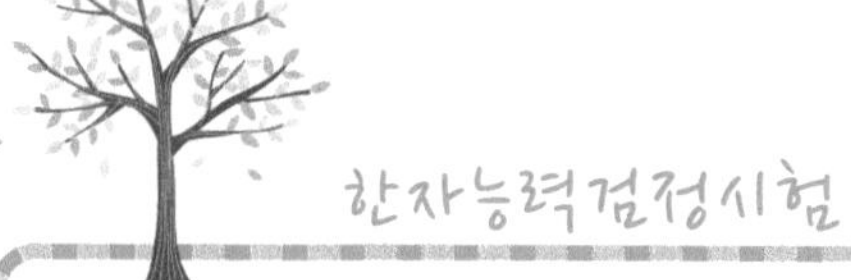

03회 2급 예상문제

93쪽~96쪽

01	옥답	02	야기	03	멸시	04	수모
05	잔학	06	자웅	07	도약	08	전형
09	초조	10	조각	11	망라	12	연적
13	조치	14	편집	15	혐의	16	피부
17	지체	18	보궐	19	각료	20	균형
21	견발	22	보필	23	연봉	24	척벌
25	목연	26	종합	27	기린	28	묘홀
29	벌부	30	파수	31	뇌진	32	저애
33	융성	34	조대	35	조근	36	어원
37	환제	38	초소	39	석광	40	호주
41	질소	42	기지	43	예덕	44	패권
45	보우	46	다리 각	47	집터 대	48	옷마를 재
49	실 산	50	상자 상	51	구슬 경	52	높을 탁
53	펼 부	54	향풀 운	55	선비 언	56	문란할 문 어지러울 문
57	작을 편	58	아가씨 양	59	도울 우		
60	잡을 구	61	갑자기 돌	62	이을 소	63	성姓 려 법칙 려
64	안개 무	65	걸 괘	66	썩을 부		
67	방패 순	68	뜻 지	69	슬퍼할 도	70	호소할 소
71	펼 술	72	재물 화	73	貿易	74	對象國
75	觀光客	76	標識	77	看板	78	專用
79	經濟	80	回復	81	最善	82	施策
83	相反	84	現狀	85	主張	86	單純
87	圖謀	88	危機	89	對策	90	講究
91	世紀	92	對備	93	生産	94	輿論
95	調査	96	支持	97	優勢	98	放送
99	爛商討論	100	義務化	101	大勢	102	確證
103	①	104	②	105	④	106	④
107	③	108	惡 / 醜	109	凶	110	尾
111	彼	112	落 / 卑 / 低 / 下	113	公平	114	厭世

115	暴落	116	明示	117	凝固	118	共, 天
119	嚴, 寒	120	天, 無	121	盡, 悲	122	戰, 戰
123	目, 丁	124	經路	125	認定	126	首席
127	展示	128	頁	129	貝	130	赤
131	田	132	鹿	133	餓	134	層
135	賊	136	和	137	育	138	鐵索(철삭)
139	否塞(비색) / 否運(비운)			140	參差(참치)	141	降伏(항복) 投降(투항)
142	一切(일체)	143	拾得	144	角逐		
145	瓦解	146	燒却	147	猶豫	148	宝
149	変	150	転				

해설

01 沃畓(옥답) : 기름진 논.
☞ 여기에서 '畓'자는 우리나라에서 만든 한자이다.

05 殘虐(잔학) : 잔인(殘忍)하고 포학(暴虐)함.
☞ 여기에서 '殘'자는 '잔인하다'를 뜻한다.

11 網羅(망라) : '물고기나 새를 잡는 그물'이라는 뜻에서, '널리 받아들여 모두 포함함'을 이르는 말.
☞ 여기에서 '網'자는 '물고기를 잡는 그물'을 뜻하고, '羅'자는 '새를 잡는 그물'을 뜻한다.

18 '補闕'은 '補缺'과 같은 말로, 여기에서 '闕'자는 '빠뜨리다, 부족하다'는 뜻으로 쓰였다.

21 甄拔(견발) : 재능이 있는지 없는지를 잘 헤아려서 인재를 뽑아 씀.
☞ 여기에서 '甄'자는 '살피다'를 뜻한다.

28 秒忽(묘홀) : '벼의 까끄라기와 거미줄'이라는 뜻에서, '상당히 작은 것'을 이르는 말.
☞ 여기에서 '秒'자는 '까끄라기'를 뜻하고, 발음은 '묘'이다.

32 沮礙(저애) : 일이나 행동 따위를 막아서 방해함. 조애(阻礙).
☞ '礙(거리낄 애)'자는 '碍'자와 쓰임이 같은 異體字이다.

36 御苑(어원) : 예전에, 궁궐 안에 있던 동산이나 후원. 금원(禁苑).
☞ '御'자는 임금에게 관계된 말의 머리에 붙여서 공경하는 뜻을 나타낸다.

43 睿德(예덕) : ① 뛰어난 덕망. ② 왕세자의 덕망.
☞ 여기에서 '睿'자는 '임금이나 성인(聖人)의 언행'을 뜻한다.

49 '酸(실 산)'자의 뜻인 '실'은 '신맛'을 뜻한다.

60 '拘(잡을 구)'자는 '狗(개 구)'자와 혼동하기 쉬운 글자이다.

76 '標識'에서 '識'자는 뜻에 따라 훈과 음이 바뀌는 글자이므로 주의한다. 참 識(알 식, 기록할 지)

87 圖謀(도모) : 일을 이루려고 대책과 방법을 세움.
☞ 여기에서 '圖'자는 '꾀하다, 대책과 방법을 세우다'를 뜻한다.

99 爛商討論(난상토론) : 여러 사람이 모여서 낱낱이 들어 잘 토의(討議)함.
☞ '爛商'은 '충분히 논의함'을 뜻하는데, 여기에서 '商'자는 '상의(相議/商議)'를 뜻한다.

109 '豊'자는 '豐(풍년 풍)'자의 俗字이다.
참 '凶豊'은 '흉년과 풍년'을 아울러 이르는 말.

115 '暴落/暴騰'의 '暴'자는 쓰임에 따라 뜻과 소리가 달라지는 글자이다. 참 暴(사나울 폭, 모질 포)

120 '天衣無縫'에서 '天衣'는 '천사/신선의 옷'을 뜻한다.

122 '전전긍긍'에서 '戰戰'은 '몹시 두려워서 벌벌 떪'을 뜻하고, '兢兢'는 '삼가고 두려워함'을 뜻한다.

131 '畜'자는 '짐승'을 뜻할 때에는 발음이 '축'이고, '기르다'를 뜻할 때에는 발음이 '휵'이다.

139 否塞(비색) : 운수가 꽉 막힘.
否運(비운) : ① 막혀서 어려운 처지에 이른 운수. ② 불행한 운명.

140 參差(참치) : 길고 짧고 들쭉날쭉하여 가지런하지 아니함. 참치부제(參差不齊).

144 角逐(각축) : 서로 이기려고 겨루며 덤벼듦.
☞ 여기에서 '角'자는 '겨루다, 경쟁하다'를 뜻한다.

97쪽~100쪽

04회 2급 예상문제

01	파악	02	추세	03	비약	04	박봉
05	용해	06	간과	07	사직	08	연주
09	섭정	10	공비	11	상권	12	정체
13	융통	14	격리	15	연계	16	응집
17	내진	18	궁궐	19	부조	20	부설
21	교위	22	분규	23	봉직	24	약제
25	유형	26	편파	27	모멸	28	구지
29	적석	30	정문	31	왕후	32	착모
33	견인	34	불소	35	섬유	36	열람
37	근화	38	궤도	39	금원	40	혹독
41	형조	42	위액	43	질식	44	의료
45	신탄진	46	아름다울 휴	47	무성할 무	48	다툴 경
49	빛날 희	50	녹을 용	51	쉴 게	52	보리 맥
53	밟을 답	54	흩을 산	55	외 과	56	성姓 반
57	모 묘	58	곤할 곤	59	도울 필	60	수레 량
61	쇠사슬 쇄	62	못/늪 소	63	낱 매	64	서늘할 량
65	수레 여	66	잠길 잠	67	잦을 수	68	슬퍼할 처
69	되 승	70	뿌릴 파	71	여승 니	72	부추길 사
73	國益	74	全然	75	白日下	76	徹底
77	斷案	78	正常化	79	極度	80	低下
81	人性	82	斷絶	83	傳統	84	繼承
85	克服	86	同時	87	主導國	88	憂國
89	衷情	90	主張	91	卽時	92	浮上
93	強力	94	建議	95	使命	96	熱望
97	貫徹	98	汎國民	99	愛國	100	奮鬪
101	擧國的	102	展開	103	③	104	①
105	④	106	②	107	③	108	反/副/否 邪/誤/僞
109	苦/悲/哀	110	縮	111	盛		
112	卑/侍	113	優良	114	革新/進步	115	權利
116	獨白	117	擴大	118	天, 助	119	以, 傳

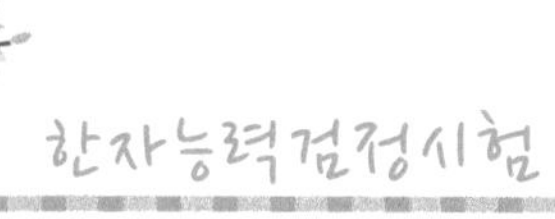

120	勸, 惡	121	尙, 乳	122	田, 狗	123	風, 歎
124	經費	125	申告	126	逆說	127	隨行
128	魚	129	又	130	玉	131	頁
132	力	133	敬	134	群	135	蔬
136	捕	137	助	138	布施(보시)	139	回復(회복) 報復(보복)
140	遊說(유세)	141	水刺(수라)				
142	句讀(구두) / 吏讀(이두)			143	마땅히 / 으레		
144	밤송이	145	며칠 / 몇 날	146	어느덧 / 어느 사이		
147	심하게는 / 심하다 못해 나중에는					148	辺 / 边
149	昼	150	壱				

해설

05 溶解(용해) : 물질이 액체 속에서 균일하게 녹아 용액이 만들어지는 일.
☞ '융해(融解)'는 '고체에 열을 가했을 때 액체로 되는 현상'을 뜻한다.

07 社稷(사직) : ① 나라 또는 조정. ② 태사(太社)와 태직(太稷). ③ 천자나 제후가 제사를 지내던 토지신과 곡신(穀神).
☞ 여기에서 '社'자는 '토지신(土地神)'을 뜻하고, '稷'자는 '곡신(穀神 : 오곡의 신)'을 뜻한다.

10 共匪(공비) : 공산당의 유격대. 적비(赤匪). [중국 국민정부시대에 공산당의 지도 아래 활동하던 게릴라를 비적(匪賊)이라고 욕하며 부르던 데서 유래한 말]

13 融通(융통) : ① 금전이나 물품 등을 막힘없이 돌려씀. ② 때나 형편에 맞게 신축성 있게 일을 처리함.
☞ 여기에서 '融'자는 '융통하다, 통하다'를 뜻한다.

29 赤錫(적석) : 적동(赤銅). 구리에 약간의 금을 더한 합금.

40 酷毒(혹독)하다 : ① 몹시 심하다. ② 성질이나 하는 짓이 몹시 모질고 나쁘다.
☞ 여기에서 '毒'자는 '심악(甚惡)하다'를 뜻한다.

41 刑措(형조) : 형조불용(刑措不用)의 준말. '형벌을 폐지하여 쓰지 않는다'는 뜻에서, '나라가 잘 다스려져 죄를 짓는 사람이 없어짐'을 이르는 말.
☞ 여기에서 '措'자는 '하던 일을 그만두다'를 뜻한다.

77 斷案(단안) : ① 옳고 그름을 판단함. ② 어떤 사항에 대한 생각을 분명히 결정함.
☞ 여기에서 '斷'자는 '결단(하다)'을 뜻한다.

85 克服(극복) : ① 악조건이나 고생 따위를 이겨 냄. ② 적을 이기어 굴복시킴.
☞ 여기에서 '服'자는 '복종하다'를 뜻한다.
참 克復(극복) : ① 어려움을 이겨내고 본디의 형편으로 돌아감. ② 사람이 행해야 할 바른 도리로 돌아감. ③ 극기복례(克己復禮).

101 擧國的(거국적) : 온 나라에서 국민이 힘을 합하여 참여하는 것.
☞ 여기에서 '擧'자는 '다, 모든, 온통'을 뜻한다.

112 尊侍(존시) : 존장(尊長)과 시생(侍生). 나이가 많은 웃어른과 나이가 적은 아랫사람.

121 口尙乳臭(구상유취) : '입에서 아직 젖내가 난다'는 뜻에서, '말이나 행동이 유치함'을 이르는 말.
☞ 여기에서 '尙'자는 '아직'을 뜻한다.

123 風樹之歎(풍수지탄) : 『韓詩外傳』에 "樹欲靜而風不止 / 子欲養而親不待 / 往而不可追者年也 / 去而不見者親也(나무는 고요하고자 하나 바람이 그치지 않고 / 자식은 봉양하고자 하나 부모님은 기다려주지 않네 / 한 번 흘러가면 좇아갈 수 없는 것이 세월이고 / 가시면 다시 볼 수 없는 것은 부모님이네)"라는 시에서 나온 말이다.

138 布施(보시) : 자비심(慈悲心)으로 남에게 재물이나 불법(佛法)을 베풂.

140 '說'자는 뜻에 따라 훈과 음이 달라지는 글자이다.
참 說(말씀 설, 기쁠 열, 달랠 세)

141 '刺'자는 '찌를 자, 찌를 척, 수라 라' 등의 뜻으로 쓰이는 한자이다.
참 水刺 / 水剌(수라) : 궁중에서 임금에게 올리는 밥상을 높여 이르는 말.

05회 2급 예상문제

101쪽~104쪽

01	심멱	02	금슬	03	주둔	04	주축
05	검열	06	탐닉	07	염증	08	소개
09	사지	10	환멸	11	조제	12	취락
13	진척	14	예매	15	다과	16	만찬
17	응시	18	축구	19	관료	20	섭리
21	총석	22	녹봉	23	염주	24	주말
25	준위	26	종정	27	격진	28	이십
29	오류	30	조식	31	게재	32	서찰
33	사부	34	혐기	35	탁마	36	건평
37	자기	38	기원	39	권선	40	비로
41	동량	42	금융	43	누액	44	포물선
45	미봉책	46	언덕 파	47	뛰어날 걸	48	더부살이 교
49	베풀 시	50	유황 류	51	사양할 양	52	배우 배
53	그물 망	54	클 보	55	대적할 적	56	향기 복
57	꿩 치	58	새집 소	59	항상 항	60	길쌈 방
61	세놓을 세	62	창 모	63	용서할 사	64	가마 부
65	짝 필	66	삼 삼	67	막을 저	68	옮길 반
69	큰바다 창	70	골짜기 협	71	공 훈	72	콩팥 신
73	周知	74	急速	75	電子工學	76	處理
77	領域	78	事務自動	79	通信網	80	效率
81	情報交換	82	組織	83	出現	84	向上
85	高度	86	樂觀	87	展望	88	副應
89	多樣	90	要請	91	革新	92	試圖
93	職能	94	強化	95	教養	96	憂慮
97	再調整	98	改編	99	適應	100	專門
101	比重	102	趨勢	103	③	104	②
105	②	106	①	107	①	108	降
109	往	110	急	111	濃 / 豊 / 厚	112	結 / 伏 / 臥 / 陷
113	閉鎖	114	受理	115	巨富	116	公平
117	強硬	118	字, 患	119	觸, 發	120	率, 範
121	身, 判	122	敢, 心	123	緣, 魚	124	管掌
125	否認	126	射手	127	胃腸	128	肉
129	大	130	而	131	隹	132	口
133	盛	134	純	135	悟	136	墳
137	量	138	行列(항렬)	139	更張(경장)		
140	要塞(요새) / 塞翁之馬(새옹지마)						
141	句讀(구두) / 吏讀(이두)			142	比率(비율) / 效率(효율)		
143	且置	144	卜債	145	才幹	146	含蓄
147	喜捨	148	灯	149	塩	150	芸

해설

02 琴瑟(금슬) : ① 거문고와 비파. ② '금실(부부간의 사랑)'의 원말.
☞ 고대에 음악을 연주할 때, 금과 슬이 조화를 잘 이루어야 만이 아름다운 음악을 연주할 수 있었다. 여기에서 '금과 슬이 서로 화답하다'는 뜻의 '금슬상화(琴瑟相和)', '금슬지락(琴瑟之樂)' 등과 같은 말이 생겨났다. 일반적으로 금(琴)은 작아서 여성이 연주하였으므로 '아내'를 뜻하고, 슬(瑟)은 크기도 크고 남성이 연주하였으므로 '남편'을 상징한다.

08 紹介(소개) : 중간에서 관계를 맺어 줌.
☞ 여기에서 '紹'자는 '소개하다, 알선(斡旋)하다'를 뜻한다.

12 聚落(취락) : 인간이 공동생활을 하는 주거의 집단.
☞ 여기에서 '落'자는 '마을'을 뜻한다.

16 晩餐(만찬) : 손님을 초대하여 함께 먹는 저녁 식사.
☞ 여기에서 '晩'자는 '저녁'을 뜻한다.

17 凝視(응시) : 눈길을 모아 한 곳을 똑바로 바라봄.
☞ 여기에서 '凝'자는 '모으다, 집중하다'를 뜻한다.

21 寵錫(총석) : 임금이 특별히 사랑하여 물건을 내려줌.
☞ 여기에서 '寵'자는 '괴다, 특별히 귀여워하고 사랑하다'를 뜻하고, '錫'자는 '주다, 하사(下賜)하다'를 뜻한다.

26 鐘鼎(종정) : ① 종과 솥. ② 종명정식(鐘鳴鼎食). '끼니때에 종을 쳐서 식구를 모으고 솥을 늘어놓고 먹는다'는 뜻에서, '부귀한 집의 생활'을 이르는 말.

28 '貳拾'에서 '貳'자와 '拾'자는 모두 갖은자로, '拾'자는 뜻에 따라 훈과 음이 달라진다.
참 拾(주울 습, 갖은열 십)

39 圈選(권선) : 권점하여 적당한 사람을 관리로 뽑던 일.
☞ 여기에서 '圈'자는 '권점(圈點 : 글을 맺는 끝에 찍는 고리 형상의 둥근 점)'을 뜻한다.

40 毘盧(비로) : 비로자나불(毗盧遮那佛). 연화장 세계에 살며 그 몸은 법계(法界)에 두루 차서 큰 광명을 내비치어 중생을 제도하는 부처.

42 金融(금융) : 금전을 융통하는 일.
☞ 여기에서 '融'자는 '(융)통하다'를 뜻한다.

45 彌縫策(미봉책) : '꿰매어 깁는 계책'이라는 뜻에서, '눈가림만 하는 일시적인 계책'을 이르는 말이다.
☞ 여기에서 '彌'자는 '깁다, 꿰매다'를 뜻한다.

47 '杰'자는 '傑(뛰어날 걸)'자와 쓰임이 같은 이체자(異體字)이다.

64 '釜(가마 부)'자의 뜻인 '가마'는 '가마솥'을 뜻한다.

80 效率(효율) : 들인 노력과 얻은 결과의 비율.
☞ 여기에서 '率'자는 본음이 '률'이나 한글맞춤법 규정에 따라 '율'로 읽고 적는다. 참 142. 率

91 革新(혁신) : 낡은 풍속, 관습, 조직, 방법 따위를 완전히 바꾸어서 새롭게 함.
☞ 여기에서 '革'자는 '고치다'를 뜻한다.

116 偏頗(편파) : 치우쳐 공평(公平)하지 못함.
참 偏在(편재) : 한곳에 치우쳐 있음.
참 遍在(편재) : 널리 두루 퍼져 있음.

137 商量(상량) : 헤아려서 잘 생각함.
☞ 여기에서 '商'자는 '헤아리다, 짐작하여 알다'를 뜻한다.

142 '모음'이나 'ㄴ' 받침 뒤에 이어지는 '렬, 률'은 '열, 율'로 적는다. 참 陳列(진열), 旋律(선율), 比率(비율).

06회 2급 예상문제

105쪽~108쪽

01	절충	02	수색	03	사찰	04	옹기
05	초병	06	시사	07	부연	08	회피
09	여진	10	반주	11	온당	12	섭취
13	장애	14	정돈	15	총포	16	예탁
17	저해	18	포승	19	윤활	20	낙관
21	자문	22	사면	23	보선	24	취사
25	증혐	26	응체	27	편방	28	시신
29	연박	30	주재	31	휘장	32	자강
33	은행	34	둔취	35	진벌	36	참수
37	주폐	38	첨시	39	약진	40	포복
41	증기	42	포옹	43	등사	44	선박
45	용광로	46	막을 두	47	높이들 게 / 걸 게		
48	복 조	49	아이밸 임	50	무늬 문	51	티끌 애
52	자손 윤	53	대바구니 롱	54	섭섭할 감	55	종 례
56	허수아비 괴	57	매 응	58	쇠불릴 단	59	오리 압
60	노나라 로 / 노둔할 로			61	절 가	62	계집 희
63	우리 권	64	쓸개 담	65	옥돌 영 / 밝을 형		
66	밝을 성	67	부를 초	68	세금 세	69	기를 사
70	맺을 체	71	찾을 탐	72	토끼 묘	73	實際
74	存在	75	自然界	76	豫測	77	實在
78	想定	79	原子	80	假定	81	立場
82	概念	83	對應	84	客觀	85	斷定
86	經驗	87	分類	88	道具	89	意義
90	現象	91	體系	92	論理	93	聯關
94	一貫性	95	解釋	96	有用	97	假說
98	不過	99	限時的	100	價値	101	基準
102	決定	103	②	104	④	105	③
106	①	107	①	108	亡 / 滅 / 沒 / 無 / 廢		
109	安	110	雄	111	姑 / 夫	112	歡 / 樂
113	溫暖	114	模倣	115	友好	116	是認

117	散在	118	矯, 殺	119	養, 遺	120	案, 齊
121	令, 改	122	半, 疑	123	若, 觀	124	交感
125	浮上	126	但書	127	商術	128	山
129	臼	130	禾	131	内	132	口
133	傑	134	祥	135	濁	136	退
137	庫	138	鹿皮(녹비)	139	賞狀(상장) / 訴狀(소장)		
140	憎惡(증오) / 惡寒(오한)			141	內人(나인)	142	敗北(패배)
143	주춧돌	144	죄다 / 한결같이 / 오로지			145	어디 어느 곳
146	등잔걸이	147	마침내	148	挙		
149	払	150	応				

해설

01 折衷(절충) : 서로 다른 사물이나 의견, 관점 따위를 알맞게 조절하여 서로 잘 어울리게 함.
☞ 여기에서 '衷'자는 '알맞다, 적합하다'를 뜻한다.

02 '索'자는 쓰임에 따라 훈과 음이 달라지므로 주의한다. 참 索(찾을 색, 노(새끼줄) 삭)

03 寺刹(사찰) : 승려가 불상(佛像)을 모시고 불도(佛道)를 닦으며 교법(敎法)을 펴는 집. 절.
☞ '寺刹'은 뜻이 비슷한 유의자로 결합된 한자어이다.

08 回避(회피) : ① 어떤 일이나 상황에 대하여 직접 하거나 부딪치기를 꺼리어 피함. ② 꾀를 부려 책임을 지지 아니함. ③ 만나기를 꺼려 몸을 피함.
☞ 여기에서 '回'자는 '피하다'를 뜻한다.

19 潤滑(윤활) : 기름기나 물기가 있어 뻑뻑하지 않고 매끄러움.
☞ '滑'자는 쓰임에 따라 뜻과 소리가 달라지는 글자이다. 참 滑(미끄러울 활, 익살스러울 골)

20 落款(낙관) : 낙성관지(落成款識). 글씨나 그림 등에 작가의 이름이나 호(號)를 쓰고 도장을 찍는 일, 또는 그 도장.
☞ 여기에서 '落'자는 '이루다'를 뜻하고, '款'자는 '관지(款識)'를 뜻하는데, '글자를 음각한 것과 양각한 것'을 아울러 이르는 말이다.

27 偏旁(편방) : 한자의 왼쪽[偏]과 오른쪽[旁]을 통틀어 이르는 말.

29 淵博(연박)하다 : 학문이나 교양이 깊고 넓다.
☞ 여기에서 '淵'자는 '깊다'를 뜻한다.

31 徽章(휘장) : 옷이나 모자에 신분이나 직무, 명예 따위를 나타내기 위해 다는 리본, 배지 등의 표지(標識).
☞ 여기에서 '徽'자는 '표기(標旗 : 목표로 세운 기)'를 뜻한다.

32 自彊(자강) : 스스로 힘써 몸과 마음을 가다듬음. 자강(自強).

34 屯聚(둔취) : 여러 사람이 한곳에 모여 있음.
☞ 여기에서 '屯'자는 '무리를 이루다'를 뜻한다.

35 津筏(진벌) : 나루를 건너는 뗏목.

138 鹿皮(녹비) : 사슴의 가죽.
☞ '皮'자는 쓰임에 따라 '피' 또는 '비'로 읽고 적는다. '한글 맞춤법' 제52항에서, 한자어에서 본음으로도 나고 속음으로도 나는 것은 각각 그 소리에 따라 적는다고 규정한다.

141 內人(나인) : 고려·조선 시대에, 궁궐 안에서 왕과 왕비를 가까이 모시는 내명부를 통틀어 이르던 말.
☞ 여기에서 '內'자의 훈과 음은 '여관 나'이다.

142 敗北(패배) : ① 겨루어서 짐. ② 패주(敗走). 싸움에 져서 달아남.
☞ 여기에서 '北'자의 훈과 음은 '달아날 배'이다.

143 礎盤(초반) : 주춧돌. 기둥 밑에 기초로 받쳐 놓은 돌.
☞ 여기에서 '盤'자는 '받침, 바탕'을 뜻한다.

144 壹是(일시) : 모두. 일체. 오로지. 모두 한결같이.
☞ 여기에서 '壹'자는 '오직, 오로지'를 뜻한다.

147 及其也(급기야) : 마침내. 필경에는. 마지막에 가서는. 끝에 가서 결국에.
☞ 줄여서 '及其'로 쓰기도 한다.

07회 2급 예상문제

109쪽~112쪽

01	표창	02	철거	03	점포	04	방적
05	동료	06	배우	07	현격	08	비준
09	왕성	10	응축	11	저지	12	갈필
13	번식	14	교살	15	주화	16	예치
17	활약	18	폭등	19	공포	20	수훈
21	재봉	22	광란	23	용해	24	관섭
25	보초	26	누액	27	병촉	28	목욕
29	견별	30	방뇨	31	혐노	32	애체
33	척강	34	편차	35	미진	36	분초
37	궐석	38	흉막	39	교포	40	급서
41	영선	42	신상	43	장각	44	탈모
45	도량형	46	아교 교	47	절 악	48	암 암
49	물끓는김 기	50	이별할 결	51	드릴 정	52	편지 한
53	솥귀 현	54	산등성이 강	55	쇠북 종	56	업신여길 모
57	맑을 정	58	달굴 련	59	측백 백	60	우산 산
61	염탐할 정	62	언덕 판	63	살 구	64	벗을 라
65	낳을 만	66	요사할 요	67	밭갈 경	68	무릅쓸 모
69	맞을 영	70	문지를 마	71	범 인	72	전각 전
73	原子力	74	贊成	75	尖銳	76	敷地
77	選定	78	核廢棄物	79	確保	80	依存度
81	潛在	82	政治	83	位相	84	不拘
85	失手	86	招來	87	破局	88	環境
89	主張	90	說得	91	代替	92	生態系
93	破壞	94	提案	95	誇張	96	確率
97	豫防	98	手段	99	遲滯	100	石炭
101	燃料	102	抑制	103	③	104	①
105	④	106	①	107	③	108	敏
109	縱	110	晩	111	貸	112	支
113	興奮	114	和睦	115	固定	116	左遷
117	異端	118	骨, 忘	119	獨, 將	120	燈, 明
121	佳, 境	122	歸, 正	123	起, 死	124	決勝
125	綠陰	126	鄕愁	127	救護	128	肉
129	心	130	行	131	田	132	廾
133	常	134	畢	135	慨	136	哀
137	引	138	省略(생략)	139	反則(반칙) / 法則(법칙)		
140	頻數(빈삭) / 數尿症(삭뇨증)			141	家宅(가택) / 住宅(주택)		
142	洞察(통찰)	143	露宿	144	弔喪	145	辨償 / 賠償 (辨濟 / 補償)
146	參酌	147	署理	148	団		
149	寿	150	写 = 写				

해설

06 俳優(배우) : 연극이나 영화 따위에 등장하는 인물로 분장하여 연기(演技)를 하는 사람.

☞ 여기에서 '優'자는 '광대(직업적 예능인)'를 뜻한다.

☞ '俳優'는 서로 뜻이 비슷한 유의자로 결합된 한자어이다. 참 09. 旺盛 19. 恐怖 28. 沐浴

08 批准(비준) : 헌법상의 조약 체결권자가 최종적으로 확인·동의하는 절차.

☞ 여기에서 '批'자는 '비답(批答)을 내리다'를 뜻하고, '准'자는 '승인(承認)하다'를 뜻한다.

18 暴騰(폭등) : 물건의 값이나 주가(株價) 따위가 갑자기 큰 폭으로 오름.

☞ '暴'자는 뜻에 따라 소리가 달라지므로 독음에 주의해야 한다. 참 暴(사나울 폭, 모질 포)

21 裁縫(재봉) : 옷감 따위로 옷을 짓거나 바느질하는 일.

☞ 여기에서 '裁'자는 '(옷을) 마르다, 치수에 맞게 자르다)'를 뜻한다.

23 鎔解(용해) : 고체의 물질이 열에 녹아서 액체 상태로 되는 일. 주로, 금속(金屬)이 열에 녹아서 액상(液狀)으로 되는 일을 말한다.

24 管攝(관섭) : 자기가 맡고 있는 관직 이외에 다른 관직을 겸하여 관장함. 겸관(兼管).

☞ 여기에서 '管'자는 '맡다, 다스리다'를 뜻한다.

27 秉燭(병촉) : '촛불을 손에 잡는다'는 뜻으로, '촛불을 켬'을 비유하여 이르는 말.

29 甄別(견별) : 뚜렷하게 나눔.
☞ 여기에서 '甄'자는 '나타내다, 밝히다'를 뜻한다.

37 闕席(궐석) : 결석(缺席).
☞ 여기에서 '闕'자는 '참여해야 할 자리 따위에 빠짐'을 뜻한다.

40 急逝(급서) : '급사(急死 : 갑자기 죽음)'의 높임말.
☞ 여기에서 '逝'자는 '세상을 떠나다'를 뜻한다.

41 營繕(영선) : 건축물 따위를 새로 짓거나 수리함.
☞ 여기에서 '營'자는 '짓다'를 뜻한다.

42 紳商(신상) : 상인(商人) 가운데 상류층에 속하는 점잖은 상인.
☞ 여기에서 '紳'자는 '점잖은 사람'을 뜻한다.

43 獐角(장각) : (한방에서) '노루의 굳은 뿔'을 약재로 이르는 말.

83 位相(위상) : 어떤 사물이 다른 사물과의 관계 속에서 처한 위치나 상태.
☞ 여기에서 '相'자는 '모양, 형상'을 뜻한다.

84 不拘(불구)하다 : 얽매이거나 거리끼지 아니하다.
☞ 여기에서 '拘'자는 '거리끼다, 구애(拘礙)받다'를 뜻한다.

98 手段(수단) : ① 어떤 목적을 이루기 위한 방법 또는 그 도구. ② 일을 처리하여 나가는 솜씨와 꾀.
☞ 여기에서 '手'자는 '솜씨'를 뜻하고, '段'자는 '방법'을 뜻한다.

112 收支(수지) : 수입(收入)과 지출(支出).

114 反目(반목) : 서로 미워함.
☞ 여기에서 '反'자는 '돌리다'를 뜻하고, '目'자는 '눈길'을 뜻한다.

141 '宅'자는 '남이나 그의 집' 또는 '가정을 높여 이를 때'에는 '댁'으로 발음한다.

143 '露宿(노숙)'은 '한뎃잠', 또는 '노차(露次)'라고도 한다.

08회 2급 예상문제

113쪽~116쪽

01	소홀	02	찬송	03	맥락	04	삭막
05	애도	06	탐정	07	노예	08	잠식
09	진료	10	응고	11	원활	12	체결
13	환상	14	파문	15	견직	16	섬유
17	약탈	18	교사	19	귀추	20	삽화
21	요매	22	구로	23	개탄	24	예맥
25	휘금	26	기제	27	준담	28	빙정
29	징후	30	비결	31	비뇨	32	세사
33	습란	34	상서	35	체신	36	신장
37	과만	38	폐렴	39	규수	40	간첩
41	승마	42	왜곡	43	허탄	44	여막
45	적나라	46	쑥 봉	47	터 지	48	주석 석
49	북두자루 표	50	자석 자	51	이에 내	52	좇을 준
53	빛날 희	54	노끈 승	55	빠질 닉	56	미울 증
57	칠 격	58	힘쓸 려	59	스승 부	60	짙을 농
61	끌 랍	62	이웃 린	63	녹 봉	64	바로잡을 정
65	다스릴 섭 / 잡을 섭			66	오랑캐 만	67	계집 낭
68	나루 진	69	목구멍 후	70	기울 선	71	졸할 졸
72	갈 서	73	不條理	74	不合理	75	不調和
76	誇張	77	具體的	78	表現	79	假面
80	狀態	81	正常的	82	無害	83	無益
84	東洋的	85	戲弄	86	弄談	87	才致
88	特徵	89	機智	90	知的	91	才弄
92	區別	93	意味	94	實際的	95	知慧 / 智慧
96	抑制	97	手法	98	發展	99	目的
100	達成	101	概念	102	包含	103	④
104	③	105	②	106	①	107	④
108	借	109	伸	110	弔	111	軟
112	戈 / 滿	113	敏速	114	答辯 / 應答 / 應對 / 對答		
115	綜合 / 統合	116	濕潤	117	保守	118	扶, 弱

119	官, 汚	120	經, 濟	121	紅, 雪	122	改, 善
123	白, 書	124	飛, 梨	125	鶴, 苦	126	指, 馬
127	死, 皮	128	耒	129	月	130	戈
131	鳥	132	衣	133	茂	134	船
135	塞	136	睡	137	換	138	畫順(획순) = 劃順
139	行列(항렬)	140	標識(표지)				
141	生辰(생신) / 星辰(성신)			142	度支部(탁지부)		
143	여러분	144	이따금 / 어쩌다가 / 간간이			145	보리밥
146	터안 / 울안	147	아닌 게 아니라			148	寿
149	斉	150	転				

해설

01 疏忽/疎忽(소홀) : 대수롭지 아니하고 예사로움.
☞ 여기에서 '疏'자는 '성기다, 데면데면하다'를 뜻하고, '忽'자는 '소홀하다, 경시하다'를 뜻한다.

04 索莫/索寞/索漠(삭막)하다 : ① 쓸쓸하고 막막하다. ② 잊어버리어 생각이 아득하다.
☞ 여기에서 '索'자는 '쓸쓸하다'를 뜻한다.

18 教唆(교사) : 남을 부추겨서 나쁜 짓을 하게 함.
☞ 여기에서 '教'자는 '~로 하여금 ~하게 하다'를 뜻한다.

25 徽琴(휘금) : '칠현금'을 달리 이르는 말. [줄을 괴는 기러기발 대신 열세 개의 휘(徽)를 박아 손 짚는 자리를 표시하여 놓은 것에서 붙여진 이름]
☞ 여기에서 '徽'자는 '거문고의 앞쪽에 둥근 모양으로 박은 크고 작은 열세 개의 자개 조각'을 뜻한다.

30 '祕'자는 '秘'자와 쓰임이 같은 이체자이다.

31 '泌尿'에서 '泌'자는 뜻에 따라 소리가 달라지는 글자이다. 참 泌(스며흐를 필, 분비(分泌)할 비)

32 貰赦(세사) : 남의 죄를 용서함.
☞ 여기에서 '貰'자는 '놓아주다, 용서(容恕)하다'를 뜻한다.

35 遞信(체신) : ① 우편이나 전신 따위의 통신. ② 차례로 여러 곳을 거쳐 소식이나 편지를 전하는 일.
☞ 여기에서 '遞'자는 '갈마들며(서로 번갈아들다) 전하다'를 뜻한다.

37 瓜滿(과만) : ① 여자가 혼인할 나이가 다 됨 또는 그 나이. ② 과기(瓜期). 벼슬의 임기가 끝나는 시기. [춘추 시대, 제(齊)나라의 양공이 관리를 임지로 보내면서 다음해 오이가 익을 무렵에는 돌아오게 하겠다고 말한 것에서 유래함]
☞ 보통 혼인할 만한 여자의 나이는 16세를 말한다. '瓜'를 파자(破字)하면 여자의 나이 '열여섯 살(八八, 2×8=16)'이 되고, 남자의 경우에는 '예순네 살(八八, 8×8=64)'이 되어 관직에 있던 사람이 물러나야 하는 나이가 됨을 뜻한다.

38 '肺炎'에서 '炎'자의 音은 본래 '염'이나 여기에서는 '렴'으로 발음한다. ☞ '한글 맞춤법'에서, 한자어에서 본음으로도 나고 속음으로도 나는 것은 각각 그 소리에 따라 적는다고 규정한다.

41 升麻(승마) : ① 미나리아재비과의 다년초. [줄기의 높이는 1m가량이며, 뿌리는 어두운 자줏빛을 띠고, 잎에는 긴 잎자루와 톱니가 있음. 여름에 흰 꽃이 피는데, 우리나라 중부 이북과 중국 동부 지방 등지의 산에 절로 난다.] ② (한방에서) '승마의 뿌리'를 약재로 이르는 말. [해열・해독제로 쓰임]

43 虛誕(허탄)하다 : 거짓되고 미덥지 아니하다.
☞ 여기에서 '誕'자는 '거짓'을 뜻한다.

62 '隣'자는 '鄰'자와 쓰임이 같은 이체자이다.

89 機智(기지) : 경우에 따라 재치 있게 대응하는 지혜.
☞ 여기에서 '機'자는 '때, 시기(時期)'를 뜻한다.

112 干滿(간만) : 간조(干潮)와 만조(滿潮). 썰물과 밀물.
☞ 여기에서 '干'자는 '마르다, 건조하다'를 뜻한다.

114 質疑(질의) : 의심나거나 모르는 점을 물음.
☞ 여기에서 '質'자는 '묻다'를 뜻한다.

146 해답에서, '울안'은 '울타리로 둘러싸인 집의 안쪽'을 이르는 말이다.

09회 2급 예상문제

117쪽~120쪽

01	섬유	02	모험	03	보빙	04	장혈
05	운반	06	과장	07	모욕	08	가장
09	항복	10	격고	11	수사	12	억울
13	돈독	14	사육	15	융자	16	구포
17	심양	18	승양	19	괘관	20	게박
21	주물	22	긍정	23	기원	24	대만
25	붕조	26	파천	27	야단	28	가람
29	예종	30	파착	31	졸속	32	포악
33	경자	34	진열	35	집재	36	동유
37	합천	38	임부	39	매거	40	동헌
41	기수	42	아교	43	준수	44	첨삭
45	장기	46	기린 린	47	분별할 변	48	물어줄 배
49	벼루 연	50	꿀 밀	51	살갗 부	52	없을 망
53	귀밝을 총	54	덮을 부 / 뒤집힐 복			55	맹세할 서
56	굴대 축	57	힘쓸 면	58	휘두를 휘	59	암컷 자
60	화창할 창	61	칼 도	62	속마음 충	63	심할 혹
64	근심 환	65	칡 갈	66	기름 지	67	아닐 불 말 불
68	잡을 체	69	마를 고	70	드러날 창		
71	이을 접	72	보배 진	73	總和	74	手段
75	義務	76	困難	77	構成員	78	服從
79	契約	80	條項	81	空虛	82	效力
83	公布	84	暗默	85	是認	86	權利
87	依據	88	歸着	89	讓渡	90	留保
91	最大限	92	主張	93	大衆	94	判決
95	支配者	96	裁判官	97	存續	98	缺陷
99	壓制的	100	時人	101	詩人	102	自欺
103	自期	104	利害	105	泥海	106	积
107	画	108	昼	109	辞	110	浅
111	任	112	裏	113	勤	114	直系
115	富貴	116	輕視	117	好轉	118	遠
119	意	120	過 / 越	121	沈	122	索
123	崩 / 毁	124	羽	125	穴	126	車
127	又	128	①	129	②	130	⑤
131	③	132	④	133	②	134	②
135	分, 足	136	首, 初	137	燈, 可	138	始, 貫
139	獨, 將	140	諮	141	握	142	誕
143	確率(확률) / 比率(비율) / 效率(효율)					144	句讀(구두) 吏讀(이두)
145	謁見(알현) / 朝見(조현)						
146	簡易(간이) / 難易(난이) / 容易(용이)						
147	생각하여 헤아림			148	빠짐없이 갖춤		
149	맏누이 / 맏딸			150	바느질		

해설

03 報聘(보빙) : 답례로 외국을 방문함.
☞ 여기에서 '聘'자는 '찾아가다, 안부 묻다'를 뜻한다.

09 '降伏'의 '降'자는 뜻에 따라 소리가 변하므로 독음에 주의해야 한다. 또한 '伏'자는 '服'자로 바꾸어 쓸 수 있다. 참 降伏 = 降服.

13 '敦篤'은 서로 뜻이 비슷한 유의자로 결합된 한자어이다. 참 14. 飼育 23. 冀願

15 融資(융자) : 자금(資金)을 융통(融通)함.
☞ 여기에서 '融'자는 '통하다, 유통하다'를 뜻한다.

16 龜浦(구포) : 지역 이름.
☞ 여기에서 '龜'자는 '지역이름'을 뜻한다.

18 升揚(승양) : 벼슬이 오름.
☞ 여기에서 '升'자는 '오르다[昇]'를 뜻한다.

19 掛冠(괘관) : 벼슬아치가 벼슬을 내놓고 물러나던 일. [벼슬을 그만둔 벼슬아치가 관(冠)을 벗어 성문에 걸어 놓고 떠났다는 고사에서 유래한 말]

22 肯定(긍정) : 그러하다고 생각하여 옳다고 인정함.
☞ 여기에서 '肯'자는 '옳이 여기다'를 뜻한다.

26 播遷(파천) : 임금이 도성을 떠나 피란하던 일.
☞ 여기에서 '播'자는 '달아나다'를 뜻한다.

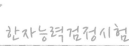

27 惹端(야단) : 서로 시비(是非)의 실마리를 끌어 일으킴. 야기요단(惹起鬧端).

28 伽藍(가람) : 승려가 살면서 불도를 닦는 곳. 승가람마(僧伽藍摩).
☞ 여기에서 '藍'자는 '절, 사찰'을 뜻한다.

34 '陳列'에서 '列'자의 원음은 '렬'이나 여기에서는 '열'로 읽고 적는다.

37 陜川(합천) : 경상남도 북서쪽에 있는 군.
☞ '陜'자는 뜻에 따라 훈과 음이 달라지는 글자이다. 참 陜(땅이름 합, 좁을 협)

38 '姙'자는 '妊'자와 쓰임이 같은 이체자이다.

76 困難(곤란) : 사정이 몹시 딱하고 어려움.
☞ '難'자는 본음이 '난'이나 여기에서는 속음 '란'으로 읽고 적는다.

112 表裏(표리) : 물체의 겉과 속 또는 안과 밖.
☞ 여기에서 '裏'자는 '裡'자와 모양은 다르나 쓰임이 같은 이체자이다.

114 傍系(방계) : ① 같은 시조에서 갈라져 나온 다른 친계(親系). ② 직접적이고 주(主)된 계통에서 갈라져 나가거나 벗어나 있는 관련 계통.
☞ 여기에서 '系'자는 '혈통(血統)'을 뜻한다.

133 ①, ③, ④는 모두 서로 뜻이 상대되는 반대자로 결합된 한자어이다.
참 '喜'자와 뜻이 상대되는 한자는 '怒'자이다.

134 ①, ③, ④는 모두 서로 뜻이 상대되는 반대자로 결합된 한자어이다.
참 '收'자와 뜻이 상대되는 한자는 '支'자이다.

145 謁見(알현) : 지체가 높고 귀한 사람을 찾아가 뵘.
朝見(조현) : 예전에, 신하가 조정(朝庭)에 나아가 임금을 뵙던 일.
☞ 여기에서 '見'자는 '현'으로 읽고 적으며, '뵙다'를 뜻한다.

146 容易(용이)하다 : 어렵지 않고 매우 쉽다.
☞ 여기에서 '容'자는 '(손)쉽다'를 뜻한다.

10회 2급 예상문제

121쪽~124쪽

01	간암	02	미만	03	간현	04	용빙
05	채옹	06	파과	07	경단	08	인필
09	매거	10	장애	11	구판	12	오류
13	납징	14	서거	15	피랍	16	섬세
17	약진	18	곡부	19	면려	20	비율
21	방뇨	22	준수	23	담심	24	문란
25	의발	26	녹봉	27	성수	28	진애
29	세탁	30	취객	31	소굴	32	기교
33	수요	34	고요, 고도	35	악수	36	당뇨
37	양산	38	묘결	39	결형	40	전세
41	적라	42	수계	43	정선	44	쇄도
45	척안	46	누를 압	47	동료 료	48	미칠 광
49	사냥 렵	50	무궁화 근	51	노루 장	52	늙을 기
53	오를 등	54	낄 옹	55	지경 강	56	칠할 도
57	모을 집	58	농막집 려	59	상서 서	60	민망할 민
61	넘을 유	62	넓을 박	63	경사 경	64	두꺼비 섬
65	안방 규	66	소통할 소	67	망령될 망	68	불꽃 염
69	도울 좌	70	칼날 인	71	들보 량	72	누에 잠
73	機能	74	同意	75	酸	76	根據
77	實驗	78	決心	79	恒常	80	兵丁
81	計劃	82	부탁	83	興味	84	助手
85	庭園	86	襲擊	87	記憶	88	標示
89	準備	90	間隔	91	到着	92	先頭
93	一帶	94	混雜	95	右往左往	96	勇敢
97	行列	98	連結	99	克服	100	動議
101	同議	102	鳥獸	103	潮水	104	定員
105	正圓	106	榮利	107	營利	108	④
109	①	110	③	111	②	112	帰
113	拡	114	転	115	灯	116	怨 / 恨
117	貫 / 通 / 透	118	踏	119	旋 / 轉	120	倒 / 斜

121	姪	122	毁	123	立 / 置	124	朔
125	貸 / 捨	126	埋沒	127	稀薄	128	輕率
129	收拾(수습) / 拾得(습득)			130	復舊(복구) / 回復(회복)		
131	遊說(유세)	132	洞察(통찰)	133	괘씸하고 얄미움		
134	일부러 / 짐짓			135	다만 / 겨우 / 오직		
136	쓴맛	137	行	138	犬	139	鳥
140	至	141	角	142	日	143	①
144	②	145	口, 腹	146	頭, 尾	147	攻, 落
148	者, 解	149	過, 遷	150	肉, 策		

해설

02 彌滿/彌漫(미만) : 널리 가득 참. 널리 퍼져 있음.
☞ 여기에서 '彌'자는 '두루, 널리'를 뜻한다.

03 艮峴(간현) : 강원도 원주시 지정면 간현리.

05 蔡邕(채옹 : 133~192) : 중국 후한 때의 문인·서예가로, 자(字)는 백개(伯喈)이다. 시문에 능하며, 수학·천문·서도·음악 따위에도 뛰어났다.

06 破瓜(파과) : '破瓜之年'의 줄임말로, '여자의 나이 16세' 또는 '남자의 나이 64세'를 이르는 말이다. ['瓜'자를 파자(破字)하면 '八'이 두 개로 '二八'은 16, 또는 '八八'은 64가 된다는 데에서 유래한 말]
☞ '瓜(외 과)'자는 '爪(손톱 조)'자와 혼동하기 쉬우므로 주의해야 한다.

08 麟筆(인필) : 춘추필법(春秋筆法). 사필(史筆). 사관(史官)이 역사를 적던 필법(筆法). [春秋 魯哀公 14년 조에 "서쪽으로 사냥을 나가 기린을 잡았다(西狩獲麟)"라는 말을 끝으로, 공자(孔子)가 성왕(聖王)이 없는 시대에 상서로운 짐승인 기린이 때를 잃고 잘못 난세에 나왔다가 죽은 것을 가슴 아프게 여겨 『춘추』를 저술하다 절필(絶筆)한 고사에서 나온 말]

10 '障礙'는 서로 뜻이 비슷한 유의자로 결합된 한자어이다. 참 12. 誤謬 14. 逝去 16. 纖細 19. 勉勵 22. 遵守 24. 紊亂 26. 祿俸 28. 塵埃 29. 洗濯

11 '購販'은 서로 뜻이 상대되는 반대자로 결합된 한자어이다.

27 星宿(성수) : ① 이십팔수의 스물다섯째 별자리. ② 모든 별자리의 별들.
☞ '宿'자는 뜻에 따라 훈과 음이 달라지는 글자이다. 참 宿(잘 숙, 별자리 수)

34 '皐陶'는 뜻에 따라 달리 읽는다. ① 皐陶(고요) : 중국 고대의 순임금의 신하인 전설상의 인물. [법을 세우고 형벌을 제정하여 감옥을 만들었다.] ② 皐陶(고도) : 북을 치는 막대기. 북채.

36 糖尿(당뇨) : 당분이 많이 섞여 나오는 오줌.
☞ '糖'자는 쓰임에 따라 훈과 음이 달라지는 글자이다. 참 糖(엿 당, 사탕 탕)

44 殺到(쇄도) : ① 전화, 주문 따위가 한꺼번에 세차게 몰려듦. ② 어떤 곳을 향하여 세차게 달려듦.

55 '疆'자와 '彊'자는 혼동하기 쉬우므로 주의해야 한다.

75 '개미酸'은 '포름산'이라고도 하는데, 개미나 벌 따위의 체내에 있는 지방산의 하나이다.

97 行列(행렬) : '① 여럿이 줄을 지어 감 또는 그런 줄. ② 여러 숫자나 문자를 정해진 몇 개의 행과 열로 배열한 것.
참 항렬(行列) : 같은 혈족의 직계에 대한 대수(代數) 관계를 나타내는 말.

124 朔望(삭망) : 음력 초하룻날과 보름날.
☞ 여기에서 '望'자는 '음력 매월 15일'을 뜻한다.

128 輕率(경솔) : 말이나 행동이 조심성 없이 가벼움.
☞ 여기에서 '率'자는 '가볍다, 경솔하다'를 뜻한다.

132 洞察(통찰) : 예리한 관찰력으로 사물을 꿰뚫어 봄.
☞ 여기에서 '洞'자는 '밝다, 꿰뚫다'를 뜻한다.

143 ②, ③, ④는 모두 서로 뜻이 상대되는 반대자로 결합된 한자어이다.
참 '贊'자와 뜻이 상대되는 한자는 '反'자이다.

144 ①, ③, ④는 모두 서로 뜻이 상대되는 반대자로 결합된 한자어이다.
참 '厚'자와 뜻이 상대되는 한자는 '薄'자이다.

정답 및 해설

01회 2급 기출·예상문제

147쪽~150쪽

01	추세	02	관건	03	질식	04	횡포
05	편액	06	폐단	07	체증	08	교사
09	구조	10	분규	11	비교	12	계양
13	편벽	14	해고	15	갱도	16	조탁
17	배알	18	제패	19	견인	20	비옥
21	호위	22	허락	23	차단	24	행화
25	벌열	26	해량	27	보우	28	배려
29	온건	30	변강	31	서거	32	아교
33	순박	34	창랑	35	농성	36	화마
37	폭약	38	차관	39	윤옥	40	초조
41	휘장	42	정돈	43	맹가	44	간찰
45	삽화	46	네모질 릉	47	막을 저	48	시원할 창
49	두꺼비 섬	50	갈릴 체	51	불빛 혁	52	질그릇 견
53	베낄 등	54	향기 은	55	우산 산	56	곳집 유 노적가리 유
57	줄춤 일	58	헤아릴 규	59	고깔 변		
60	찔 증	61	쉴 게	62	바리때 발	63	외짝 척
64	이끌 야	65	물가 오	66	예쁠 요	67	거리낄 애
68	막힐 옹	69	낚을 조 / 낚시 조			70	쌍옥 각
71	속마음 충	72	편지 한	73	④	74	①
75	④	76	②	77	③	78	均衡
79	黄昏	80	心臟	81	登載	82	妥協
83	傳播	84	靜寂	85	抱擁	86	禽獸
87	乾杯	88	韻致	89	茂盛	90	瞬間
91	思索	92	憎惡	93	緊張	94	寄與
95	頃刻	96	突破	97	認識	98	役割

99	歡喜	100	角逐	101	挑戰	102	慘狀
103	志操	104	快擧	105	悲痛	106	誘惑
107	情熱	108	擊	109	繼	110	誤
111	姿	112	濟	113	雄	114	緯
115	暑	116	弔	117	沈	118	獨創
119	記憶	120	供給	121	外延	122	脫退
123	田, 鬪	124	騷, 墨	125	履, 氷	126	腐, 心
127	肝, 照	128	顧, 草	129	勝, 驅	130	分, 裂
131	病, 憐	132	螢, 功	133	疏遠	134	非常
135	筆跡	136	宣誓	137	搜査	138	尢
139	鹵	140	豕	141	丨	142	卜
143	梦	144	寿	145	亀		
146	발이 빠른 좋은 말 / 빠르게 잘 달림 / 뛰어난 인재						
147	아주 뛰어난 물건						
148	어떤 현상이 일어나는 바로 그때 / 매우 짧은 시간						
149	남의 지배나 지휘 아래 매임						
150	일흔 살 / 나이 일흔						

해설

02 '關鍵'은 서로 뜻이 비슷한 유의자로 결합된 한자어이다. 참 11. 比較 13. 偏僻 19. 牽引 22. 許諾 31. 逝去 34. 滄浪

04 '橫暴'의 '暴'자는 뜻에 따라 소리가 달라지는 글자이다. 참 暴(사나울 폭, 모질 포)

06 弊端(폐단) : 어떤 일이나 행동에서 나타나는 옳지 못한 경향이나 해로운 현상.
☞ 여기에서 '端'자는 '실마리'를 뜻한다.

10 紛糾(분규) : 이해나 주장이 뒤얽혀서 말썽이 많고 시끄러움.

22 '許諾'에서 '諾'자는 본음이 '낙'이나 여기에서는 속음 '락'으로 읽고 적는다.

25 閥閱(벌열) : 나라에 공이 많고 벼슬 경력이 많거나 또는 그런 집안. 벌족(閥族).
☞ 여기에서 '閱'자는 '지내다, 겪다'를 뜻한다.

26 海諒(해량) : 바다와 같은 넓은 마음으로 너그럽게 양해함. [주로, 편지 따위에서 상대편에게 용서를 구할 때 씀]

30 邊疆(변강) : 나라의 경계가 되는 변두리 지역. 변경(邊境).

33 淳朴/淳樸/醇朴(순박)하다 : 거짓이나 꾸밈이 없이 순수하며 인정이 두텁다.
☞ 여기에서 '朴'자는 '소박하다'를 뜻한다.

39 胤玉/允玉(윤옥) : 윗사람의 아들을 높여 이르는 말. 영식(令息).
☞ 여기에서 '玉'자는 '상대의 것을 높여 이른 말'이다.

43 孟軻(맹가) : 중국 전국 시대의 사상가(B.C. 372~B.C. 289)인 맹자(孟子)의 본명.

91 '思索'의 '索'자는 쓰임에 따라 뜻과 소리가 달라지는 글자이다. 참 索(찾을 색, 노 삭)

92 '憎惡'의 '惡'자는 쓰임에 따라 뜻과 소리가 달라지는 글자이다. 참 惡(악할 악, 미워할 오)

102 '慘狀'의 '狀'자는 쓰임에 따라 뜻과 소리가 달라지는 글자이다. 참 狀(모양 상, 문서 장)

124 '騷人墨客'은 '소인(騷人)'과 '묵객(墨客)'을 결합한 말이다. 소인(騷人)은 중국 초(楚)나라의 굴원(屈原)이 지은 〈이소부(離騷賦)〉에서 유래한 말로, 소객(騷客)이라고도 한다.

150 古稀(고희) : '예로부터 드문 나이'라는 뜻에서, 70세를 이르는 말로, 당(唐)나라의 시인 두보(杜甫)의 「曲江詩」에 나오는 말이다.

151쪽~154쪽

02회 2급 기출 · 예상문제

01	추대	02	절충	03	번식	04	장려
05	진척	06	비견	07	조각	08	낙관
09	견제	10	야기	11	섭리	12	헌정
13	온건	14	확진	15	매료	16	오류
17	왜곡	18	망막	19	인준	20	춘부장
21	주형	22	훈작	23	위협	24	재앙
25	희오	26	여지	27	영양	28	호봉
29	면복	30	수당	31	위편	32	지당
33	납치	34	등본	35	저지	36	태풍
37	구애	38	포기	39	순회	40	압로
41	말갈	42	창려	43	목욕	44	사찰
45	의료	46	넓을 연	47	피·기장 직	48	가릴 차
49	벨 참	50	팔 판	51	으뜸 패	52	들보 량
53	살갗 부	54	복 우	55	물어줄 배	56	보배 옥
57	화창할 창	58	펼 부	59	향기 은	60	고개 현
61	빠질 닉	62	슬기 예	63	절인물고기 포		
64	꽂을 삽	65	마을 염	66	닭 유	67	오랑캐 만
68	향풀 운	69	깊을 황	70	햇빛 밝을 욱		
71	기름질 옥	72	별 태	73	①	74	②
75	④	76	②	77	④	78	北緯
79	讓位	80	祭需	81	廉恥	82	懸板
83	鹽田	84	郵送	85	胃痛	86	姻戚
87	疲勞	88	謹愼	89	精銳	90	影印
91	露宿	92	運賃	93	委任	94	低調
95	該博	96	破壞	97	擁護	98	仲裁
99	哲學	100	規則	101	祈願	102	檀紀
103	防疫	104	殉教	105	沈默	106	瞬息間
107	紫外線	108	等/一	109	高	110	値
111	遠	112	盛	113	劣	114	眞
115	削	116	骨	117	降	118	解散

119	權利	120	輕薄	121	鎭靜	122	仙界
123	程	124	茶	125	辭	126	卷
127	煩	128	忍	129	錦	130	累
131	夢	132	慮	133	溫情	134	互換
135	負傷	136	愁眉	137	思慕	138	尸
139	門	140	女	141	卜	142	彡
143	区	144	県	145	双	146	종가의 대를 이를 맏손자
147	끝장에 가서는, 마침내, 결국에는						
148	글을 보지 아니하고 입으로 욈					149	잠이 깊이 듦
150	손안에 잡아 쥠 / 무엇을 마음대로 할 수 있게 됨						

해설

01 推戴(추대) : 윗사람으로 떠받듦.
☞ '推'자는 쓰임에 따라 음이 달라지는 글자이다.

02 折衷(절충) : 서로 다른 사물이나 의견, 관점 따위를 알맞게 조절하여 서로 잘 어울리게 함.
☞ 여기에서 '衷'자는 '알맞다, (치우침 없이) 바르다'를 뜻한다.

08 落款(낙관) : '인기(印記)'와 비슷한 말로, 글씨나 그림 등에 작가가 자신의 이름이나 호(號)를 쓰고 도장을 찍는 일 또는 그 도장이나 그 도장이 찍힌 것을 뜻함.

20 椿/春府丈(춘부장) : 남의 아버지를 높여 이르는 말.
☞ 여기에서 '춘(椿)'은 8천 년을 봄으로 삼고, 다시 8천 년을 가을로 삼는 '대춘(大椿)'이라는 상상 속의 나무이다. 따라서 '춘(椿)'자에는 오래오래 살기를 바라는 염원이 담겨있다. 그리고 부(府)는 '돈이나 문서를 보관해 두는 창고', 즉 '큰 집'을 뜻한다. 따라서 부장(府丈)은 '집안의 큰 어른'을 뜻한다.

22 勳爵(훈작) : 훈등(勳等 : 나라나 군주를 위하여 드러나게 세운 공로의 등급)과 작위(爵位 : 벼슬과 지위)를 아울러 이르는 말.

25 噫嗚(희오) : 슬프게 탄식하고 괴로워하는 모양.
☞ 여기에서 '噫'자와 '嗚'자는 '탄식하다'를 뜻한다.

26 餘址(여지) : 남아있는 터. 옛터. ☞ 중국어사전에는 등재되어 있으나 국어사전에는 아직 등재되어 있지 않은 단어이다.

29 冕服(면복) : 면류관(冕旒冠 : 제왕의 정복에 쓰던 관)과 곤룡포(袞龍袍 : 임금이 입던 정복).

30 隋唐(수당) : 수나라와 당나라.

40 鴨爐(압로) : 오리알 모양으로 만든 향로.

42 敞麗(창려) : 드넓고 웅장하다. ☞ 중국어사전에는 등재되어 있으나 국어사전에는 아직 등재되어 있지 않은 단어이다.

79 讓位(양위) : '선양(禪讓)'·'선위(禪位)'와 비슷한 말로, '임금의 자리를 물려줌'을 뜻한다.

91 露宿(노숙) : 한뎃잠. 한데에서 자는 잠.
☞ 여기에서 '露'자는 '드러나다'를 뜻한다.

94 低調(저조) : ① 가락이 낮음 또는 그런 가락. ② 활동이 왕성하지 못하거나 감정이 가라앉음. ③ 능률이나 성적이 낮음.
☞ 여기에서 '調'자는 '가락, 음률'을 뜻한다.

105 沈默(침묵) : 아무 말도 없이 잠잠히 있음.
☞ '沈'자는 쓰임에 따라 뜻과 소리가 달라지는 글자이다. 참 沈(성 심, 잠길 침)

111 遙遠(요원) : '요원(遼遠)'으로 쓰기도 하는데, 우리말로 '까마득함', '멂'으로 쓰기도 한다.

117 昇降/陞降(승강) : ① 오르고 내림. ② 승강이(서로 자기주장을 고집하며 옥신각신하는 일).
☞ '차, 배, 비행기 등을 타고 내린다'는 뜻에서는 '승강(乘降)'을 쓴다.

122 紅塵(홍진) : ① 거마(車馬)가 일으키는 먼지. ② 번거롭고 어지러운 속된 세상을 비유하여 이르는 말.

123 鵬程萬里(붕정만리) : 붕정(鵬程)과 만리(萬里)의 합성어로, 붕정(鵬程)은 '한 번에 구만리를 날아간다는 상상의 붕새가 날아갈 길'이라는 뜻에서, '가야 할 멀고 먼 길'을 비유하여 이르는 말이다.

124 恒茶飯事(항다반사) : '다반사(茶飯事)'로 쓰기도 하는데, '차를 마시고 밥을 먹는 일'이라는 뜻에서, '예삿일', '흔한 일'을 뜻한다.

03회 2급 기출·예상문제

155쪽~158쪽

01	첩보	02	해고	03	경멸	04	배알
05	애도	06	장악	07	보필	08	풍채
09	고충	10	농락	11	채권	12	낙담
13	순박	14	탐독	15	폐암	16	찬란
17	예치	18	잠식	19	포승	20	분비
21	유산	22	칭송	23	편도	24	과채
25	훈도	26	피랍	27	함재	28	준엄
29	취합	30	비원	31	연찬	32	항만
33	면려	34	용역	35	검시	36	어찰
37	농무	38	부탁	39	옹립	40	규수
41	기벽	42	제방	43	한증	44	남획
45	수지	46	지경 역	47	벼루 연	48	약제 제
49	모을 종	50	기쁠 이	51	자손 윤	52	빛날 찬
53	머무를 주	54	거둘 철	55	공경할 흠	56	섭섭할 감
57	팔찌 천	58	편지 한	59	물가 오	60	빛날 엽
61	빛날 희	62	두려워할 포	63	살 구	64	화목할 목
65	왕성할 왕	66	불릴 식	67	뛰어날 걸	68	그릇칠 류
69	임금/왕후 후			70	콩팥 신	71	뜻 지
72	어조사 혜	73	②	74	③	75	④
76	①	77	③	78	近來	79	棄權
80	殘額	81	映畫	82	喪中	83	割引
84	隱蔽	85	生態	86	聯邦	87	寢臺
88	婚事	89	指揮	90	干拓	91	體貌
92	旱害	93	鬼才	94	蓄積	95	編入
96	蝶泳	97	收穫	98	原稿	99	通帳
100	遊覽	101	所願	102	靜寂	103	伐採
104	督促	105	誕辰	106	貯金	107	投票率
108	店	109	奪	110	躍	111	巡
112	堅	113	初	114	背	115	屈
116	答	117	弟	118	拘束	119	白晝
120	內剛	121	好轉	122	禁止	123	聲
124	良	125	阿	126	拔	127	鷄
128	紫	129	茫	130	氷/冰	131	契/交/誼
132	憐	133	普遍	134	諒知	135	詐欺
136	眞空	137	強震	138	糸	139	行
140	用	141	飛	142	日	143	団
144	塩	145	蛍	146	어머니 배 속에 있는 아이		
147	서로 비슷함			148	거의 절반	149	낌새
150	법적 판결이 나지 않은 상태로 구금되어 있는 피의자 또는 형사 피고인						

해설

07 輔弼(보필) : 윗사람의 일을 도움 또는 그런 사람. 우리말로 '도움', '모심'으로 쓰기도 한다.
참 보필(補筆) : 문장이나 서화 등에서 덜 된 곳에 더 써넣거나 그려 넣거나 하는 일.

08 風采(풍채) : 드러나 보이는 사람의 겉모양.
☞ 비슷한 말로, 채풍(風采)·풍신(風神)·풍의(風儀)·풍자(風姿)·풍표(風標) 등이 있다.

10 籠絡(농락) : '뇌롱(牢籠)'과 비슷한 말로, '새장과 고삐'라는 뜻에서, '남을 교묘한 꾀로 휘잡아서 제 마음대로 놀리거나 이용함'을 이르는 말이다.
☞ 여기에서 '籠'자는 '새장(-欌 : 새를 넣어 기르는 장)'을 뜻하고, '絡'자는 '줄, 고삐(코뚜레, 굴레에 잡아매는 줄)'를 뜻한다.

13 淳朴/淳樸/醇朴(순박) : 거짓이나 꾸밈이 없이 순수하며 인정이 두터움.

18 蠶食(잠식) : '초잠식지(稍蠶食之)'의 줄임말로, '누에가 뽕잎을 먹듯이 점차 조금씩 침략하여 먹어 들어감'을 뜻한다.

20 分泌(분비) : 샘세포의 작용에 의하여 만든 액즙을 배출관으로 보내는 일.
☞ '泌'자는 쓰임에 따라 뜻과 소리가 달라지는 글자이다. 참 泌(분비할 비, 스며흐를 필)

23 扁桃(편도) : ① 목구멍 편도, 혀 편도 따위의 림프 조직이 모여 둥글고 작은 덩어리를 이룬 것. ② 장미과의 낙엽 교목. 감복숭아.

25 薰陶(훈도) : 덕(德)으로써 사람의 품성이나 도덕을 가르치고 길러 선(善)으로 나아가게 함.
☞ 여기에서 '薰'자는 '교훈'을 뜻하고, '陶'자는 '기르다'를 뜻한다.

26 被拉(피랍) : 납치를 당함.
☞ 여기에서 '被'자는 '그것을 당함'의 뜻을 더하는 접두사이다.

30 祕苑(비원) : 일명 '금원(禁苑)'이라고 하는 서울 창덕궁 북쪽 울안에 있는 최대의 궁원(宮苑).
☞ '苑'자는 '나라 동산(울타리를 쳐 짐승, 나무를 키우는 곳)' 또는 '큰 집의 정원에 만들어 놓은 작은 산이나 숲'을 뜻한다.

36 御札(어찰) : 임금의 편지.
☞ 여기에서 '御'자는 '임금에 관한 사물이나 행위에 붙이는 경칭'으로 쓰인다.

41 奇僻/奇辟/奇闢(기벽) : 기괴하다, 특출하다, 외지다, 참신하다.
☞ 중국어사전에는 등재되어 있으나 국어사전에는 아직 등재되어 있지 않은 단어이다.

45 樹脂(수지) : 소나무나 전나무 따위의 나무에서 분비하는 점도가 높은 액체.
☞ 순우리말로 '나뭇진'이라고 한다.

90 干拓(간척) : 바다나 호수의 일부를 둑으로 막고, 그 안의 물을 빼내어 육지로 만드는 일.
☞ '拓'자는 쓰임에 따라 뜻과 소리가 달라지는 글자이다. 참 拓(넓힐 척, 주울 척, 박을 탁)

107 投票率(투표율) ☞ '率'자의 본음은 '률'이나 '모음'이나 'ㄴ' 받침 뒤에 이어지는 '율'로 읽고 적는다.

116 贈答(증답) : 선물, 시가(詩歌), 편지 따위를 서로 주고받음.
☞ 여기에서 '答'자는 '받다, 갚다, 답하다'를 뜻한다.

149 幾微/機微(기미) : 어떤 일을 알아차릴 수 있는 눈치.
☞ 여기에서 '幾'자는 '낌새'를 뜻한다.

04회 2급 기출 · 예상문제

159쪽~162쪽

01	연원	02	단련	03	초미	04	시사
05	패자	06	신산	07	요술	08	미만
09	탈태	10	준족	11	비토	12	창상
13	마법	14	의료	15	장애	16	섬광
17	찰나	18	목욕	19	표박	20	흠모
21	견도	22	도약	23	황국	24	기관
25	온돌	26	융해	27	탄갱	28	정권
29	한경	30	게재	31	내열	32	빙과
33	초록	34	간신	35	계굴	36	규수
37	교사	38	단모	39	두격	40	계축
41	말갈	42	맹금	43	견방	44	교포
45	대부	46	쌍옥 각	47	어지러울 분	48	품삯 임
49	희롱할 롱	50	암 암	51	갤 청	52	여울 단
53	자주 빈	54	연할 연	55	팔 판	56	갈 마
57	이끌 야	58	촛불 촉	59	돼지 돈	60	삼 삼
61	비칠 조	62	형통할 형	63	시렁 가	64	본뜰 방
65	늙은이 옹	66	흐릴 탁	67	떠들 소	68	찾을 수
69	잡을 착	70	절 가	71	푸를 벽	72	생각할 유
73	②	74	③	75	②	76	①
77	④	78	批判	79	整理	80	包含
81	關聯	82	發想	83	喪失	84	外勢
85	普及	86	負擔	87	荷重	88	憐憫
89	壓迫	90	輿論	91	危機	92	增加
93	至極	94	誕生	95	驅使	96	豊富
97	價値	98	基準	99	統治	100	主權
101	錯誤	102	險難	103	限界	104	抽象
105	過程	106	登場	107	形態	108	奔
109	獻	110	憂	111	抱	112	甚
113	勤	114	拙	115	沈	116	煩
117	濕	118	鎭靜	119	返濟	120	高雅

121	緩慢	122	原因	123	詐欺	124	辯舌
125	宴遊	126	傳播	127	混戰	128	貪
129	捨	130	綱	131	掌	132	貫
133	顧	134	衝	135	復	136	脣
137	蒼	138	舟	139	一	140	儿
141	艹	142	彳	143	隨	144	杂
145	甞	146	화가를 높여 이르는 말				
147	썩지 않게 함			148	누에 농사		
149	여럿이 두루 앎			150	여자의 곧은 절개		

해설

01 연원(淵源) : 사물의 근원.
☞ 여기에서 '淵'자는 '근원, 근본'을 뜻한다.

05 霸者(패자) : ① 춘추전국시대, 제후의 우두머리. ② 패도(霸道)로써 천하를 다스리는 사람. ③ 어느 분야에서 으뜸이 되는 사람.
☞ 고대 성왕(聖王)의 덕화(德化)에 의한 정치를 왕도(王道)라 부르는데 대하여, 천자(天子)의 힘이 쇠미해진 춘추시대 이후부터, 패자와 힘이 있는 제후가 무력이나 권모술수로써 다스리는 정치를 패도라 불렀다.

06 辛酸(신산) : ① 맛이 맵고 심. ② 세상살이가 힘들고 고생스러움을 비유하여 이르는 말.
☞ 여기에서 '辛'자는 '괴롭다. 고생하다'를 뜻하고, '酸'자는 '고되다'를 뜻한다.

09 奪胎(탈태) : '뼈대를 바꾸고 태를 바꾸어 쓴다'는 뜻에서, 옛사람의 시문 형식을 본떠서 더욱 아름답고 새로운 글로 만들어 냄을 이르는 말. 환골탈태(換骨奪胎).

10 駿足(준족) : ① 발이 빠른 좋은 말. ② 빠르게 잘 달리는 사람. ③ 뛰어난 인재.
☞ 여기에서 '駿'자는 '빠르다'를 뜻한다.

12 滄桑(창상) : '뽕나무밭이 변하여 푸른 바다가 된다'는 뜻에서, '세상일의 변천이 심함'을 비유하여 이르는 말. 상전벽해(桑田碧海).

16 蟾光(섬광) : '두꺼비의 빛'이라는 뜻에서, '달빛'을 달리 이르는 말.
☞ 여기에서 '蟾'자는 '달(빛)'을 뜻한다.
참 섬광(閃光) : 순간적으로 강렬하게 번쩍이는 빛.

17 刹那(찰나) : 산스크리트의 '크샤나(ksana)', 즉 순간(瞬間)의 음역어로, '매우 짧은 동안'을 이르는 말. [1찰나는 75분의 1초(약 0.013초)에 해당한다.]

21 甄陶(견도) : ① 도기(陶器)를 가마에 넣어 굽다. ② 육성하다.
☞ 여기에서 '甄'자는 '교화하다'를 뜻하고, '陶'자는 '기르다'를 뜻한다.

28 呈券(정권) : 예전에, 과거(科擧)에서 답안을 시관(試官)에게 내던 일.
☞ 여기에서 '呈'자는 '드러내 보이다'를 뜻한다.

29 寒炅(한경) : 병을 앓을 때, 한기와 열이 번갈아 일어나는 증상. 한열왕래(寒熱往來).

35 桂窟(계굴) : ① '달 속의 계수나무'라는 뜻에서 '달'을 이르는 말. ② 과거(科擧) 시험장.

37 膠沙/膠砂(교사) : 바다 밑바닥에 들러붙은, 개흙이 섞인 모래.
☞ 여기에서 '膠'자는 '달라붙다'를 뜻한다.

39 杜隔(두격) : 서로 떨어져서 연락이 끊어짐. 격절(隔絕).

117 乾濕(건습) : 마름과 젖음. 건성(乾性)과 습성(濕性).
☞ 여기에서 '乾'자는 '마르다'를 뜻한다.

119 返濟(반제) : 빌려 쓴 돈이나 물품을 모두 다 갚음.
☞ 여기에서 '濟'자는 '도움(이 되다)'을 뜻한다.

135 克己復禮(극기복례) ☞ 여기에서 '己'자는 '자기의 욕망과 감정'을 뜻하고, '禮'는 '사회적 법칙'을 뜻한다. 이는 충동적이고 감성적인 자아를 의지로 극복하고 예(禮)를 회복하여 삶의 진리를 추구하는 군자의 이상을 실현함을 의미한다.

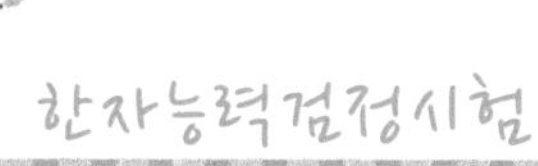

05회 2급 기출 · 예상문제

163쪽~166쪽

01	전통	02	유구	03	간절	04	기원
05	연적	06	한묵	07	영웅	08	제갈량
09	폭언	10	유감	11	유생	12	과거
13	비범	14	장수	15	궁벽	16	용렬
17	인내	18	정진	19	채굴	20	갱함
21	붕괴	22	사고	23	조기	24	계양
25	순국선열	26	추모	27	애도	28	묵념
29	은거	30	자처	31	연찬	32	불후
33	진작책	34	읍참	35	노예	36	겁박
37	환희	38	세기	39	게식	40	안온
41	자심	42	남발	43	흉통	44	염치
45	제휴	46	눈물 루	47	전각 전	48	막힐 질
49	돌아볼 고	50	밥 반	51	엄습할 습	52	단풍 풍
53	이슬 로	54	막을 저	55	드릴 정	56	빠질 닉
57	어두울 명	58	용서할 서	59	어찌 하	60	일 대
61	녹을 융	62	버금 중	63	창 모	64	살갗 부
65	소통할 소	66	덮을 폐	67	버릴 기	68	어리석을 우
69	잡을 체	70	불쌍히 여길 련			71	어두울 몽
72	망볼 초	73	④	74	①	75	③
76	②	77	③	78	流行	79	擴散
80	確認	81	根據	82	難關	83	契機
84	集團	85	排斥	86	米壽	87	賀宴
88	隔意	89	友情	90	智慧	91	調和
92	省察	93	態度	94	絶望	95	招來
96	落葉	97	晩秋	98	賢明	99	賦與
100	敦篤	101	卑俗	102	微細	103	孤寂
104	連綿	105	辨別	106	類似性	107	無條件
108	還	109	裝	110	尖	111	傲
112	伐	113	賤	114	送	115	急
116	硬	117	淡	118	白晝	119	乾燥
120	供給	121	建設	122	削減	123	拘禁
124	亂局	125	凍傷	126	電報	127	周旋
128	緣	129	鳴	130	婦	131	巷
132	枯	133	罰	134	鹿	135	鶴
136	滅	137	狗	138	广	139	殳
140	犭	141	貝	142	巾	143	亀
144	壳	145	兴	146	높여 우러러 봄		
147	겉으로 드러나는 낌새			148	머리털	149	사나운 짐승
150	뜻하지 않게 생긴 불행한 변고						

해설

01 傳統(전통) : 어떤 집단이나 공동체에서, 이미 이루어져 계통을 이루며 전하여 내려오는 사상·관습·행동 따위의 현재까지 전해지는 양식.
☞ 여기에서 '統'자는 '계통(系統)'을 뜻한다.

03 懇切(간절) : ① 정성이나 마음 씀씀이가 더없이 정성스럽고 지극하다. ② 마음속에서 우러나와 바라는 정도가 매우 절실하다.
☞ 여기에서 '切'자는 '절실(切實)하다'를 뜻한다.

06 翰墨(한묵) : '문한(文翰)과 필묵(筆墨)'이라는 뜻에서, '글을 짓거나 쓰는 것'을 이르는 말.
☞ '文翰'은 '① 문필(文筆)에 관한 일. ② 글을 잘 짓는 사람'을 뜻하고, '筆墨'은 '① 붓과 먹. ② 써 놓은 글씨나 문장'을 뜻한다.

12 科擧(과거) : 우리나라와 중국에서 관리를 채용할 때 실시하던 시험.
☞ 여기에서 '科'자는 '과거(科擧), 시험'을 뜻하고, '擧'자는 '뽑다, 선발하다'를 뜻한다.

13 非凡(비범)하다 : 보통 수준보다 훨씬 뛰어나다.
☞ 여기에서 '凡'자는 '평범(平凡)하다'를 뜻한다.

15 窮僻(궁벽)하다 : 매우 후미지고 으슥하다.
☞ 여기에서 '窮'자는 '외지다'를 뜻한다.

16 庸劣(용렬)하다 : 사람이 변변하지 못하고 졸렬하다.
☞ 여기에서 '庸'자는 '어리석다'를 뜻한다.

30 自處(자처) : ① 제 스스로 어떠한 사람인 체함. ② 자기의 일을 스스로 처리함. ③ 자결(自決). 지조를 지키기 위해 스스로 목숨을 끊음.
☞ 여기에서 '處'자는 '처신하다, 자처하다'를 뜻한다.

31 硏鑽(연찬) : 학문 따위를 깊이 연구함.
☞ 여기에서 '鑽'자는 '깊이 연구하다, 파고들다'를 뜻한다.

33 振作策(진작책) : 정신이나 기세를 떨쳐 일으키는 계책.
☞ 여기에서 '作'자는 '일으키다'를 뜻한다.

34 泣斬馬謖(읍참마속) : 원칙이나 큰 목적을 위하여 자기가 아끼는 사람을 버림. [중국 촉나라 제갈량이 군령을 어기어 가정(街亭) 싸움에서 패한 마속을 눈물을 머금고 참형에 처한 데에서 유래한 말. 『三國志』, 「馬謖傳」]

38 世紀(세기) : 서력(西曆)에서 100년을 단위로 하는 기간.
☞ 여기에서 '紀'자는 '목성(木星)이 태양의 주위의 궤도를 일주하는 기간'이며 중국에서는 12년을 나타낸다.

41 滋甚(자심)하다 : (부정적인 행위나 상태가) 더욱 심하다.
☞ 여기에서 '滋'자는 '더욱 더, 점점 더'를 뜻한다.

44 廉恥(염치) : 체면을 차릴 줄 알며 부끄러움을 아는 마음.
☞ 여기에서 '廉'자는 '살피다, 살펴보다'를 뜻한다.

86 米壽(미수) : '미(米)'자를 파자(破字)하면 '八十八'이 되는 데에서, '여든 여덟 살'을 달리 이르는 말.

99 賦與(부여) : 지니거나 갖도록 나누어서 줌.
☞ 여기에서 '賦'자는 '주다'를 뜻한다.

104 連綿(연면) : 혈통, 역사, 산맥 따위가 끊어지지 않고 계속 잇닿아 있음.
☞ 여기에서 '綿'자는 '이어지다, 잇닿다'를 뜻한다.

한자능력검정시험

2급

- **인 쇄** · 2024년 2월 5일
- **발 행** · 2024년 2월 10일

저자와의 협의하에 인지 생략

- **엮은이** · 원 기 춘
- **발행인** · 최 현 동
- **발행처** · 신 지 원
- **주 소** · 07532
  서울특별시 강서구 양천로 551-17, 813호(가양동, 한화비즈메트로 1차)
- **T E L** · (02) 2013-8080~1
  F A X · (02) 2013-8090
- **등 록** · 제16-1242호
- **교재구입문의** · (02) 2013-8080~1

정가 15,000원

ISBN 979-11-6633-391-0 15710